历 时 四 年 跟 踪 记 录

考 古 一 线 现 场 直 击

武王墩

亲历
2020
—
2024
楚王墓发掘

侯卫东 著
梁　海

时代出版传媒股份有限公司
安徽教育出版社

图书在版编目（CIP）数据

武王墩：亲历 2020—2024 楚王墓发掘 / 侯卫东，梁海著. -- 合肥：安徽教育出版社，2025.1(2025.4重印). -- ISBN 978-7-5748-0555-2

Ⅰ. K878.85

中国国家版本馆 CIP 数据核字第 2024PW1457 号

武王墩：亲历 2020—2024 楚王墓发掘
WUWANGDUN: QINLI 2020—2024 CHUWANGMU FAJUE

出 版 人：王能玉
策划编辑：王能玉　韩大勇
责任编辑：邰　旻　金　雯
封面设计：孙　力
美术编辑：吴亢宗
责任印制：陈善军
出版发行：安徽教育出版社
地　　址：合肥市经开区繁华大道西路 398 号　邮编：230601
网　　址：http://www.ahep.com.cn
营销电话：(0551)63683012，63683013
排　　版：安徽时代华印出版服务有限责任公司
印　　刷：安徽新华印刷股份有限公司

开　　本：710 mm×1010 mm　1/16
印　　张：22.75
字　　数：300 千字
版　　次：2025 年 1 月第 1 版
印　　次：2025 年 4 月第 2 次印刷
定　　价：88.00 元

（如发现印装质量问题，影响阅读，请与本社营销部联系调换）

目录

武王墩 亲历2020—2024楚王墓发掘

目 录

001 前奏
"摸金校尉"南下

- 003　铤而走险
- 007　古墓魅影
- 012　迟到的线索
- 017　草木皆兵
- 023　虎座鸟架鼓

031 第一章
抢救性发掘

- 033　失而复得
- 039　墓体之伤
- 044　"主动"与"被动"
- 050　进入"考古时间"
- 058　大地上的封土

065 第二章
从"武王"到楚王

- 067　绕不开的谜
- 073　"甲"字形楚墓
- 078　勘探再出发
- 085　峥嵘楚王陵
- 092　淮南"隆冬对"

101 第三章
楚都终点站

- 103　考古之光
- 110　李三孤堆劫难
- 119　幽王与"铸客"
- 126　漂移的郢都
- 131　高等级墓葬区

目录

**139 第四章
双音钟醒来**

141　一钟双音
149　青铜时代
155　残缺的宫悬
163　铭文的指引
170　考烈王之考

**177 第五章
南方的土遗址**

179　厚重的"盖头"
188　隐忧难除
196　"快闪"的凤鸟
204　如履薄冰
213　历史入口处

**221 第六章
穿越到战国**

223　木柄双头锸
232　21级台阶
240　十字形布局
246　揭取"考古首席"
254　迎接"大考"

**263 第七章
楚王的世界**

265　起吊时刻
273　惊现墨书文字
282　水落室出
290　与王共眠
299　锁定楚考烈王

**311 附录
武王墩文物集锦**

**347 后记
当墓葬成为遗址**

武王墩

前奏

在历史的长河中,有一群人如幽灵般潜伏在时间的暗角,这便是"摸金校尉"。他们在东汉末年登场,以专业盗墓者的身份,成为历代窃宝故事中的神秘主角。

时光荏苒,到了2015年,一座沉睡千年的古墓,再次让"摸金校尉"浮出水面。他们带着贪婪与欲望,将探针深深地扎入了一个叫武王墩的古墓。

"摸金校尉"南下

铤 而 走 险

淅淅沥沥的梅雨季，迷蒙的雨幕中，平地而起的武王墩若隐若现，宛如孤岛。这座看似沉寂的土墩，在 36 岁的"眼镜徐"眼中，却蕴藏着无数尘封千年的珍宝。13 年前，他曾因盗窃罪锒铛入狱，服刑一年六个月。如今，贪婪与侥幸再次驱使他以身犯险，踏上一片陌生的泥泞之地。

雨滴敲打着土墩上茂密的树叶，仿佛神秘的指引。眼镜徐正小心翼翼地前行。他那颗不安分的心似乎已经感应到，武王墩的每一寸土地下，都埋藏着古老财富的惊人秘密。在紧张与刺激交织的同时，前所未有的恐惧也悄然袭来，紧紧地包裹着他的身体。

2015 年初夏，眼镜徐与武王墩初次相遇。

他并不清楚，这次冒险不仅是他个人命运的转折点，而且触发了他无法想象的多米诺骨牌效应。武王墩下沉睡千年的秘密，即将因他的到来而被唤醒；那些深藏在时间深处、不知何时何代的古老文物，也将因他的贪婪而重见天日。

位于淮南市高新区三和镇徐洼村的武王墩墓葬，是安徽省人民政府在 1981 年 9 月公布的第一批省级文物保护单位。这座高大的土墩草木葱茏，看似与普通山包无异。但在觊觎者的眼里，那块省级文保单位的黑色石碑，无疑是宝藏的官方证明，足以让不法之徒跃跃欲试，铤而走险。

武王墩（摄于 2020 年 3 月）

因为一个偶然的机会，眼镜徐从同乡兼盗墓同行的口中得知关于武王墩文物数不胜数的传闻。从此，这座古墓葬对他来说，不再是一个遥远的存在，而是让他怦然心动的一份念想。

"2015 年的时候，我们同案在淮南这边认识的有当地人，然后通过介绍才知道武王墩的。"眼镜徐说，当时他判断，武王墩应该是一个等级较高的大墓，"因为它立的这个牌子，显示这应该是贵族墓葬。"

对于武王墩，眼镜徐志在必得。从得知消息开始，一个疯狂的盗掘计划，便如野草般在他的心中蔓延滋长。

很难想象，戴着眼镜、有些文气的眼镜徐，竟然是典型的古墓盗掘行动派。作为出资人和组织者，他亲自出马，联系猛子等多名同乡，携带炸药、探针、洛阳铲等盗墓工具，在 2015 年夏季直扑淮南武王墩。

然而，眼镜徐终究鲁莽有余而准备不足。他一手策划指挥的这次盗掘行动，虽然持续的时间长达一个月，但最终还是无功而返。

盗墓被迫终止，原因众说纷纭。

有说是资金链出了问题，失去资金投入的作案团伙难以为继；亦有说是附近的村民发现了盗洞痕迹，让眼镜徐等人心生忌惮。当然，最直接的原因，可能还是要归结于这一伙人技术不精。因为他们打出的垂直盗洞，还没挖到椁室就出现了坍塌。

对于这一点，争强好胜的眼镜徐并不接受。

"因为我们的第一个位置，基本上就只是偏了一点点，如果不是因为各方面原因的话，我们第一次也会成功。"几年之后，眼镜徐还在为自己的失败辩解，"我们主要还是因为怕被当地人发现了，而且当时资金也比较紧张，加上淮南梅雨季节一直下雨，所以说也给耽误了，就是这个原因。"

眼镜徐想表达的意思是，天时、地利都沾不上，就更指望不上"人和"了。虽然这次铩羽而归，但他并未收手。秋冬之际，他带领同伙卷土重来。和上一次不同，本次盗掘行动由张老板出资。在开封经营洗浴中心、财力远胜眼镜徐的张老板，不仅提供了充足的作案资金，还把"摸金校尉"老夏推到了行动的前台。

校尉，是一个古老的军职，而摸金校尉这一称谓，则包含着特定含义。这个名号，最早出现在东汉末年。

关于摸金校尉的起源，有一个广为流传的说法。相传，在东汉末年，曹操为了弥补军饷不足，设立了这一官职，让手下军官通过盗墓掠夺财物来充实军需。然而，这个说法并非毫无争议。经历过三国时代的陈寿，在他的历史巨著《三国志》中，并没有关于曹操盗墓或设立摸金校尉官职的明确记载。

这一说法，实际上是曹操的对手为了抹黑他而发布的。

在官渡之战前，袁绍为了师出有名，便指使行军主簿陈琳撰写了一篇著名的檄文——《为袁绍檄豫州》。这篇洋洋洒洒1700多字的檄文，历数了曹操的种种"罪恶"，其中，就包括曹操亲自带兵掘墓，并设立发丘中郎将和摸金校尉的"罪状"——

> 又梁孝王先帝母昆，坟陵尊显，桑梓松柏，犹宜肃恭。而操帅将吏士，亲临发掘，破棺裸尸，掠取金宝，至令圣朝流涕，士民伤怀。操又特置发丘中郎将、摸金校尉，所过隳突，无骸不露。

这一段话，特别具有杀伤力。说的是梁孝王是汉景帝的同母兄弟，他的坟墓尊贵显赫，陵墓周围遍植桑梓松柏，尤其庄严肃穆。然而曹操率领将领、官吏和士兵，挖掘梁孝王的陵墓，打破他的棺材，使他的尸体暴露在外，这种恶劣的行径让皇帝流泪，让百姓感到伤心。曹操还特别设置了发丘中郎将和摸金校尉，他们所经过的地方，坟墓都被破坏，没有一具尸骸不被暴露出来。

陈琳的檄文风格犀利，气势逼人，极富煽动性和号召力。据《三国志注》引《典略》载，曹操曾患头风，是日疾发，卧读琳文，翕然而起，曰："此愈我病。"这就是说，曹操看到陈琳的文章，吓得直冒冷汗，不经意间头竟然不疼了——可见陈琳的檄文威力之大。

曹操盗墓一事虽然存在争议，但摸金校尉一词沿用至今，却是不争的事实。

摸金校尉是盗墓活动中最核心、最重要、最关键的人物，他们通常训练有素，具备寻找墓地、挖掘盗取等专业技能，是负责制订计划、进行盗掘指导的"技术大佬"。同时，他们还具备一定的历史、考古和文物鉴定知识，能够较为准确地判断文物的价值。

2015年底，眼镜徐率领的盗墓团伙第二次南下淮南，和当地的"孙老大""孙老三"兄弟完成了集结。尽管大专毕业的眼镜徐在学历上远胜初中毕业的老夏，但是对于这位结识不久、"年龄大一点"的技术派，眼镜徐不得不承认，"在这个（盗掘）上面"，他"知识比较多一点"。

有了摸金校尉老夏的加入，武王墩墓葬将面临怎样的厄运？

古墓魅影

冬季的武王墩,夜色浓重如墨,风声在草木间低语,带着一丝异样的战栗。乡间小路上,黑影憧憧,仿佛幽灵在夜色中游走,最终汇入了远离村庄的这座土包之中。

这些黑影是谁,又为何而来?半个多月的时间里,他们如同暗夜中的魅影,昼伏夜行,悄无声息地展开行动。他们手中的工具散发着寒光,显然是有备而来。每当夜幕降临,他们便开始了神秘的作业;一旦曙光初现,他们就消失得无影无踪。

这是一个跨省组合的盗墓团伙,他们利用淮南本地人孙老三自建的"高墙深院",作为掘墓行动的隐秘据点。从八公山区矿南村的散户住宿地到武王墩墓葬的作案地,车程虽不过短短30分钟,但仿佛跨越了一个神秘的时空。

这个临时拼凑的组织活动规律,分工明确。有人负责放风和车辆运输,有人负责采购和打理衣食住行。大多数人都要从事开封土、打盗洞、下墓室、取文物的苦力活,充当黑话中"运土"的角色。

表面上,眼镜徐是这个团伙的组织者。然而眼镜徐比谁都清楚,俗称"支锅儿"的出资人张老板,才是深藏幕后的真正老大。

而负责现场指挥的,不用说,便是摸金校尉老夏。

作为经验老到的技术指导,中途加入的老夏没有让眼镜徐一伙人失望。在经历过一次失败、空有一身蛮力的同伙看来，老夏不仅盗掘技术过硬，而且懂得文物知识，甚至对天文地理都非常有研究。

来到武王墩，老夏立即对现场进行了勘查，并指挥人手对探查范围内的杂物、植被等进行了简单清理。之后他只打了两次探针，就很快锁定了墓室的位置。

探针又名扎杆，通过探头的丝扣连接探针杆，是考察地下土层的常用工具。在现代考古作业中，探针主要应用于地下土层的探测。熟练的操作手可以通过手对针杆的感应，及时捕捉异常情况，如硬物的位置、大小等，从而判断地下是否存在古代遗迹或文物。在墓葬发掘之前，借助这种工具，可以了解墓室的结构、深度、范围等重要信息，从而为考古发掘提供依据。

当然，应用于考古的探针，同样可以用在盗墓上。对此，无辜的探针无能为力。

确定墓室位置之后，老夏设计了一个倾斜角度在40度左右的打洞方案。为便于伪装，他把盗洞的入口选择在一处杂草丛生的斜坡上。

一切按照事先的分工进行，老夏提供技术指导。从盗洞位置的选择到使用雷管炸药的当量，都由他决定。外围放哨由团伙中熟悉地形的淮南本地人牵头，打洞盗掘则由眼镜徐、猛子等人全权负责。

随着开封土、打盗洞作业的顺利推进，一座古老的墓葬被悄悄地打开了秘密之门。在电筒光的探照下，墓室宛如一个黑暗的水池。浓重的"瘴气味儿"和齐腰深的"黑水"，让盗墓分子望而却步。

古墓泡在水里或形成瘴气，在中国南方并不鲜见，对于考古界来说也不是什么秘密。

瘴气的产生，通常与墓葬环境的湿度、土壤中的有机物质以及可能存在的腐败有机物有关。南方气候湿润，土壤中富含有机物质，这些物质在缺氧条件下会腐败变质，产生有毒气体和细菌；加之墓葬常常位于地下，通风不畅，更容易形成瘴气。

而墓室积水，则与地下水密切相关。南方地下水的水位较高，古墓

盗墓模拟图

葬很容易受到影响。加之气候湿润，雨水较多，河流、湖泊等水体密布，土壤的湿度也比较高，这些都增加了古墓葬被水浸泡的可能性。

虽然南方古墓葬常常泡在水里，但这并非有害无益。正是由于气候湿润，许多有机质文物如漆器、丝织品、竹简等得以保存。

比如，墨的主要成分是碳，具有相对稳定的属性，而承载文字的纸张或竹简属于有机质文物，在潮湿的地方反而容易保存。这也是南方古墓葬文字等得以流传的原因所在。

概括地说，南方古墓葬常常泡在水里这一现象，是多种自然因素共同作用的结果。虽然它给考古发掘带来了意想不到的困难和挑战，但是它也让许多历史文化遗产得以存留至今。

对于盗墓分子来说，墓室里出现"瘴气"和"黑水"，虽然会给盗掘带来不小的麻烦，但是阻挡不了他们一心"挖宝"的决绝与疯狂。

眼镜徐一伙正是如此，他们并未感到太多的意外和沮丧。连续十来天打洞作案，好不容易打进了第一个墓室，他们又怎会因为水深而收手？很快，有同伙调来了鼓风机和抽水机，于是吹风的吹风，抽水的抽水，所有人都等待着水落"宝"出的那一时刻。

然而，墓室里的水好像总也抽不完，原先的水抽出去了，又有水从周围灌进来。

眼镜徐不淡定了，他再也按捺不住，一脚踩入了水中。

"第一次下去怎么讲（呢），里面半池子水，大概也就十来个平方（米）那么大一间，都是木头盖成的房子，就是这种形象。"他清楚地记得，当时墓室里的水根本没有抽完，"还有齐腰深的水。"

站在水里的眼镜徐，第一时间关注的当然还是宝物：墓室是否完整？有没有被盗掘的痕迹？

在四下观察之后，他得到了满意的答案："刚进去的时候感觉非常震惊，心里面想，这下肯定要发财了。"他发现墓室里面没有盗洞，心中一阵狂喜："俺已经感觉到，这个墓是挺完整的。"

当墓室里的水大约被抽到大腿根的位置时，眼镜徐等人实在等不及了，开始下水摸取文物。

"编钟的架子已经倒掉了，编钟在水上面躺着。"眼镜徐当时观察到，编钟仍然固定在架子上，首先需要移除固定它们的铜销，才能将编钟从水中取出。

青铜！编钟！水中的宝物让眼镜徐一伙喜出望外。他后来回忆说："第一次下去摸出来两个青铜兽，是青铜老虎，然后还有一些别的，大概还有十几个编钟。"

他们用早已准备好的工具，在黑夜里疯狂地掠夺。青铜编钟、青铜老虎、方形铜构件、木质老虎、木质仙鹤、鎏金青铜把手、云形石板、青铜兽头、木质横杆等珍贵文物，被盗墓者从水中捞出，再一件件地吊送到墓外。

盗掘武王墩古墓葬的得手，让幕后老大张老板尝到了甜头。2016年早春，他再次出资，鼓动眼镜徐、老夏、猛子等人再次南下武王墩，这也是眼镜徐出面组织的第三次盗掘。这一次，他们又从武王墩古墓葬中盗取了包括青铜编钟、编磬、木质鸽子、鎏金青铜把手、木质老虎、石圭板、木质圆形墩子在内的大量文物。

劫后的武王墩，很快恢复了昔日的平静。

由于树木密布，地点相对隐蔽，加上盗墓人采取了设卡、放哨等反侦查手段，盗墓过程一直无人察觉。

一切就像厚实的封土一样无声无息。在封土的下方，埋藏着多少文物？它们被偷盗过多少次？而那些被盗的文物，又究竟会流向何方？

迟到的线索

在眼镜徐一伙实施三次盗掘之后,武王墩的安宁并没有持续太久。2016年深秋,又一群盗墓者锁定了这座充满诱惑的古墓。

2016年11月,山东的程大个等人来到淮南,为即将进行的盗墓活动打前站。经过现场勘查之后,他们将作案的地点锁定在了寒风初起的武王墩。

武王墩原貌(摄于2019年11月)

12月8日前后，盗墓团伙的成员齐聚淮南，他们备齐了发爆器、摇把绳索、发电机、洛阳铲等各种作案工具，只等时机成熟，便可展开行动。

接下来的几天里，程大个等三人化身为普通的游客，白天乘坐轿车在武王墩附近游荡，暗中观察。一旦确定安全无虞，他们便通知团伙成员在夜幕降临后展开盗掘行动。

12月14日晚11时许，就在他们又一次准备实施盗掘的时候，淮南市山南警方接到了报案。警方立即组织精干警力前往武王墩进行侦查，并现场抓获一名盗墓者。随后，警方顺藤摸瓜，锁定了某宾馆内的程大个等四人。次日凌晨，警方果断出击，将准备逃离淮南的程大个等人一举抓获。

2017年1月19日，安徽省文物鉴定站对被盗掘的武王墩古墓葬作出如下鉴定：

战国武王墩古墓葬具有重要的历史、科学、艺术价值，依法受国家保护；古墓墓室深15米，盗洞已达14米，仅差1米便到达墓室；盗洞洞口1米×0.5米，洞深14米左右，盗洞以西2米处还有一个深洞，实施的盗掘行为已造成了对省级文物保护单位本体的损害。

同年7月，淮南市大通区人民法院开庭审理程大个等人盗掘古墓葬一案。检方认为，程大个一伙盗掘具有历史、科学、艺术价值的古墓葬，应当以盗掘古墓葬罪追究其刑事责任。而辩方则声称，此次盗掘最终并未得手，他们只是实施了盗掘行为但并未造成古墓葬本体棺椁损害，应当被认定为未遂。

法院审理认为，武王墩古墓葬的封土及棺椁等均属于其本体，是否造成棺椁的损害，并不影响对该古墓葬本体造成损害的认定；武王墩古墓葬本体被损害，其历史、科学、艺术价值必然被损害，故本案被告人的盗掘行为已经构成盗掘古墓葬罪既遂。

省级文保单位、战国墓、15米深的墓室、危及墓葬本体的盗掘……随着案件内容的披露，这些引人注目的字眼，在吸引公众对武王墩关注的同时，也引发了当地人对这座墓葬的好奇、猜想与担忧。

有懂行的当地人，依据高大显眼的封土堆推测说，武王墩应该是一座王侯级别的古墓，时间最早可能要追溯到战国时代。

有人表示遗憾，认为历经千年沧桑的古墓，大多无法逃脱被盗的命运，武王墩也不会例外。

还有人表示，虽然武王墩墓可能已空无一物，但作为地方人文景观的标志，它仍具有重要意义。

更有人建言，附近村民在封土堆上随意开垦种菜，这是不当行为，相关部门应出面制止，以免古墓再遭受破坏。

文明的传承与历史的沉淀，一方面让淮南拥有众多古遗址、古墓葬，另一方面也导致趋利的盗墓分子纷至沓来，古墓葬盗掘犯罪时有发生。

为全力打击文物犯罪，淮南警方联合文物管理部门，建立了打击防范文物违法犯罪联席工作机制。2009年以后，警方相继破获了"5·6"特大盗掘古墓葬案、楚幽王妃子墓被盗掘案和公安部挂牌督办的"9·25"淮南古墓葬被盗掘案等一批重大案件，抓获嫌疑人100多人。

在第四届"薪火相传——中国文化遗产保护年度杰出人物"、时任淮南市公安局刑警支队支队长黄升忠看来，文物犯罪为高度职业化、集团化、智能化犯罪，作案手段隐蔽，团伙内部出资、踩点、探测、盗掘、运输、贩卖，已形成一条完整的黑色产业链，侦办过程中稍有不慎就会功亏一篑。更何况，大量的古墓被盗掘后没有直接受害人，所以盗墓案件的立案数远远小于发案数。

程大个一伙的盗掘行为，正是被当地文保部门和群众发现并及时报案，警方才能迅速实施打击。而眼镜徐一伙三次盗掘并两次得手，却在悄无声息中进行，以致出现了被盗文物早已出手而当地相关部门毫不知情的尴尬局面。

直到2018年6月，一条意外的检举线索，让老夏浮出水面。

线索来自河北定州。当地警方在侦破一起盗掘古墓案件时，收到盗墓团伙成员的检举：疑似淮南的一座战国古墓曾被一伙河南籍的盗墓人员盗掘，有大量的青铜器和木制的漆器出土。

消息传到淮南，警方立即进行了核查。办案人员首先预判：会不会是当地有人和河南籍的盗墓人员合伙实施了盗掘？以此为方向，警方对当地有盗墓前科的人员进行梳理，研判在疑似案发的时间段，他们在时间和空间上有哪些可疑之处。

同时，警方也对武王墩进行了现场勘验。

据参与办案的淮南市公安局山南新区分局刑警大队民警赵腾飞介绍："勘验的结果是我们发现的确有一个盗洞，然后盗墓分子对这个盗洞进行了一定的回填，为了掩盖他们盗掘古墓的事实。"

这是一个相对隐蔽的盗洞，打在古墓的一处斜坡上。赵腾飞说，因为当时杂草长得非常茂盛，而且盗墓分子也对这个盗墓洞口进行了比较细致的伪装，"所以说，要不是亲自走到这个盗墓口的话，是很难发现的"。

作案时间相对久远，盗掘现场痕迹消弭，这些给警方的侦破工作带来极大的困难。在实地勘查、现场走访、视频资料、电围数据都无法提供更多线索的情形下，专案组决定采用"由人到案"的思路，把侦破的突破口锁定在河北定州。

通过多次提审检举人，一个叫"老夏"的人物慢慢被拼凑出来：年龄50岁左右，家住河南杞县，可能叫夏某震；此人盗墓技术高超，是盗掘古墓的技术骨干；他擅长看风水、打探针、定墓室，在不少盗墓团伙中都充当过摸金校尉。

然而想通过这些信息找到老夏，无异于大海捞针。

首先，检举人不确定老夏在什么位置，因为他本人没有参与这个案件；其次，他也不知道具体作案时间。"他找不到切入点呀，对吧？"赵腾飞说，"检举人只是从微信群里看到出土了这个东西，他不知道是哪一年，也不知道这个团伙有哪些人，所以这条线索对于我们来讲就是大海捞针，无从下手。"

原来，检举人和老夏并不是一伙的，他的消息来自微信。在一个主要由盗墓人员组成的微信群里，曾有人转发过疑似武王墩被盗编钟、青铜虎形底座的照片。

根据检举人的供述，经警方查证，老夏当时转发图片是为了在他们自建的文物盗掘群里进行询价，让同行都看一下，这些文物的品相和大概的市场价格。询价结果，都说这些文物价值连城。

根据上述线索，一次利用大数据和新技术的排查展开了。

利用"云搜索"系统在全国范围内模糊查询，经研判符合"夏某震，男，40至55岁，河南杞县"条件的人员共8名。

再通过技术侦查，对这8人的历史轨迹逐一进行研判，发现仅有一人的轨迹多次在淮南出现，且与武王墩古墓被盗掘时间吻合。

经在押检举人辨认，证实此人正是摸金校尉老夏。

围绕老夏，专案组通过对人员档案、时空轨迹、旅馆同住、火车同行、话单分析进行交叉碰撞，最终从支离破碎的线索中综合研判、滚动关联出其他涉案人员身份信息，逐渐明确了2015年盗掘武王墩古墓团伙成员的基本架构。

"我们通过海量的数据来分析研判，全国各地有哪些有盗墓前科的人员来过淮南。我们把这个作为一个切入点。"黄升忠披露，"正好我们发现，2015年有这样的人员在我们淮南居住的信息。"

盗掘团伙成员基本锁定之后，警方没有立即出击抓捕。专案组达成的共识是顺藤摸瓜，想方设法追回被盗文物。

"当时我们按照专案组领导研究决定，就是要针对盗墓分子，实施全方位的侦查，不光要打击盗掘古墓的行为，也要打击这种文物犯罪背后的黑色产业链。"赵腾飞表示，当时警方之所以没有急于对这些盗掘古墓的嫌疑人进行抓捕，而是继续对他们进行侦查，是因为"找到被盗掘的文物，这才是我们的最终目的"。

正当警方张开法网之际，谁也没有想到，摸金校尉老夏再次南下淮南了。

草木皆兵

和此前不同,老夏这一次到淮南,是受猛子之邀。猛子曾经与眼镜徐结伙南下,是三次盗掘武王墩墓葬的骨干成员。这一次他甩掉了眼镜徐,自己挑头准备大干一场。本着"人少好吃饭"的想法,他甚至一度想甩掉淮南本地的孙氏兄弟。

"他们想独自进行盗掘,这样才能获得更丰厚的回报。"在赵腾飞看来,自以为是的猛子也许觉得,自己对古墓现场和周围的环境已经很熟悉了,就不需要带着淮南当地人一起盗掘了。然而,在盗掘过程中,"他们发现还是必须和淮南同行合作,才能安全地实施盗掘"。所以他最终还是选择与孙老大、孙老三合作。

2018年10月,猛子一伙来到淮南市谢家集区唐山镇九里村附近,对一座东汉至南朝时期的古墓葬进行盗掘。此次盗掘未盗得文物,只落得个空手而归。但他们毫无收手之意,把下一个作案的目标锁定为名气更大的廉颇墓。

省级文物保护单位廉颇墓,距离武王墩15千米左右,位于淮南八公山纪家郢放牛山西南坡。封土堆高约20米,周长约30米,基有条石垒砌,背靠青山,面朝平原,几百米之外便是淮河。

廉颇的大名,连同他和蔺相如"将相和"的故事,在中国家喻户晓。作为战国时期的名将,廉颇征战数十年,战功卓著,未尝败绩。但在赵

廉颇墓

国,他却是一名失意的将军。

廉颇离开赵国,先入魏国再到楚国,当然有秦国"离间计"的推波助澜,但更多的还是个人性格的原因。

廉颇作为老将,为人耿直。可惜,赵悼襄王即位后,听信郭开的谗言,解除了廉颇的军职。廉颇因为受到排挤而大怒,一气之下投奔了魏国。魏王虽然收留了廉颇,但从不加以重用。因此当楚国向他伸出橄榄枝时,廉颇别无选择,只能由魏入楚,最终客死他乡。

虽然《史记》上记载,廉颇死于寿春,但这位大将军的墓葬不为淮南所独有,据说河北邯郸、清河、正定也有廉颇墓。

八公山廉颇墓背倚青山,大冢巍然。一大片梨树环绕墓地,花开时节,玉树银装,璀璨晶莹。

八公山是中国古代楚汉文化的重要发祥地之一,曾经是淮南王刘安及其门客著书立说、研究天象、编制历法的地方。同时,在历史上它也是兵家必争之地,留下了经典的战例和丰富的传说,其中以淝水之战和

"八公山上，草木皆兵"最为著名。

南宋词人李曾伯在此留有《八公山忆廉颇》一诗，该诗以历史人物廉颇为题，既有对主人公敬佩之情的流露，也有对时事不公的感慨。

> 在楚犹在赵，始终同一颇。晚年犹矍铄，劲气肯消磨。
> 非老无能也，如时不利何。汉皇还抈髀，用壮莫蹉跎。

名山，名将，名冢，武王墩的劫难，会不会在廉颇墓重演？

身为"负荆请罪"的当事人，性格耿直而又火爆的廉颇不会料到，在他客死他乡、埋骨楚国2200多年之后，一群小蟊贼，居然敢在太岁头上动土。

同样，猛子和老夏等人也没有料到，他们无论是来到廉颇墓实地查看，还是试图通过打探针对墓葬进行探测，所有这些自作聪明的故技重演都已经暴露在警方的监控之下。

"我们发现他们带有探针和洛阳铲，放在他们自己的面包车上，然后驾车到了廉颇墓附近。带着这些洛阳铲和探针，就爬到了廉颇墓上。"赵腾飞说，"为了防止暴露，我们没有近距离地进行观察。但是我们当时判断，他们应该是带着探针和洛阳铲对廉颇墓进行了探测，为他们后期实施盗掘做准备。"

一方面，警方和文保部门加强了监控；另一方面，盗墓团伙在现场也安装了摄像头，展开了反侦查。双方的暗战，在夜间的古墓悄无声息地进行。

"这一伙人的反侦查意识是很强的，他们夜间作案，白天休息。为防止白天有文物部门去寻访，怎么办呢？"黄升忠介绍，盗墓团伙也有相应对策，"他们在墓葬现场也安装了视频监控，看我们文物保护人员是不是到了这个墓地巡查，他们也在侦查我们啊，反侦查意识非常强。"

"廉颇墓那一段我们也装了监控，他们车辆进入的时候，我们就发现了。"赵腾飞说，"这伙盗墓分子也非常狡猾，为了防止被公安机关发现，他们还配备了对讲机，也装了一些临时性的夜间遥控摄像头。"他们留有后手，妄想即使被公安机关盯上，也能及时逃脱。

双方暗中对峙的短暂平静，很快被一个突发状况打破。2018年10月底，警方发现，盗掘团伙的一名成员从河南带回了大量土质的炸药和雷管，同时还带来了又一批同伙。盗掘团伙成员的增加与爆炸危险品的到位，意味着猛子一伙一切准备就绪，即将实施盗掘。

警方的抓捕行动也箭在弦上。

赵腾飞说："盗掘团伙准备要实施盗掘廉颇墓，准备工作他们已经做足了，就是要准备动手了。专案组研究，最佳的抓捕时机已经出现了，为了不让廉颇墓受到盗掘的破坏，决定集中统一收网，对盗掘分子进行

淮南八公山春景

抓捕。"

黄升忠介绍，警方选择了猛子他们对廉颇墓下手的当天，在他们盗掘廉颇墓的时候组织警力实施抓捕。"盗墓团伙盗掘廉颇墓的这一天，就是我们收网的这一天。"

2018年11月5日，抓捕时机成熟，专案组统一收网。

淮南警方采取雷霆行动，在当地将盗墓嫌疑人迅速抓获归案。

在盗墓团伙的"大本营"即孙老三的住处，警方查获了洛阳铲、连接杆、支架零件、连体胶衣、雨衣、迷彩服、工具袋、安全绳袋、锯子、撬棍、十字形工具、尖头竹片工具、短柄铁铲、铁镐、砍刀、电锯、鼓风机、塑料膜、对讲机、充电器、电瓶、汽车牌照、头灯、升降架、金属套件、自制雷管、疑似炸药、疑似复合肥、手机等作案工具。

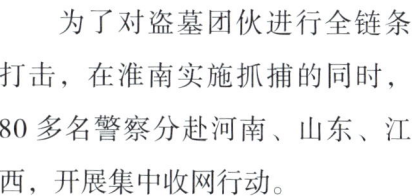

为了对盗墓团伙进行全链条打击，在淮南实施抓捕的同时，80多名警察分赴河南、山东、江西，开展集中收网行动。

"我们针对犯罪嫌疑人团伙，每一个人都派出一个小组，这些人分布在4个省若干个市，所以我们派了8个小组。"黄升忠介绍，"这8个小组都是提前到位，就等着我们专案组一声号令，同时行动，这样才能达到一网打尽的效果。"

猎捕行动，一场时间与速度的较量。

随着警方同时出击，一个跨区域盗墓团伙被收进了法网。

据黄升忠介绍，警方在河南的追捕行动面临较大挑战。因为案件

破获的成败在很大程度上取决于能否迅速将幕后老大捉拿归案。因此，当张老板成功被捕后，"整个专案指挥部成员无不欢欣鼓舞，心中的重负终于得以放下"。

武王墩古墓葬盗掘团伙成员，包括实施盗掘16人，召集准备3人，技术指导1人，倒卖文物1人，出资3人，形成了"出资—探测—盗掘—运输—倒卖—走私"一条龙作业的地下文物犯罪链条。其中出资人和盗墓骨干分子均系河南籍人员，淮南本地人"孙老大"则扮演团伙后勤保障和出资角色，山东籍人员负责贩卖文物。

警方调查发现，从已侦破的盗掘古墓葬案件来看，盗掘团伙要么是本地人，要么有本地人的参与或协助，这样才不容易被发现。

针对嫌疑人事先达成的对抗审查的攻守同盟，专案组采用各个击破的方式，为每个成员"量身定制"了不同的审讯方案，利用嫌疑人之间的利益关系，寻找突破口。

警方最终查明，2015年到2016年，河南杞县籍人员张老板伙同眼镜徐、猛子、老夏等十余人和淮南籍的孙老大、孙老三等人，先后三次采用"爆破式挤压盗掘"法，盗掘淮南武王墩古墓葬，盗得青铜虎形底座、青铜编钟、木质漆器、石磬等大量文物。

嫌疑人供述，被盗掘文物从淮南运至河南后，经过多人转手，已经被分批倒卖到河南、江苏等地。错综复杂的流向，给追缴工作带来了意想不到的困难。

"因为几年的时间过去了，这些文物不可能还在张老板这个人的身边。这些人盗窃文物是要变现的，他实际上早已把这些文物处理出去了，甚至都不知道倒了几道手。"黄升忠表示，"盗窃文物的人，并不是持有文物的人。所以只有对盗窃的人收网成功，才能循着这条线索追下去。如果某一个环节漏掉了，这条文物的线也就断了。我们对此很清楚。"

武王墩被盗文物能顺利"回归"吗？这些文物又会有着怎样的历史"含金量"？

虎座鸟架鼓

在古玩市场的暗角,"黑市"交易在秘密进行……

见不得光的黑市,又被称作"鬼市",买卖通常在天亮之前进行。来路不明的文物一般都藏在暗处,在有"线人"介绍或遇到"真买家"时才会现身。双方心照不宣,只看货不看脸。随身带着手电筒,只要觉

古玩市场一角

得货不错，现场立即成交。一般都采取现金交易，彼此不留联系方式，反正就是一锤子买卖。

随着网络技术的应用普及，文物非法交易也逐渐摒弃了传统的线下黑市模式，披上了网络的外衣，转而隐匿于虚拟世界的角落。越来越多的不法之徒，驾轻就熟地利用"线上勾连、手机赏货"的新型交易手段，将来路不明的文物悄然转手。武王墩古墓的珍藏，便这样在网络的暗流中悄然浮现。

尽管文物尚未正式露面，但"圈内人"很快都知道：淮南出好东西了！或私下传图，或在特定的群聊中窃窃私语，信息悄然扩散。买家与卖家在网络的掩护下相互寻觅，再通过线上与线下的结合、中间人以及中间人的中间人反复倒手，武王墩被盗文物就这样流向了鱼龙混杂的藏家之手。

与缉拿嫌疑人相比，追缴文物的工作也不轻松。

在茫茫人海中，办案人员往往要通过扩人、扩案的努力，从"只有一句话"的线索中，发掘出隐匿的买家、卖家和知情人，才有可能找到文物的最终去向。

以武王墩被盗的第一批文物为例，被盗掘的文物包括青铜编钟14件、青铜老虎2只、方形铜构件2件、木质老虎2只、木质仙鹤2只、鎏金青铜把手3件、云形石板6件、青铜兽头2只和木质横杆2根。

除了2根木质横杆被丢弃、2只青铜兽头被老夏藏匿在家中，其余的都被盗墓团伙的幕后老大张老板打包卖出。这些文物经过了"卖主张老板—李某勇—侯某、唐某春—牛某—买主刘某园"的多次转手，刘某园以500多万元"吃"下了这批文物，而交到张老板手中的赃款变成420万元。对于中间的环节和文物的流向，张老板也不完全清楚。

从深埋于淮河之南的地下，到流离失所卷入红尘，武王墩被盗文物的遭遇各不相同。

在倒卖文物的嫌疑人陆续到案后，警方通过审讯发现，被倒卖的文物与盗掘出土的文物在数量、种类上有不小出入，而盗掘团伙成员在供述上也遮遮掩掩，自相矛盾。经过近一个月的斗智斗勇，一个意外的"案中案"出现在专案组面前。

"追文物涉及的事情太多了，这里面还有案中案。"黄升忠一针见血地指出，"盗墓团伙也是临时聚集的，成员来自多地，从古墓里面盗出来的东西怎么分配、怎么保管，他们互相之间也是不信任的。"

从武王墩盗出的文物，有4件不翼而飞。盗墓团伙中的所有骨干成员都不知道它们流向何处。因为有人从孙老三住处的外墙打洞而入，偷走了屋里藏匿的文物。显然，导演这出"黑吃黑"闹剧的偷窃者，出自盗墓团伙内部。

2016年9月2日的夜晚，张大头等人驾车从安徽和县来到淮南，轻车熟路地找到了孙老三的住处。他们用早已准备好的工具在围墙上打了一个洞，然后神不知鬼不觉地将藏匿在卧室里的4件木质漆器盗走。

张大头之所以对同伙动了"贼心"，伸出了"黑手"，据他本人归案后供述，是因为担心后期分赃会对自己不利。

盗得4件木质文物之后，张大头先把它们藏在和县家中，然后辗转通过多地的中间人，最终将文物运送到昆山的一家艺术品拍卖公司寄卖。然而几天之后，文物又被中间人拉走。

文物虽然被拉走了，但颇有心机的拍卖公司老板周某留下了文物剥落的碎片。周老板把它们带到北京，提交专业机构进行碳-14测年。在获知涉案文物距今已有2000多年的结果之后，周老板安排手下与中间人多次商谈压价，最终如愿将4件木质漆器买回。

令人啼笑皆非的是，周老板非法收购盗掘文物并非想占为己有，而是准备捐献给博物馆以便提升公司的知名度和影响力。在得到4件木质漆器后，他指示手下联系博物馆商谈捐献事宜，但因文物来源不明一直未能成功。

2019年元月，警方追回了流落在昆山的木质漆器。淮南市本土专家沈汗青是最早见到这批文物的文博专业人士。

时任淮南市博物馆馆长的沈汗青回忆，他首次接触武王墩盗墓案是

虎座鸟架鼓复原示意图

通长 162cm,通高约 190cm,宽 36.5cm

在 2019 年的春节前夕，大约是农历腊月二十七。当时，淮南市公安局山南新区分局在江苏昆山一家拍卖公司总经理的办公室查获了被盗的第一件文物。那是一件高约 2 米的虎座鸟架鼓，而这件文物成为破解整个案件的关键。

经安徽省文物鉴定站鉴定，这 4 件木质漆器其实是一个整体，为国家一级文物，时代为战国。

好端端的一件器物，为什么会一分为四？据现场指挥盗掘的眼镜徐交代，原因是它的体形庞大，如果不锯掉就无法把它移出墓室。

"当时俺们也不知道它是什么东西，只知道它有两个鸟头，然后底下身子很重。"眼镜徐交代说，"当时因为鸟头是在上面镶嵌着的，俺们是从缝隙那儿把它锯开的。你不锯怎么出来呢？当时这个东西（器物）比较大，然后就上不去。"

用于祭祀和宴飨的虎座鸟架鼓，又被称为虎座凤鸟悬鼓或虎座凤架鼓，是战国时期楚国的重要乐器。它以两只卧虎为鼓座、两只凤鸟为鼓架，将鼓悬挂在凤鸟之上，通过悬空敲击来演奏。这种以虎为座、以凤鸟为架的悬鼓，是楚国特有的乐器，彰显了楚文化的浪漫与神奇。

作为楚国的标志性文物，虎座鸟架鼓在制作工艺上有着诸多独特之处。它的整体造型颇具匠心，虎与凤结合的寓意是敬畏与崇拜、力量与征服。它在细节上力求精益求精：虎座大而底平，确保鼓的重心稳定，即使在用力击鼓时也不会倾倒；凤鸟的细长双足插于虎背上，将鼓框升高，更利于击鼓。这样的设计不仅美观，还极具实用性。

此外，虎座鸟架鼓的彩绘工艺也堪称一绝。器物通体髹黑漆，饰有红、黄、银白等多色彩绘，整个鼓显得既稳重又不失飞扬的灵动。这种精湛的彩绘工艺，不仅增加了鼓的美观度，也为后人研究当时社会审美和工艺水平提供了重要的实物资料。

虎座鸟架鼓的制作充分体现了当年楚国工匠的高超技艺。无论是木材的选择、雕刻的精细度，还是彩绘的运用，都达到了当时的顶尖水平。这不仅展示了楚国在乐器制作方面的高超成就，也反映了楚人对音乐文化的热爱与追求。

虎座鸟架鼓不仅是乐器，还是一件礼器，寄托着人们沟通人神、求福免灾的愿望，在楚人的宗教信仰和政治生活中，扮演着重要的角色。

楚人崇凤，巴人尊虎，高大的凤立于伏卧于地的虎背之上，体现了楚人尊凤贬虎的习俗。楚文化研究专家张正明在《楚文化史》中介绍，"凤是楚人先民的图腾，战国时代的楚人对此仍有朦胧的印象"，而"生息在楚国西南的巴人以虎为图腾，与楚人时而交恶、时而交好，由此加重了楚人贱虎的心理"。

失而复得的武王墩虎座鸟架鼓，除了被一分为四，整体也并不完整。原先的两只凤首只剩下一只，另一只被锯下后，一直下落不明。带着残缺的身体，这件珍贵的木质漆器在离开淮南两年四个多月后，重回楚国最后的故都，静静地等待着修复。

沉睡了2000多年，谁会想到，武王墩墓葬的文物竟然会以这样的方式重见天日。

虎座鸟架鼓局部

那些仍未被寻回的宝物，究竟漂泊在何方？盗墓团伙的疯狂盗掘对武王墩墓葬本体造成了怎样的破坏？对于多次被盗掘、墓室遭到破坏性损毁的武王墩古墓，会不会启动抢救性发掘？一个个悬而未决的问题，让武王墩这座饱经风霜的古墓再一次引发多方关注。

从摸金校尉老夏南下淮南的那一刻起，武王墩的宁静岁月，便如同破碎的镜子再难重圆。古老墓葬往昔的静谧，由此成为历史的一页，随风而逝，不复存在。

第一章

武王墩

抢救性发掘

古墓作为历史的沉默见证者，一旦遭遇盗掘与破坏，应该如何避免墓体和埋藏物受到进一步的损坏？对于屡遭劫难的武王墩来说，这一问题亟待解决。

这也是现代考古学所面临的伦理与技术之困——古墓是否应该发掘？如果需要，又该如何进行？在何种紧急情况下，才应该开展抢救性的发掘行动？这些问题，不仅关乎对历史遗址的保护，更关乎对文明的尊重与抉择。

失而复得

2019年8月初，正值炎热的夏季，一则关于淮南武王墩古墓的消息如热浪般袭来，引发了广泛关注。新华社以《安徽破获盗掘楚墓大案 追回国家一级文物26件》为题，首次正式披露了武王墩盗墓案。

> 新华社合肥8月5日电（记者陈尚营 马姝瑞）记者4日从安徽省淮南市公安局获悉，该局破获一起盗掘战国楚墓大案，抓获犯罪嫌疑人29人，追回国家一级文物26件。其中"虎座鸟架鼓"等漆木器十分罕见。

报道称，警方这次破获的武王墩古墓被盗掘案追回被盗文物75件。经安徽省文物鉴定站鉴定，这批文物中有国家一级文物26件、二级文物32件、三级文物16件、一般文物1件，时代均为战国时期。

淮南武王墩、战国古墓、2000多年前的大量文物重见天日……这些让人眼热的信息，裹挟在热浪滚滚的夏风中，迅速引起了文博、历史、媒体等相关行业人士和民众的关注。有的安徽本地媒体不惜用"国宝"一词来称呼这一批意外追回的珍贵文物。

其实，对于文物藏品的定级，在民间和媒体认知中存在一些想当然的表述，其中最常见的，就是带有宣传拔高意味的"国宝级"文物的表述。这种表述，当然有社情民意的广泛基础，但是在目前的定级系列中,"国宝"这一级别并不存在。

长期以来,国家一般将馆藏文物分为三个等级:一级藏品为具有特别重要价值的代表性文物和标本,二级藏品为具有重要价值的文物和标本,三级藏品为具有一般价值的文物和标本。

文物定级并非一成不变,而是有一个动态调整的轨迹。现行的《文物藏品定级标准》是2001年由文化部颁发的。该标准将文物藏品分为珍贵文物和一般文物,珍贵文物分为一、二、三级。武王墩古墓追回的被盗文物,绝大多数属于"珍贵文物"。

外行看热闹,内行看门道。在众多好奇、探询的目光企图接近武王墩文物之时,距离文物最近的吴琳却承受着前所未有的压力。

时任淮南市博物馆保管部主任的吴琳坦言,这是她首次承担漆木器保管的重任。在此之前,馆里并未专门设立针对这一独特文物门类的管理体系。因此,在这些价值连城的文物进驻之后,她不免忐忑不安。面对如此意义非凡的文物遗产,她深恐因自己的一丝疏忽对文物造成不可挽回的损害,那样的话,自己"恐怕会背负上历史的罪责"。

2019年元月,吴琳第一次接触警方追缴的武王墩文物。当时淮南市公安局山南新区分局追回了第一批共4件被盗器物,请市有关专家现场辨认。吴琳跟随淮南市博物馆馆长、市文物保护局局长沈汗青,见到武王墩第一件失而复得的文物——漆木虎座鸟架鼓。

吴琳后来回忆,当时首先映入眼帘的便是那独特的虎座鸟架鼓。她说:"这是我第一次见到楚国的漆木器,而且是这么大型的漆木器,当时给我的感觉就是非常震撼。"这件文物无疑是楚国漆木器中的典范之作,更是迄今为止所发现的同类器物中最为宏大的。上面所绘的纹饰,细腻入微、色彩斑斓,令人叹为观止。

吴琳所见的虎座鸟架鼓,并不完整,它已经被盗墓分子锯成了4段。在吴琳看来,这件规模罕见的虎座鸟架鼓,即便没有经过省文物鉴定站的鉴定,也可以毫无疑问地被认定为国家一级文物。如此重要、珍贵的文物就这样被粗暴地一锯了之,吴琳心痛不已。

虎座鸟架鼓残件

吴琳所在的淮南市博物馆,身兼文物保护职能。作为专业文保人员,对坐落在本市的省级文物保护单位武王墩,吴琳自认为再熟悉不过了。因为武王墩的封土太惹眼了,不光是文保部门知道它重要,很多盗墓分子也惦记着它。只是之前的盗墓活动,可能因为专业水平不高,很多时候都没有得手。

而从和虎座鸟架鼓相遇开始,吴琳发现自己对武王墩的了解还远远不够。

"武王墩这个墓葬不得了,太震撼了!"吴琳认为它的发掘具有非凡的重要性和震撼力。

2019年初,处于震惊之中的吴琳,根本不知道武王墩被盗取了哪些珍贵文物。她同样不可能预料到,在未来的职业生涯中,她和武王墩将有很长时间紧密地联系在一起。

在之后的两年间,警方追缴的文物陆陆续续地被移交到她手中保管。截至2020年底,总数目竟达77件之多。其中,漆木虎座鸟架鼓、铜铭文虎座、石编磬及漆彩绘兽面云纹器座等26件为一级文物。

沈汗青认为,这些文物为研究楚国晚期高等级墓葬乐器提供了重要依据。

在吴琳看来，警方追缴的 77 件文物，从材质角度进行分类，主要包括青铜器、漆木器以及石器三大类。在文物的保管工作中，漆木器因其特性而被视为最难保管的对象。相比之下，铜器、青铜器和石器在特定的温度与湿度条件下，性质相对稳定，不易发生显著变化。

出土漆木器在长期的地下浸泡过程中吸收了大量的水分，因此在保护过程中需要对其进行脱水定型处理。然而，这个过程需要考虑文物的脆弱性和完整性，不能使用过于剧烈的方法，否则可能会导致文物的破裂或变形。

除此之外，出土漆木器的保护需要综合考虑其他多方面的因素，包括加固处理、防止霉变以及文物保护环境的控制等。这项工作复杂且专业性强，需要经验丰富的文物保护人员提供一案一策的指导意见，并配以必要的技术和设备支持。

对于博物馆的文物藏品，国家早有"十防环境"的具体要求。博物馆的藏品库房一般应有防火、防盗、防潮、防虫、防尘、防光（紫外线）、防震、防空气污染等设备或措施。这是对藏品库房建筑环境的基础性要求。对于不同类型的文物，还需要结合实际确定风险等级，采取相应的防护措施。

对初次接触漆木器保护工作的吴琳来说，挑战难度最大的还是那件弥足珍贵的虎座鸟架鼓。

在吴琳看来，虎座鸟架鼓属于典型的身世坎坷、命运多舛。首先，在墓里被粗暴地一锯为四；出土之后，在盗墓团伙内部再次被盗；之后，又遭受了颠沛流离之苦。木漆器保管本身难度就比较大，而这件文物的体形很大，加之在它流落市井时看管的人没有任何文物保管经验，这就导致它脱水过快。当虎座鸟架鼓交到吴琳手中时，她心痛地发现，这件文物珍品"木胎炸裂、漆皮脱落起翘都非常严重"。

为有的放矢地做好虎座鸟架鼓等漆木器的保管工作，淮南市博物馆第一时间请来荆州文物保护中心研究馆员吴顺清等文保专家，对漆木器保护进行现场指导。

吴顺清强调，对于移交的文物，饱水维护是一大挑战。例如对于大型文物，浸泡在水中时应避免频繁换水。实际上，水中略显浑浊往往是因长时间浸泡导致墓室原有水分渗出。若盲目换水，会有新水分持续渗出。但过度脱水也可能对文物造成损害，甚至导致文物损毁。因此，把握换水时机十分关键，除非水质变差、对文物构成威胁，否则不宜轻易换水。此外，在浸泡过程中，应合理控制化学剂的投放量。

自从吴顺清及其团队到来之后，吴琳一直虚心请教关于虎座鸟架鼓保护的具体方法，尤其是针对其纹饰、漆皮及彩绘等精细部分的保护。为确保虎座鸟架鼓得到妥善保存，淮南市博物馆将它安置到特制的恒温恒湿柜中，并定期对保护状况进行检查。同时对其他需要进行饱水处理的漆木器，也严格遵循专家的指导意见，使用纯净水及按特定比例配制的化学药品进行精心维护。

2020年，武王墩文物的保管进入第二个年头，让吴琳倍感欣慰的是，他们提交的一级文物修复申请，已经得到了国家文物局的批复。

吴琳满怀信心地期待着，包括虎座鸟架鼓在内的待修复文物，能够尽快转运

虎座鸟架鼓局部

到荆州文物保护中心，得到更专业的修复保护。她更期待着劫后余生的虎座鸟架鼓在修复之后，不再需要饱水维护，而是在一种稳定的、自然封闭的环境里，尽早恢复原先的姿态，展示在公众面前。

墓体之伤

武王墩被盗文物虽然失而复得,但都遭受了不同程度的损害,既有粗暴盗掘的人为原因,也有出土文物随环境改变而发生的各种变异。然而,相比这些"受伤"的文物,盗墓行为对武王墩墓葬本体的破坏,更加触目惊心。

每一个打洞挖宝的盗墓贼,都是地下墓葬的直接破坏者。

淮南警方发布的消息表明,从2015年下半年到2016年底,武王墩墓至少遭遇了两个盗墓团伙的四次盗掘。

第一次盗掘发生在2015年夏季,眼镜徐联合猛子等人,携带炸药、探针、洛阳铲等盗墓工具,对武王墩古墓进行了长达一个月的持续盗掘。由于被周边村民发现盗洞痕迹且盗墓资金不足,该次盗掘被迫停止。

第二次盗掘发生在2015年底,眼镜徐团伙在摸金校尉老夏的加持下,再次对武王墩古墓进行盗掘。此次盗掘,盗得了青铜编钟、青铜老虎、木质老虎、木质仙鹤、鎏金青铜把手等珍贵文物。

第三次盗掘发生在第二次盗掘得手后一个月左右,眼镜徐团伙又一次对武王墩墓进行盗掘,盗出青铜编钟、编磬、木质鸽子、鎏金青铜把手等文物。

第四次盗掘发生在2016年底,程大个团伙携带发爆器、摇把绳索、发电机、洛阳铲等作案工具，对武王墩古墓进行盗掘，在作案过程中被警方抓获，盗掘行为由此中止。

在不到两年的时间里，武王墩墓葬四次被盗。一般来说，盗掘行为很可能在以下方面对墓葬本体产生破坏。

一是盗墓分子在挖掘盗洞时，会直接破坏墓葬的土壤和结构体，导致墓葬的稳定性受到威胁；二是盗墓过程中使用炸药等爆破手段，很可能造成墓葬和椁室的坍塌，进一步加剧墓葬损坏；三是盗墓分子以粗暴甚至极具破坏性的手段搜取、掠夺文物时，会直接破坏椁室结构，改变地下文物千百年来赖以生存的环境。

对于武王墩墓发生的四次盗掘，谁也无法准确评估，到底哪一次破坏最为严重。但可以确定的是，每一次盗掘都会给墓葬带来不同程度的损坏。

然而，从案件审理情况来看，第二次和第三次盗掘，可能对墓葬本体的破坏更为严重。

一是因为在这两次盗掘中，盗墓分子进入椁室，并使用暴力手段打通了不同墓室，盗得了大量珍贵文物；二是因为在第二次盗掘时，抽取了墓室的原有积水，导致大量地表水渗入，改变了墓葬的原有环境，极有可能造成墓内文物加速损毁；三是因为这两次盗掘时间接近，极有可能给墓葬的结构和稳定性带来不可逆转的损害。

眼镜徐向警方交代，在两次得手的盗墓过程中，他们成功地进入两个侧室，并且打通了中室。至于对中室造成了怎样的损害，通道的洞口具体大小是多少，盗墓分子的交代时有出入。但是，他们一口咬定，自己无法进入中室，只是发现里面的保存状态基本完好。

为尽可能多地了解中室的被盗扰情况和保存状况，2021年8月上旬，笔者去见了正在服刑的眼镜徐。

问："听说你是在第二次盗墓时得手的。下去后，盗取了编钟、虎座鸟架鼓等文物，是把那个墓室清空了吗？"

眼镜徐："没有清空，因为里面还有很多别的东西，就是那些木头一类的，基本上朽了。我们看再也摸不到金属物品了，然后就撤了。"

问："第三次盗墓的时候，还是通过上次的那个盗洞下去的吗？"

眼镜徐："还是上次的那个墓室，它是一个长方形的，方向我搞不清。我就在旁边继续拿锯子锯了一个口子，然后就锯通了，通到了另外一个房间（墓室）。"

问："那个墓室有四个方向，你是随机找的一个方向锯的吗？"

眼镜徐："是随机的。我们先在第二个墓室的对面锯了一个口子，发现那边是土层，然后就回头在对面锯，就这样进了第二个房间（墓室）。"

问："听说你们准备进入的第三墓室，就是主墓室？"

眼镜徐："主墓室被打开以后，我发现它里面都塌了，全部是木头。人是进不去了，只能把手伸进去。"

问："从第二个墓室到主墓室，你们是怎样打通的呢？"

眼镜徐："因为第二个墓室与主墓室中间这个隔层，比第一个（墓室）与第二个（墓室）间的要厚，得有1米多那么厚。我们还是用老方法，去锯。越锯到后面口子就越小了，人进不去。再一个，里面也塌掉了，本身也钻不进去。"

问："你们锯的开口大概有多大？"

眼镜徐："大概有四五十厘米这个样子。"

问："本来算好应该是够一个人进去的，是吧？"

眼镜徐："对，因为我们当时判断，从第一个（墓室）到第二个（墓室）隔层就那么厚。然后就想，（开口）不要开太大，开太大了以后也不安全。毕竟是木头，又这么长时间了。我们都害怕塌，口子开得越大越不安全。"

问："却没想到中间的隔层太厚？"

眼镜徐："对，没想到有这么厚。锯去一层又一层，再锯去一层又一层。所以说，口子开小了。"

问："这个隔层大概有多厚呢？"

眼镜徐:"大概得有 1 米了。因为当时伸着手往里面够的时候,基本上半个身子算钻进去了。"

问:"就上半个身子可以钻过去,是吧?"

眼镜徐:"钻不过去,半个身子相当于在墙壁里面,我估计应该有 70 厘米左右。具体多少,我忘了,因为这个事情毕竟过去几年了。"

问:"只够一个头伸进去?"

眼镜徐:"头也伸不进去,只能把胳膊伸进去。"

问:"你们凭什么判断,它就是主墓室呢?"

眼镜徐:"这是老夏讲的,我们也不知道。因为我的第一感觉,只有主墓室才有棺椁呀。当时应该是摸到棺椁了,是外椁吧。"

问:"你看到里面是什么样的情况?"

眼镜徐:"看不清楚,里面乱得很。全部是木头,乱七八糟的。"

在盗墓团伙对武王墩古墓实施盗掘的过程中,眼镜徐是多次直接进入墓室、粗暴打通隔层、疯狂盗取文物的实施人和知情者,他掌握墓室状况的第一手信息,对墓室遭受破坏的情况也有直观印象。淮南警方正是根据他的供述,勾勒出了武王墩墓葬本体惨遭盗掘、劫后余生的情景:

眼镜徐一伙最初在武王墩古墓北部的墓室正上方,打了一个 16 米深的竖洞,由于盗洞塌方,他们又从竖洞旁边打了一个近 20 米长的斜洞进入第一个墓室;因为墓室被水淹没,眼镜徐等经过抽水后进入墓室,墓室内水位仍保持在 1 米深左右,墓室四壁及地面均为木质,长 5 米左右,宽 3 米左右,高 2 米左右,大量文物堆放在墓室两侧;在第一墓室一侧的木质墙壁上,眼镜徐等人利用电锯打了一个约 60 厘米×60 厘米的洞口,进入第二个墓室,两个墓室之间的木质墙壁厚度约 40 厘米,墓室四壁及地面均为木质;两座墓室大小相仿,墓室顶部均有快要塌方的迹象,室内散落着大量文物,墓室被水淹没,文物均在水中浸泡;眼镜徐等又在第二个墓室一侧的木质墙壁上,利用电锯打了一个约 60 厘米×60 厘米的洞口,试图进入第三个墓室(疑似主墓室);第三个墓室面积较大,但墓室的木质顶部已全部坍塌,无法进入墓室内部,通过探灯照射发现,墓室墙壁有彩色壁画，墓室散布大量文物。

根据上述情况，淮南警方在提交的武王墩古墓被盗掘案件情况报告中，提出了如下建议：

> 近年来，各地为了保护一些著名的墓葬，也进行过一些抢救性的考古发掘，如湖北荆州熊家冢楚墓的发掘。武王墩古墓如果能得到考古发掘，不仅（能）给考古界带来新的资料信息，也有利于楚文化的研究。

"主动"与"被动"

该不该对武王墩墓葬进行抢救性发掘,这个问题在沈汗青的心中萦绕多年,一直挥之不去。作为淮南当地的"老文博",沈汗青在文博行当摸爬滚打超过40年,从普通员工一直干到博物馆馆长、市文物保护局局长。这期间,名气越来越大的武王墩,自然一次次地闯入他关切的视野。

然而,武王墩给他留下的深刻记忆,大都和盗墓活动有关。

1986年,他第一次接触武王墩时,这座古墓葬还不在淮南的行政管辖范围之内。因为当时突发盗墓事件,长丰县文物管理所不得不就近向淮南求助。

沈汗青介绍,自己对武王墩的初步接触与了解,始于1986年下半年。那时,武王墩归属合肥市长丰县,由长丰县文物管理所负责管理。当时,有村民举报:该墓遭受了严重盗掘。鉴于长丰县缺乏必要的清理发掘技术条件,当地迅速向省考古所求助,并转而向淮南方面寻求支持。

为了应对这一紧急情况,淮南文物部门从淮南煤矿调集资源,特别运输了一卡车专为井下作业设计的樘材。这些樘材被迅速用于支护盗洞,工作人员还对墓葬下部进行了紧急清理。幸运的是,尽管盗洞已深入墓体,但并未触及椁室,距离椁板尚有两三米的距离。墓葬尚算完整。

2009 年，文保部门对武王墩古墓进行了一次考古勘探调查，这让沈汗青有了进一步了解武王墩的机会。十多年后，沈汗青表示，2009 年对武王墩墓的勘探，让大家大概知道了墓道的大小。但是，"对于这个墓葬的内部器物，心里是没有底的"。

据说，在这次考古勘探过程中，又发现了新的盗洞。出于保护墓葬本体的考虑，当地文保部门一度产生了申请发掘的动议。

据吴琳回忆，在 2009 年组织的勘探活动中，因为又发现了盗洞，当时淮南方面便准备向国家文物局提交正式的发掘申请。但这些年来国家文物局对于主动发掘王级墓葬持谨慎态度，"所以这个事情当时就搁浅了，没有往下走了"。

对于现代考古学而言，遗址的调查和发掘是考古研究的基础。然而实际情况是，许多重要的考古发现并不是有目的和系统调查所直接引起的。有人做过推算，在所有考古遗址中，大约有四分之一是由自然动力和人类其他的活动发现的，属于偶然发现。

我国的田野考古发掘，根据目的不同，目前主要包括以下类型：一是为科学研究进行的发掘，二是配合建设工程进行的发掘，三是抢救性发掘，四是特许发掘。无论是什么类型的考古发掘都必须按照法定程序申报，只有在主管部门批准之后，考古发掘单位才可以正式进场开展工作。

《中华人民共和国文物保护法》明确规定，文物工作应贯彻"保护为主、抢救第一、合理利用、加强管理"的方针。从这个十六字的方针中，可以读解出当下墓葬发掘的基本准则——在一般情形下，不主动发掘古墓；只有在特殊的情况下，才会对古墓采取抢救性发掘。

与为科学研究进行的"主动发掘"不同，"抢救性发掘"是一种"被动发掘"，是当古遗址或古墓葬面临危险时，为了避免埋藏的文物遭到进一步毁坏而进行的发掘。对此，《中华人民共和国文物保护法》作出了明确规定：

武王墩原貌鸟瞰

确因建设工期紧迫或者有自然破坏危险，对古文化遗址、古墓葬急需进行抢救发掘的，由省、自治区、直辖市人民政府文物行政部门组织发掘，并同时补办审批手续。

"主动发掘"和"抢救性发掘"这两个概念，1986年5月双双出现在行政法规中。文化部发布的《省、自治区、直辖市文物考古研究所工作条例（试行）》对于考古发掘作出了两条原则性的规定：一是"考古发掘工作要以配合国家经济建设为主"，"对于为解决学术问题而进行的主动发掘要严格控制"；二是"要及时进行各类抢救性发掘"。

"抢救性发掘"这一概念的出现，与文物保护的理念紧密相关。在三星堆遗址的发掘过程中，这一概念得到了实际应用。1986年，四川广汉县南兴镇（今广汉市三星堆镇）第二砖厂的工人在取土烧砖时挖断了一枚玉环，从而发现了三星堆遗址的一号、二号祭祀坑。由此启动的三星堆遗址发掘，就被定性为抢救性发掘。

在我国的行政法规中，"试掘"的概念比"抢救性发掘"出现得更早。1964年，国务院批准、文化部发布施行的《古遗址、古墓葬调查发掘暂行管理办法》（以下简称《管理办法》），首次明确了考古发掘的两种情况：一是为解决学术问题，二是配合基本建设工程。其中还提出，经省级文化行政部门同意，可对古遗址进行试掘。

试掘是在对古遗址进行的考古调查中，为了进一步了解该遗址的文化堆积、文化内涵，判断该遗址年代、性质、重要性所采取的一种方法。考古实践上，这一方法的使用及其表述首次出现在定陵发掘中。

据《中国考古学百年史（1921—2021）》披露："1955年10月，时任北京市副市长的吴晗、中国科学院院长郭沫若、文化部部长沈雁冰、人民日报社社长邓拓、中国科学院历史研究所第三所所长范文澜、全国人民代表大会常务委员会副秘书长张苏六人联名上书国务院，请求发掘明长陵，得到了国务院的批准；但郑振铎、王冶秋、夏鼐等人极力反对，认为目前的文保技术尚不成熟，加上长陵规模巨大，发掘工作将会十分艰巨。经过文献比对与考古调研，最终决定以定陵为试点进行发掘。发掘工作正式开始于1956年5月，至1957年9月完成地上土方工程，至1958年7月完成器物清理工作。"

试掘定陵，是中华人民共和国成立以后首次有计划主动用科学方法对帝王陵墓进行的考古发掘。据当时在中国科学院考古研究所学术秘书室工作的王世民回忆，定陵考古工作队由考古研究所和北京市文化局文物调查研究组共同派出人员组成，"夏鼐作为中国田野考古方面的权威人士和长陵发掘委员会委员，顺理成章地负责具体的业务指导，他不得不勉为其难地挑起这副重担"。

而通过定陵的发掘，原就持反对态度的夏鼐，更加深切地感到发掘古代帝陵的条件很不成熟，出土的大量珍贵文物（特别是丝织品等有机物）难以妥善保存。因此他再次主张，"古代帝王陵墓，除配合基建必须发掘外，最好暂时不作主动发掘"。

于是由文化部于 1960 年 6 月 6 日上书国务院，提出："在帝王陵墓中很可能有较多的随葬品，但是目前有些文物的保护技术问题还没有解决，如彩色漆木器、竹器等易变形，丝绸、纸质类等纤维材料的科学保存等。在这种科学技术问题尚未解决以前，如果不进行发掘，暂时保存在地下，当不会破坏，一旦发掘出来保护不好，反而造成无法弥补的损失。"

国务院于 6 月 22 日将该报告转发各省、自治区、直辖市人民委员会，明确表示"国务院同意文化部报告的意见"，强调："目前考古发掘工作应当以配合各项建设工程为中心任务，凡不属于配合建设规划或工程范围内的帝王陵墓及其他发掘工作可暂缓进行。"

（王世民《夏鼐传稿》）

通过定陵的发掘实践，历史这一面镜子显现了试掘的两面性：有时它是不可或缺的，有时它也是一把双刃剑。为了防止可能导致的古遗址损坏，1964 年出台的《管理办法》，特别谨慎地将古遗址内一次试掘面积限制在 100 平方米以内；同时，禁止古墓葬试掘，以防止破坏墓葬的完整性和科学价值。

从"禁止试掘"到"抢救性发掘"，法律法规对古墓葬的保护不遗余力，除了"确因建设工期紧迫或者有自然破坏危险"，任何发掘单位都不能游走在法条之外，在古墓身上动土。

那么，古墓遇到人为的破坏尤其是盗掘带来的严重破坏时，到底该怎么办？2019 年，这个越来越迫切要解决的问题，再一次笼罩在武王墩上空，也引起了当地相关人员的感慨、猜想和行动。

沈汗青说，这十来年武王墩大墓挺火的，不光考古专家对它感兴趣，那些盗墓的人也挺眼馋的。在武王墩附近，还真有一批自认为是"盗墓高手"的人。这可能是之前当地做过文物普查，还通过官方媒体介绍了武王墩墓的价值，结果就引来了一堆想发财的盗墓人，这些人"都觊觎这块宝藏"。

吴琳分析认为，2018 年警方获知了武王墩盗掘案件的线索，2019 年初又追缴了第一批被盗文物,"接下来,我们就觉得这个墓葬,可能已经到了可以发掘的阶段"。

对于武王墩墓体的破坏状况,作为盗墓案侦破主体的警方,了解的情况更为深入、具体,毫无疑问,他们的建言也更有说服力——

> 鉴于武王墩古墓已多次被盗掘,多个墓室遭到破坏性损毁,多个墓室发生坍塌,大量文物浸泡在水中,为更好地保护武王墩古墓内的文物,深入了解该墓葬的真实情况,建议对武王墩古墓进行抢救性发掘。

此时,关注武王墩的已远不止淮南本地。

2019年4月,国家文物局组织专家专程来到淮南,他们不仅查看了警方追缴的文物,还到武王墩现场实地考察。以此为契机,从这个春天开始,围绕武王墩"抢救性发掘",淮南方面展开了积极筹备。市文旅部门迅速把"做好武王墩古墓葬的日常保护、案件查办和抢救性发掘的准备工作"纳入全年工作要点。

7月19日,在淮南召开的"武王墩墓保护及发掘专家咨询会"上,与会专家结合墓葬规模、环境、被盗文物规格、青铜器铭文等综合分析,一致认为武王墩墓是"迄今发现楚国最高规格的墓葬",并对墓主身份进行了推测。这一价值判定,让淮南方面深感振奋,更加快了行动的步伐。

8月9日,淮南市政府召开"武王墩墓保护及发掘工作专题会议",正式成立了领导小组,负责武王墩楚墓保护及发掘工作的组织协调,重点做好保护及发掘的用地、安全、设施建设、资金保障和后续相关工作。

8月15日,淮南市政府向安徽省文化和旅游厅上报了《关于武王墩墓保护和发掘相关问题的函》,由省文旅厅上报国家文物局,申请对武王墩墓进行考古发掘。

国家文物局关于抢救性发掘的批文,最终能不能落到武王墩古墓上?当地人既忐忑不安,又满怀希望。

进入"考古时间"

2019年9月,盛夏的余热依旧在空气中弥漫,而安徽省文物考古研究所副所长宫希成,已经投入一项突如其来的工作中。他接到了一个紧迫的任务——主持编制淮南武王墩古墓葬考古发掘工作计划。尽管这是他首次直接面对武王墩的课题,但对这座古墓的过往,宫希成并不陌生。

宫希成坦言,武王墩古墓的发现时间实际上相当早。早在20世纪80年代,该墓已被列为省级重点文物保护单位。据他了解,过去省里老一辈的考古专家曾多次提出对这座大墓进行发掘的动议。然而,由于当时条件的限制或其他多方面的原因,发掘工作始终未能实施。

先前的发掘动议已成为尘封往事,如今又开始编制武王墩的发掘计划,这一变化在宫希成看来,至少说明省里和淮南当地的文物部门已经达成了共识。因为盗掘产生的破坏,武王墩一直以来不动土的设禁已经松动,也许真是到了不得不发掘的时间点。

宫希成认为,从国家政策导向来看,对于武王墩这类大型古墓,主要秉持以保护为主的原则,尽量避免挖掘。然而,此次申请发掘的原因在于该墓几年前遭受了盗掘。幸运的是,公安部门迅速破案,成功追回了一批重要文物。"追缴的文物,更加证实了我们以前对这个墓的等级和性质的一些判断,说明它很重要。"

就古墓葬发掘的申报程序来说，编制上报发掘计划，是不可或缺的法定环节。国家相关法律规定，"从事考古发掘的单位，为了科学研究进行考古发掘，应当提出发掘计划，报国务院文物行政部门批准"；"国务院文物行政部门在批准或者审核前，应当征求社会科学研究机构及其他科研机构和有关专家的意见"。

也就是说，这个考古发掘计划编制上报后，还必须通过学术审查关和行政审批关。把这个任务交到宫希成的手里，足见文物部门对他的倚重和信任；此时的宫希成却吃不准，武王墩的意外闯入，会对他未来的职业生涯产生怎样的影响。

考古发掘计划，是一个从前期准备到后期整理，涵盖整个过程的工作预案。其中，发掘方案、文物保护与整理、数据记录与分析、报告编写与学术交流是计划的重中之重。需要充分考虑各种因素，确保发掘工作的顺利进行和文物的有效保护。

宫希成曾主持、参与多项重要的考古发掘工作，如凌家滩新石器遗址、淮北地区先秦文化遗址、蚌埠双墩一号汉墓以及六安国王陵区的发现等。除了在田野考古方面积累了丰富经验，他还长期兼任高校教师并从事学术研究，主要方向为史前考古、商周考古和区域考古。在编制武王墩发掘计划的过程中，宫希成特别看重它可能带来的学术影响。

宫希成表示，申请发掘并编制武王墩发掘计划的主要考量是基于保护需求。鉴于该遗址已遭受盗掘，文物埋藏环境已发生变化，这可能加速地下文物的损毁进程。因此，采取必要的发掘与保护措施显得尤为重要。此外，从学术层面来看，该计划亦具有重要意义。楚文化作为中国考古学领域的重要研究课题之一，其研究不仅在国内占据重要地位，而且在世界范围内有一定的影响。

2019年9月至10月，不到两个月的时间，宫希成即编制完成《淮南武王墩古墓葬考古发掘工作方案》，安徽省文物考古研究所迅疾上报北京。

从淮南到合肥，再从合肥到北京，对武王墩墓进行抢救性发掘的动议，如同一根敏感的神经，牵动着许多人的情感和心弦。

鉴于墓葬遭到盗掘破坏，墓内文物2000多年来赖以保存的环境已经发生不可逆的改变，发掘武王墩墓的相关申请终于得到市、省、国家三级文物主管部门的共同回应。

2019年11月5日，国家文物局批复同意对武王墩墓进行抢救性考古发掘。

2019年11月13日，安徽省文物局印发《关于切实做好淮南武王墩古墓葬考古相关工作的意见》。

2019年11月27日，安徽有关部门在合肥召开了武王墩墓考古工作推进会。

这一连串的动作，宣告淮南武王墩墓发掘的帷幕正式拉开。

淮河之南，古寿春城以东，一座极具历史文化价值的墓葬以"楚"之名，正式进入"考古时间"。

专用于纪录片延时拍摄的简易铁塔

许多关注的目光，又一次聚焦在武王墩。

以这座土墩为基点，人们的确有理由期待——对如此之大的墓葬进行考古发掘，最终将会以怎样惊艳的发现为世人打开楚国末年的门扉？

此时，距离眼镜徐等一伙在武王墩墓第一次盗墓得手，已过去了5年时间。

距离淮南警方追回第一批被盗文物，只过去了短短的10个月。

而宫希成掐指一算，距离自己的退休之日，只有4年的时间。

毫无悬念，56岁的宫希成被任命为武王墩墓考古队领队，他将主持这个安徽省境内最大的古代墓葬科学考古发掘项目。事实上，从接到编制发掘计划的那一刻开始，宫希成就预感到，这个突然闯入的武王墩，也许会对自己的田野考古生涯构成巨大挑战。

宫希成表示，武王墩的发掘工作主要存在两大挑战。

一方面，技术层面上的挑战不容忽视，因为如此大规模的古墓发掘在安徽省尚属首次，他本人也是首次承担如此重大的项目。由于现有经验有限，必须向具备相关发掘经验的单位和专家寻求指导，才能确保后续工作顺利进行。

另一方面，学术界的广泛关注以及社会公众的高度期待，也对发掘工作形成了压力。同时，需要考虑如何有效地向外界传达发掘进程及相关信息，积极传播文物保护的核心理念，以增进公众对传统文化的理解和认同。

11月28日，武王墩墓考古工作推进会在合肥召开的第二天，沈汗青会同淮南市自然资源和规划局的相关工作人员，紧锣密鼓地就古墓葬考古用地进行了现场踏勘，并就项目用地报批、临时用地保障等问题，实地研究解决方案。

武王墩发掘项目的启动，给沈汗青添了一个新身份——考古队副队长。他自然清楚，把自己这个本地人放在这个位置上，意味着会有各种困难和问题需要自己出面去协调、去解决。但是，能够参加武王墩发掘，并有望和考古队同事一起亲手揭开古墓的神秘面纱，对于这位即将退休的文保老兵来说，无疑为他的职业生涯投下了一束耀眼的光芒。

沈汗青说自己干考古和文博这行快40年了，对武王墩这座墓特别期待。能参加这项工作，他觉得很荣幸。但静下来想想，他就琢磨着怎么为这座墓的发掘"作出力所能及的贡献"。他满怀期待地表示，如果能在墓里找到些文字资料，比如竹简、木牍等，用这些直接的文字证据来还原楚国晚期的综合面貌，就是他最大的心愿。

以宫希成、沈汗青为代表，武王墩墓考古发掘队员主要来自安徽省文物考古研究所和淮南市博物馆。除正、副队长外，首批8位正式出场的考古队员大都是年轻人，都是第一次参加大型田野发掘。来自安徽省文物考古研究所、作为领队主要助手的方玲说，除实习经历外，这是她第一次真正参加野外考古。机缘巧合，他们职业生涯的高光时刻，和这一片积淀深厚的土地联系在一起。

方玲敏锐地意识到，此番武王墩的发掘之旅，将与昔日校园实习的

考古队员方玲首次参与墓葬发掘

体验截然不同。实习之际，只需要专注于个人的探方——那限定于5米×10米的小小天地，精心记录，细致挖掘。而今，置身于武王墩这一广袤遗址，诸事皆需亲力亲为，挑战与责任并存。

一直在博物馆工作的吴琳，同样没有田野考古的经历，她的工作内容主要还是在文保这一块。和过去不同的是，她即将保管的文物，绝大多数会在她自己的目睹下出土。因此，她认为自己的主要精力应倾向于文物管理。具体而言，要致力于积累深厚的专业知识，并深入探索文物的妥善保管之道，包括确定最佳的保管材料与方法，以期最大限度地保留与传承文物的历史信息，避免信息流失。

以没有发掘经验的新人为主体组成考古队，这是宫希成不得已的选择。2020年度，国家文物局批准的安徽考古发掘项目，除了武王墩墓葬，还有人字洞、凌家滩、禹会村、寿春城、繁昌窑、明中都等6处遗址。这么多项目同时展开，势必导致专业人手的紧缺。

宫希成颇为无奈地表示，在筹备阶段组建发掘队时，自己已对队伍的人员结构进行了周密考虑。鉴于安徽省文物考古研究所内部考古专业人员的相对不足，以及每年繁重的工作量，他实在难以从本所内部调配更多的人力资源来充实这支队伍。

人手不够怎么办？所幸，宫领队还准备了后手——与山东大学和厦门大学合作！

"这两所学校呢，一是基础好，二是综合能力比较强。"更值得一提的是，高校教师在教学过程中，"理念总是在不断创新"。宫希成说，这样的团队构成，既满足了多学科研究及信息采集的需求，又确保了发掘理念与手段不会落后，"实际上也是弥补我个人在这方面的不足"。

厦门大学教授张闻捷，从本科时就跟着老师做楚文化研究，硕士和博士的主要方向还是研究楚文化。研究的角度，是从青铜礼器入手，主要考察在青铜礼器的制度上，楚国和其他的诸侯国之间有何不同。对于能够参加武王墩墓的发掘工作，他坦言"是一个空前的机会"。

张闻捷介绍，自己很早就与武王墩墓有所接触。发掘消息传出之初，宫希成便带领他们前往现场参观。那时，他已经对该墓葬产生了浓厚的兴趣，并主动向宫希成提议，希望能有机会与他们一同参与发掘工作。他解释说，自己和团队的专业优势在于学术研究，而武王墩墓的丰富学术资料，无疑为他们提供了宝贵的学习和实践机会。

尽管武王墩墓曾遭受盗掘的破坏，但张闻捷相信，在当今先进的考古发掘技术和条件下，人们能够对其进行更为科学、详尽的揭示。对于像他这样专注于楚国研究的学者来说，无论是从制度层面还是从文化层面来看，武王墩墓的发掘都是一个前所未有的宝贵机会。他还深信，这次发掘必将为楚文化的研究注入新的活力。

来自山东大学的路国权，研究方向为田野考古、夏商周考古、中国古代青铜器。在北京大学攻读博士学位期间，他专注于东周青铜容器的研究，曾系统地梳理了大量的楚国墓葬资料。在他看来，整个东周时期，楚国墓葬中出土的青铜器堪称数量之最。

"我深感幸运，我们山东大学作为发掘的参与方也进来了。"路国权感慨道。在前期准备阶段，他接触了部分相关资料，并见到了被追缴回来的珍贵文物，"当时就感觉这个墓等级非常高。然后去看封土，爬到封土顶上去看，一看就知道规模巨大"。

兵马未动，粮草先行。抢在考古队正式进场之前，前期的筹备工作如火如荼地向前推进。长达2005米的围墙虽无巍峨之姿，却以沉稳的线条勾勒出保护的边界；300多平方米的临时工作用房虽不出众，却为考古队提供了一个研究和生活的空间；水、电、网络的接入，更是将现代科技与历史遗迹紧紧地连在一起。

据方玲介绍，在正式发掘之前，考古现场首先办理了216亩（1亩合666.7平方米）的临时用地手续，还解决了院墙里面所有树木、农作物的赔偿和现代坟迁移的赔偿。工地围了院墙，分为发掘工作区和临时办公区。临时办公区是两层楼的板房，里面设有会议室、办公室、文印室、图书资料室、工具材料室和安保室。里面配备的所有设备，以及水、电、网络，都是由淮南市出资的。

武王墩考古发掘工地全貌（摄于 2020 年 5 月）

从冬天到春天，由冷转暖的风从武王墩吹过。它静静地度过了发掘前的最后一个冬天，等待被考古之光唤醒的那一刻。

大地上的封土

2020年的初夏，雨过天晴。笼罩在武王墩上空的阴云已经散去，阳光透过树梢，斑驳地洒在湿润的泥土上。密布在土墩上的树木枝叶茂盛，绿意盎然。空气中混合着泥土的清香和草木的芬芳，雨后特有的气息弥漫开来。

附近的村民头顶草帽，手持工具，带着兴奋、好奇和紧张的心情，陆陆续续进入考古工地。在接受点名之后，他们就算领取了编外"考古队员"的新身份。

曾经无比熟悉的武王墩，此时在他们的眼中，已经变得陌生起来。土墩的四周，围合着新砌的院墙，墙上密布着铁丝网和监控探头。在人员出入的大门口，门卫严格地检查着每个人的名牌，确保只有经过授权的人员才能进入这片戒备森严的区域。

方玲说，整个武王墩考古工地，一共安排了12位安保人员，他们24小时轮流值班。在工作区和办公区的院墙上，都装满了高清摄像头，不管什么时候、什么地方，都能看得一清二楚，"实施全天候、无死角的监控"。

考古队雇用当地农民作为劳动力，一直是约定俗成的惯例。一是因为附近村民熟悉当地的气候与环境，有助于考古工作的顺利推进；二是出于降低成本和维护社区关系的考虑。然而，和早年不同，当下的考古

初夏时节的武王墩考古现场（摄于 2020 年 6 月）

用工已经很难见到青壮年，出场的基本上是中老年。

考古队的到来，让附近村民对武王墩充满了难以言说的复杂情感。在他们最初的记忆中，武王墩就一直挡在他们面前，它不仅是一座庞大的土堆，也是他们心中的一个谜团。他们很难想象，这么一座仿佛与生俱来的高高土墩，将在自己的手中一点点地被夷为平地。

还有不少村民，心里面一直揣着一个巨大的问号。尽管他们无数次听说过，武王墩下面是一座墓，但有限的生活经验让他们很难理解，墓为什么会修得这么大？！直到在考古队员的指导下，用铲子刮去土层时，有的人还在嘀咕，这么高大的坟包，里面该装着多大的棺材呀？！

发掘前的武王墩，土墩上树木葱茏。存留于世的高大土堆，总面积约 8600 平方米，超过了一个标准足球场。墩顶海拔 66 米，高出周围地面 13 米左右，相当于四层楼的高度。一般人的确难以相信，如此规模的土墩竟然不是大自然的手笔，而是源于聚土而封的墓葬风俗，来自人工创造。

就连在淮南市博物馆工作的朱永，最初也把它当成一座山。他回忆说，自己第一次和同事去武王墩那儿转悠的时候，乍一看，完全以为那就是座山。因为这墓呀，比自己想的大多了。"也就是快到它要发掘的时候，我才知道上面原来是封土。"

历史学家杨宽曾经说过，"关于陵墓制度的起源，我认为是在春秋战国之际"。为什么会有如此判断？杨宽认为，春秋以前的墓葬，"是没有坟的，埋葬后是平的"，"不仅文献记载如此，而且考古发掘证明也是如此"。

就封土起源问题，学界有五种比较流行的观点：一是起源于北方高冢墓，二是起源于西北地区卡约文化的周沟墓，三是由建墓余土回填形成，四是起源于墓上建筑并受到当时流行的高台建筑影响，五是起源于江南土墩墓。

北方高冢墓和西北周沟墓作为起源的观点，虽基于地域文化，但证据尚不充分；建墓余土回填的推测，虽实际操作合理，但非普适性结论；墓上建筑及高台建筑影响的观点，有文化背景支撑，但直接联系尚待证实；江南土墩墓作为起源的看法，虽获不少支持，但对江南如何影响中原仍存疑问。

> 封土最早出现于中原的边缘地区，较可靠的时间为春秋早期，此时基本上分布于淮河南岸，沿着随县、信阳、光山、固始、舒城一线东西分布。春秋中晚期分布范围扩大，向北扩展到淮河以北。除了早期的东西分布带，还出现了南北分布带，从南向北沿着蚌埠、邳州、临沂、莒南一线分布。可见，整个春秋时期中原地区封土墓主要位于淮河流域，中原腹地反而没有发现。
>
> （索德浩《中原地区封土起源再研究》）

索德浩的研究表明，古代聚土而封的墓葬风俗，很可能源自江南土墩墓的启发。从春秋早期出现，在淮河流域渐渐流行，战国以后传入中原腹地。而这一进程，离不开江南土墩墓和中原墓上建筑两大传统的互动。

> 中原地区自商周以来流行墓上建筑传统，封土与之并无直接渊源，但墓上建筑外形、夯筑方式、结构植入到外来的封土之中，形成了层层夯筑的方形封土传统。战国中晚期，封土与墓上建筑传统进一步结合，形成了在高大坟丘上建筑的新葬俗。中原地区封土的形成体现了春秋、战国以来南北文化的交流融合。
>
> ……………
>
> 战国以后，封土在中原各国流行。洛阳周山有四座大型封土墓，调查人员推测为东周王陵。秦国直至秦献公、孝公时期，墓上才出现封土……楚国封土墓均为战国时期。以往认为楚国封土以圆坟为主，但新近调查资料显示均为方坟。
>
> （索德浩《中原地区封土起源再研究》）

可见，到了战国中晚期，包括楚地在内，带有等级色彩的封土已被普遍采用并发展成熟，成为高等级贵族墓葬的"标配"。

矗立在大地上的封土，宛如古代墓葬的尊贵"盖头"，遮掩并守护着土地之下的秘密。它是时间的亲历者，见证了生死荣辱与朝代更迭。在后人的眼里，大多数封土的形态都不事张扬，和天然形成的山包没什么两样。然而，封土终究是封土，它终将在一个不可预知的时刻，发出来自历史深处的回响。

在迄今为止已发现的楚墓中，地面有封土的不下2000座，其中的大部分（约占总数的四分之三）分布在今天湖北荆州、荆门、当阳、枝江、沙市等地。此外，在湖北宜城、襄阳，湖南临澧、湘乡，河南信阳，以及安徽淮南等地也有发现。

楚墓的封土大都用黏土夯筑而成，残存的面貌一般呈圆形或椭圆形，个别呈方斗形。封土通常分为两种类型：一是特大型土冢，封土直径80

湖北省荆州市熊家冢国家考古遗址公园

至 100 米,高 7 至 10 米,或单独出现,或为双冢(一般一大一小),周围无众多陪葬冢;二是以大、中型土冢为中心成群分布的冢群。

在武王墩被确认为楚国高等级墓葬之前,已经发现的楚墓中,拥有高大封土的墓葬主要包括荆门左冢 1 号墓、包山 2 号墓、天星观 1 号墓等。这些墓葬的封土规模都相对较大,显示了墓主身份的高贵。

一般说来,封土的规模与墓主的身份有关,但也不是绝对的对应关系。一是评估墓葬封土保存情况时,需要综合考虑自然环境、地质条件、人为活动等各种因素;二是在判断墓葬规模和墓主身份时,还需要结合其他考古资料和历史文献进行综合分析。

与荆门左冢 1 号墓、包山 2 号墓的封土相比,武王墩封土残高达 13 米,超过了二者高度的总和,当属高规格的墓葬。墓主的显赫地位由此可见一斑。

贾汉青,作为荆州博物馆的副研究馆员及熊家冢考古发掘项目的负责人,在实地考察了武王墩现场后,又前往淮南市博物馆观看了追缴回的文物,"觉得非常震撼"。特别是现场那异常高大的封土堆,给他留下了深刻的印象。他说,自己来自荆州,那里曾是楚国最强盛时期的核心区域，而目前荆州保存下来的楚王陵墓中，封土残留高度最高的也不过八九米，远低于武王墩的封土高度。

当然，再高的封土都高不过千古一帝的巨大坟茔。秦始皇陵的封土，从外观上看，大体呈覆斗形，高 51 米，底部长 350 米、宽 345 米、周长 1390 米，总面积达 12 万平方米，相当于 17 个足球场。

在 20 世纪之前，对于陵墓封土的认识，从普通百姓到考古专业人士几乎都存在一个刻板印象，即古代陵墓的封土结构简单，无非就是由一层层黄土夯筑起来的。然而，这一认识在 2002 年发生了变化。

段清波在 1998 年至 2008 年曾担任秦始皇陵考古队队长，在考古工作中，他和同事发现了一个惊人的秘密——秦陵的封土里，竟然还埋着九层之台的建筑。

> 经过后来持续数年用洛阳铲的考古勘探，我们知道，在秦陵封土之下，确实有一组高出地面 30 米的高大夯土建筑，覆压在长方形墓坑的周边，这组建筑上窄下宽，呈 9 层台阶状，高度相当于 10 层楼，体量非常巨大。简单描述一下，就是秦始皇陵的封土里面，掩埋着一座呈台阶状的 9 层高楼，并且这 9 层台阶上还有木结构的、屋面上覆盖着瓦的建筑。这，实在是前所未见、令人震惊的考古大发现！
>
> （段清波《秦陵：尘封的帝国》）

每一座封土之下，都埋着不同的秘密。当这些秘密像一条条河流汇入同一片流域时，就会显示礼仪之河的起源、成长与脉络。在武王墩的封土之下，虽然不可能重现秦始皇陵 9 层台阶式建筑的惊人奇观，但只要轻轻地揭开这层古老的"盖头"，相信楚国晚期高等级墓葬的真相也会随之揭开。

武王墩

第二章

从『武王』到楚王

在流动的风俗中，每一个流传下来的地名都可能承载着令人意想不到的故事和传说。武王墩，一个出处不详的命名，背后隐藏着怎样的历史密码？是实指某位威武的王者，还是口口相传产生的误读？

时光流转，真相似乎已经湮没在岁月的尘埃之中。然而，重见天日的地下文物和不断深入的考古勘测，却为后人开启千年谜团之门，准备了一把值得信任的钥匙。

绕不开的谜

在安徽淮南,散布着众多不同历史时期遗留下来的古墓葬。这些宛如自然土堆的古墓,孤峰独立,既独成一体又隔空相望,如同一个个沉默的守望者,以它们特有的方式坚守着过往的辉煌与秘密。其中,有一个名字显得尤为与众不同,它就是武王墩。

古墓葬被冠以"孤堆"之名,是这片土地不知从何时开始的惯例。如战国名将廉颇的墓,叫颇孤堆;战国四君子之一、楚国令尹春申君黄歇的墓,叫黄泥孤堆;疑似楚幽王熊悍的墓葬,一作李三孤堆,又名李山孤堆、离散孤堆。

除此之外,这里还有严氏孤堆、望坝孤堆、白泥孤堆、尖孤堆、平孤堆、马家孤堆、双庙孜孤堆和大孤堆等一系列的孤堆。

由此可见,孤堆之名在淮南,完全就是古墓葬的代称。

孤堆又称骨堆、古堆,用以指代那些高高的坟包。由于历史上有一段时期,高等级墓葬流行封土制,所以人们往往会把封土堆作为古墓葬的标志性特征之一。加上长期的水土流失和人类活动,封土堆会受到侵蚀或破坏,形成独立的土堆形态,因此把这类古墓葬称为"孤堆",愈加顺理成章。

一个个孤堆以特有的质朴韵律,连缀起散落于此的悠远历史,组成了富有淮南特色的古墓群落。然而,同样拥有高大土堆的武王墩,虽然点缀在"孤堆"之中，但又以"墩"的名号游离在约定俗成的名称之外。这，究竟是什么原因？

难道是它有着与众不同的身世？因为它曾是一个并不属于淮南的"外来户"，早先归属于寿县，一度又划归合肥市长丰县。

合肥一带叫墩的地名不少，如市区的五里墩、肥西的白马墩、庐江的板桥神墩、巢湖的晒书墩等。这些地名或历史人文厚重，或充满传奇色彩，其丰富的文化内涵远远超出了地名本身。

所谓"墩"，是指用土堆成的高台，高居其上可免受水患。许慎在《说文》里解释道："墩，平地有堆。"在古代，墩台也是城镇防御工程体系中极其重要的一部分。每当遇敌侵犯，墩台上的士兵就会采取白天放烟、夜间点火的方式，迅速传递军情信息。

把古墓葬叫作"墩"，武王墩并非孤例。

合肥市肥西县四合乡安墩村境内，紧靠公路边也有一个土包，标高38.3米，直径约70米，呈馒头形，当地人把它叫作舒王墩，又名舒王冢，俗名舒安墩。它是当地经过考古发掘的西汉时期最大的土坑木椁墓，有"合肥第一汉墓"之称。

舒王墩因烧窑动土破坏，封土层次清晰。据《舒城县志》和《庐州府志》记载，此墩为西汉高祖长兄之子刘信墓，高祖七年（公元前200年）封信为羹颉侯，食邑于舒地，故名舒王墩；又说，舒王墩为汉文帝时封的庐江王刘赐墓。

武王墩和舒王墩的命名方式类似，很有可能，它们是"王"与"墩"的同一系列组合。当然，这只是一种望文生义的猜测。因为当地人也很难说清楚，这个名称开始于何时。平地而起的武王墩，经年累月地挡在附近村民的面前，早已成为他们绕不开、甩不掉的一个巨大的谜。

武王墩这个名字之所以特别，根子不在于"墩"，而在于"武王"这个名头。这位"武王"是谁？是货真价实的周武王，还是另有其人？

谥号为武王的人，通常具备勇武、力量和独立的特点。在中国，武王克商的故事可以说家喻户晓。周武王姬发不仅是周王朝的开国君主，也是第一位谥号为武王的天下共主。他死后葬于陕西咸阳周陵，和远在淮河岸边的武王墩扯不上半点关系。

除了周武王，历史上被追谥为武王的人还有不少，其中不乏著名人物——

    楚武王：熊通（春秋·楚国）
    秦武王：嬴荡（战国·秦国）
    齐武王：刘縯（东汉）
    魏武王：曹操（东汉）
    扶风武王：司马骏（西晋）
    琅琊武王：司马伷（西晋）
    渤海武王：大武艺（渤海国）
    延平武王：郑成功（南明）
    肃武亲王：豪格（清）

对应这一份名单，与淮南渊源最深的莫过于魏武王曹操了。

东汉末年的淮南一带，是曹魏政权对垒东吴的前沿，也是东吴进攻中原的必争之地。为解决军队供养问题，曹操在此推行了屯田制度。然而，曹操屯田于此，并不代表他安葬于此。不少人倾向于把河南的安阳高陵，认作曹操的陵墓。

假如用排除法，就很容易发现，历史上被称作"武王"的人，他们的墓葬其实和"武王墩"都搭不上关系。很有可能，武王墩所涉及的"武王"是以讹传讹，或者是张冠李戴，从一开始就搞错了。

在1993年版的《安徽省文物志稿》中，对"武王墩"的词条有如下阐释——

  武王墩，又名"五王墩"，位于长丰县城西北20千米的三和乡徐洼村武王墩小队东南 400 米处。1956 年文物普查时发现。墓的年代和墓主，由于没有进行发掘，目前尚不能定论，有待今后科学发掘与考证。

武王墩墓南北长 80 米，东西宽 73 米，总面积 5840 平方米，高 16 米。墓表封土高大，远望大冢巍巍，宛若一座小山包，甚为壮观。1984 年文物普查时，在墓脚下发现过车马坑，出土过零星铜器，专家疑为周代遗物。墓主是否周武王？据史料，如《史记集解》："文王、武王、周公冢皆在京兆长安镐聚东社中也。"《正义》引《括地志》云："武王墓在雍州万年县西南二十八里毕原上也。"《中国古今地名大辞典》："万年县……故城在今陕西临潼东北。"则周武王墓应葬在周代都城镐京（今陕西省西安市长安区西北）或万年县（今陕西省西安市临潼区）附近，与此武王墩墓葬无关。

1981 年 9 月安徽省人民政府公布为省级重点文物保护单位。

武王墩当时由合肥市长丰县管辖，上述说明亦由"长丰县文物管理所"署名并提供。这一段说明性的文字虽然不多，但是信息十分丰富。

首先，武王墩有不止一个名字，它又叫"五王墩"，这就让人对墓主身份有了新的遐想。会不会，"武王"是对"五王"的误读？因为当地流传的另一种说法认为，武王墩是五个夭折的小王爷的合葬墓，所以它原本就是"五王墓"，而非"武王墓"。问题是，传说到此为止，没有人可以进一步解说。这五个小王爷到底是什么来路？他们姓甚名谁？出生于何朝何代的哪个王室家族？

其次，武王墩很壮观，长 80 米，宽 73 米，高 16 米，"封土高大"，"大冢巍巍"。对于这么一个"宛若一座小山包"的墓葬，附近村民不可能熟视无睹。当地人一定讨论过它的来龙去脉，并留下了不同的解读。位于土墩西北 400 米处的武王墩小队（即后来的武王墩自然村），想必也是因武王墩墓而得名的。

再次，通过"长丰县文物管理所"的文字记载，我们得以窥见武王

当地人对武王墩充满各种想象

墩的考古前史。该墓葬于1956年文物普查时被发现,但由于并未进行发掘,关于其年代和墓主身份,一直没有定论。1981年9月,安徽省人民政府将其列为省级重点文物保护单位,进一步提升了其历史地位。1984年文物普查时,在墓脚下发现了车马坑并出土了零星铜器,专家推测这些物件可能属于周代,但墓主并非周武王。这一发现揭示了武王墩的部分历史背景,同时也留下了更多待解的谜团。

值得注意的是,文物部门关于发现车马坑及出土铜器的说法,与当地民间记忆存在诸多重合之处。据当地人回忆,武王墩村的一户刘姓人家在翻地时曾挖出马铁掌、马骨头和零碎的铜器,这些发现与文物部门的描述相吻合。后经专家考察,初步断定这座古墓属于战国时期。

然而,任何一座来历不明的墓冢都难免被各种传说和猜测包围。

2019年,随着武王墩盗掘案的侦破和大量被盗文物的追回,武王墩墓葬的年代再无悬念。它被证实为一座大型楚墓,时间锁定在战国时期。至于墓主的真实身份,考古业内人士在心中大体已有了结论。只是在得到确凿的证据之前,他们还是要保持专业人士应有的谨慎。

至此，武王墩终于从众说纷纭的猜测中走出，完成了从姓"武"到姓"楚"的认识跃升。

武王墩墓影像图

"甲"字形楚墓

虽然早在 1981 年，武王墩古墓就已经进入安徽文物部门的视野，但这并不意味着对它的认识已清晰明了。相反，在相当长的时间里，古墓的真正面目一直笼罩在迷雾之中。

为了解墓葬的形制结构以及盗扰情况，2009 年春季，安徽省文物考古研究所对武王墩古墓进行了考古勘探，结果令人震惊。

在厚厚的封土之下，一座平面呈"甲"字形的大型墓葬赫然显现。它就像一座隐形的宫殿，深埋在地下，四周环绕着数目不明的内收式台阶，直达墓底。这种奇特的形制结构，让考古专家惊叹不已。

然而，更大的惊喜还在后面。在墓的西侧，考古专家发现了一个南北长 149 米、东西宽 12.5 米的大型车马坑。它像一支在地下埋伏了千年的队伍，仿佛只要一声令下，就能"车辚辚，马萧萧"地冲出地面。

甲字形墓、车马坑，这些耳熟能详的字眼，让考古人员对武王墩古墓有了初步的认识——它很可能是一座高等级的大型楚墓。

甲字形墓是古代墓葬的一种形制，在墓室一边有一条墓道，墓葬平面类似"甲"字。同理，在墓室两端有两条墓道，墓葬平面类似"中"字的，被称作中字形墓；而在墓室四边各有一条墓道，墓葬平面类似"亞"字的，则被称亚字形墓。

文字学家认为，"亞"是一个象形字，来源于殷商时期的丧葬和

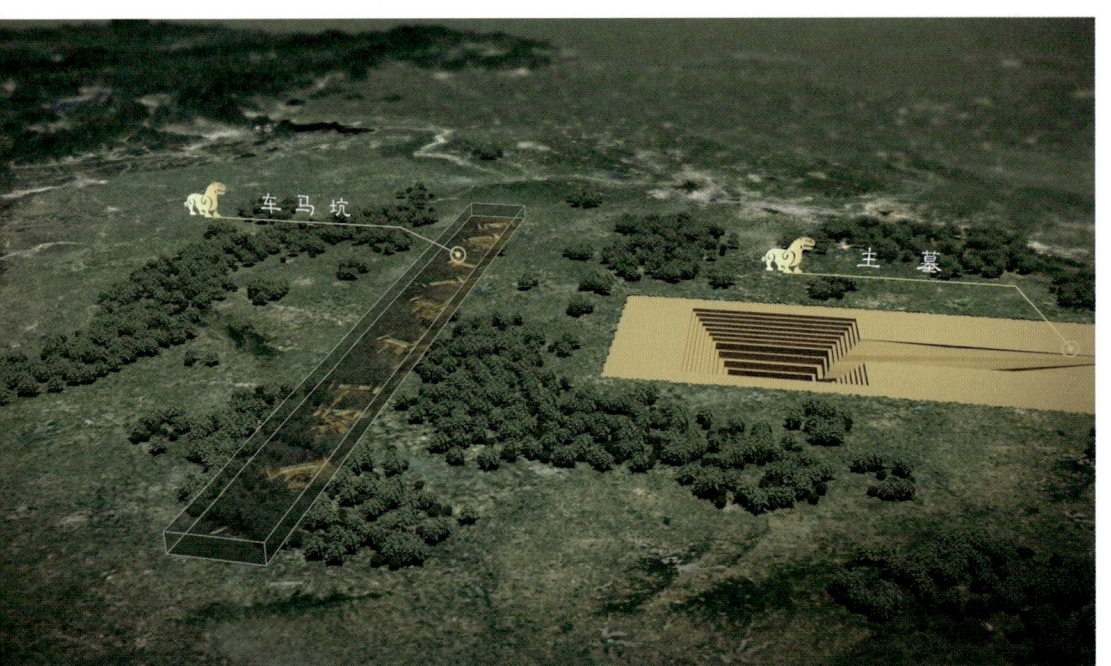

武王墩主墓与车马坑空间位置示意图

祭祀。考古工作者在发掘安阳王室墓葬区时发现，这一时期的大墓均为南北向，分为两类，即带四个墓道的和带两个墓道的。其中，带四个墓道的为长方形或十字形，四壁各有一个墓道，形制上与亚字形墓相吻合。

自商代以来，墓道俨然已是高级贵族墓葬的重要标志之一。一般说来，墓道的数量越多，标志着墓主人的身份越高。在中原地区，不同形制的墓葬，等级从高到低依次是亚字形墓、中字形墓和甲字形墓。四条墓道的亚字形墓被认为是王的身份标志，两条墓道的中字形墓和一条墓道的甲字形墓是诸侯身份的标志。

厦门大学教授张闻捷认为，根据周礼的规定，古代实行着严格的墓道制度。具体而言，天子级别的墓葬采用四条墓道，诸侯王则使用中字形的两条墓道，而更低级别的墓葬可能只有一条墓道，甚至完全没有墓道。这种墓道数量的差异，实际上体现了墓主人生前社会地位的等级区分。

从当今考古学的角度来看,在东周时期的中原地区,这种等级制度在墓葬中得到明显的体现。那么,南方楚国的墓葬是否也一样遵从这样的制度安排呢?

位于河南省周口市淮阳区大连乡瓦房庄村西的马鞍冢,是一处战国晚期的楚国大墓。该墓因两冢相连,形状类似于马鞍而得名。1981年到1983年,河南省相关部门对马鞍冢进行了联合发掘,居然发现了楚墓中前所未有的双墓道中字形大墓。

马鞍冢由两座大墓组成,分别为南墓和北墓。南墓的平面呈中字形,墓室东西长14.5米,南北宽13.48米,墓室四壁收成5级台阶,并内置棺椁。南墓西侧的车马坑长40米,宽3.7米,内有23辆车、20余匹泥马、6面旌旗以及铜、象牙、铁等构件。

北墓的封土高度约为4米,墓坑平面形状为甲字形,墓室东西长16.6米,南北宽15.3米。墓室四壁自上而下收成4级台阶,内置有木棺椁。在北墓的西侧,也发现了一个车马坑,坑长35米,宽4.72米,

河南马鞍冢及车马坑

内有 8 辆车、24 匹泥马、2 只泥狗，以及多种陶冥器，如鼎、敦、壶、钫、簠和匜等。

根据墓葬形制规格，结合楚国历史，不少学者推测，这两座墓可能是楚王及其陪葬者的合葬墓。中字形的南墓，被理所当然地认为是楚顷襄王之墓。楚顷襄王是战国晚期的楚国国君，在位长达 37 年。公元前 278 年秦将白起攻破楚都郢后，顷襄王迁都至陈（今河南省周口市淮阳区），并在 15 年后病逝于陈地。以楚顷襄王对应马鞍冢南墓，规格和时间上似乎都能吻合。

对于以上看似合理的推测，当地的文博工作者陈伟却提出了完全不同的观点。

> 据考古资料证明，王一级的墓葬形制多为"甲"字形墓和"中"字形墓。
> 一般认为，凡享用"甲"字形墓葬制的人，其身份应比"中"字形墓墓主的身份低，在规模上亦应比"中"字形墓小。淮阳马鞍冢则与中原地区的王室陵墓不同，恰恰相反，是"中"字形墓的规模略小于"甲"字形墓，且棺、椁也不及"甲"字形墓多。
>
> （陈伟《浅议淮阳楚顷襄王陵墓》）

陈伟还提出，从马鞍冢车马坑的面积和规模来看，南墓的车马坑也小于北墓。由此可以推断，楚国礼制主要源于两个方面：一是自身传统习俗或法规，二是借鉴中原地区国家典章制度的一部分。在丧葬制度方面，楚国具备独有特点。

> 据此，认为，马鞍冢北冢墓主人的身份应高于南冢墓主人的身份。两者可能是夫妇关系，其葬法称为"夫妻异穴并葬"。根据马鞍冢随葬品的特征以及器物组合来看，其时代应为战国晚期。而且墓主的身份很高，享用了楚王一级的葬制。
>
> （陈伟《浅议淮阳楚顷襄王陵墓》）

第二章 从"武王"到楚王

在已发现的楚墓中，因为考古资料的欠缺，目前对楚王级大墓的丧葬制度还知之甚少。

安徽寿县朱家集李三孤堆楚墓，是被普遍认为的、最明确的楚王墓，其木椁已被破坏。据郭德维分析，木椁应分为九室。随葬器物非常多，有大鼎，铜礼器组合为九鼎八簋，有编钟、编磬等乐器。由于被盗，没有发现竹简，但推测应该有竹简。

另外，荆州熊家冢楚墓，有大型封土堆，有墓道，方向朝东，由主冢、陪冢、殉葬墓、祭祀坑、墓上建筑和车马坑组成。主冢墓口规模为长70米、宽60米，由于尚未发掘，具体随葬器物不明。但从其规模与形制来看，应该也是一处楚王墓。

张闻捷表示，根据目前的证据，位于荆州的纪南城曾是楚国长期使用的都城，它的北部有楚王陵墓，这一事实明确无误。勘探结果显示，所有墓葬均为甲字形，拥有向东的墓道。此外，在武王墩附近的李三孤堆也是甲字形墓。

在楚国境内，目前并未观察到所谓四条墓道、两条墓道与单条墓道之间的明显区别。大体上，公卿及以上级别的高级贵族，其墓葬均采用单条墓道的形式。张闻捷解释，从礼制的角度来看，楚国显得颇为独特，它并未遵循那种四条墓道的传统制度，"因为到东周以后，楚王实际上是比肩天子的"。

结合淮阳马鞍冢，我们可以看出楚王一级大墓的基本规格——有大型的封土堆，有陪葬大型车马坑，有陪葬冢；有一到两条墓道，有的墓道内有装饰物，墓道都朝东。一般椁分九室，随葬大量器物，礼器组合规格较高，也较齐全。

拥有高大封土的甲字形武王墩墓，会不会也是一座楚王级的大墓？自2009年初步勘探之后，这一悬而未决的谜团在人们的心头萦绕了整整10年。

勘探再出发

　　2020年5月底,考古学家李伯谦再次来到安徽淮南,走进武王墩考古发掘现场。此次到访,距离他上一次来淮南有一年多的时间。2019年的春天,他应邀来到当地,查看了被警方追缴的武王墩墓被盗文物,并就这座墓葬的保护及可能开展的发掘建言献策。

　　李伯谦长期深耕中国古代文明和夏商周考古研究,1996年出任国家"九五"重点科技攻关项目"夏商周断代工程"首席科学家,在学术界享有盛誉。此次,他以年逾八旬的高龄,担任武王墩墓考古发掘的总顾问,亲临考古工地,对武王墩墓的发掘进行现场指导。

　　科学发掘古代墓葬,不仅是对尘封历史的挖掘,更是一场与古代文明的深度对话。当考古学家手持工具,小心翼翼地向地下探寻时,迎接他们的,是一座座尘封已久、慢慢打开的"时间之门"。墓葬中的遗物、遗骸以及建筑结构,都是过往时代的"信使",它们用遗存的信息拼接着古人生活的珍贵图景。

　　通过这些"信使",人们才有可能一窥古人的生活状态:他们是如何生活的?他们的信仰是什么?他们的艺术水平如何?他们的社会结构是怎样的?而这些问题的答案,许多都藏在墓葬深处,时常勾起着人们的好奇心。

武王墩墓考古发掘总顾问李伯谦（左）与领队宫希成

> 了解自身的历史是我们每个人与生俱来的权利，出于对自身来历的好奇，考古资料、出土文物便成为公众关注的内容，吸引着人们好奇的目光。然而，我们人类许多史前和历史时期的资料都埋在我们脚下的这片土地下。
>
> （陈淳《考古学研究入门》）

从早期到当下，墓葬发掘理念发生了显著的变化，经历了从简单挖掘到科学发掘的跨越，从单纯的物质文化研究逐步拓展至综合研究的范畴，从保护不足到日益强调保护的重要性，从单纯的发掘工作向多学科合作的转变。这些变化不仅彰显了考古学的蓬勃发展，还深刻反映了人类对古代文明认识的不断深化与尊重。

在武王墩发掘工作即将展开之际，专程赶来的李伯谦强调，针对这座大型古墓，必须制定一套持续优化的发掘方案。每一步行动都需慎重考虑，以确保整个发掘过程的科学严谨和系统有序。同时，他着重阐述了"保护与发掘并行不悖"的核心理念，明确指出在发掘的每一个环节，都必须将文物的安全置于首位。

此外，李伯谦提议尽快建立一个装备先进的综合工作室，既包含高科技保护设备，又具备宽敞的研究空间，以应对可能出现的各种复杂情况。他还进一步建议，与发掘工作同步，要着手开展遗址公园和博物馆的建设规划工作，以便更好地将考古成果展示给世人，并推动相关教育和研究活动的深入开展。

李伯谦指出，对于武王墩的发掘工作，国家文物局持极为审慎的态度，并曾广泛征求专家意见，他本人也在此过程中表达了自己的见解。此次实地考察后，他认为发掘的准备工作做得极为细致且周到，发掘规划也制定得较为出色。当前，发掘工作正按照既定计划，从封土开始逐步推进。

对于墓葬中可能存在的祭祀行为、陪葬品以及墓上建筑等问题，李伯谦也给出了自己的见解和建议。他一再提示，这些都是研究墓葬文化和历史的重要线索，需要在发掘过程中给予充分关注。

关于下葬过程中是否存在祭祀行为，李伯谦提到，商朝时期几乎每个王的墓葬都伴有祭祀活动，但武王墩墓所属的时代可能已不再流行此习俗，但也不能完全排除存在其他形式祭祀的可能性。

关于陪葬问题，即是否有服侍墓主的人一同被埋葬，李伯谦表示，该时期可能已不采用陪葬制度，但也不能断定完全没有，因为在同时期的齐国、鲁国的墓葬中仍发现有陪葬现象。这些都是在发掘前需要充分考虑的因素。

此外，李伯谦还关注到了墓上建筑的问题。墓上建筑指的是建在封土之上的建筑物，可能用于祭祀活动。他举例说，河南新郑发掘的韩国第一、二代墓葬均发现有此类建筑。因此，对于武王墩墓是否存在墓上建筑，以及如何处理可能存在的情况，都是在发掘过程中需要仔细考虑的问题。

在种种猜测和推断得到验证之前，为进一步摸清武王墩墓葬及周围

武王墩墓考古勘探

遗存，新一轮考古勘探整装出发。

黎明的第一缕阳光洒落在沉寂千年的土地上，考古勘探作业正式拉开了序幕。一位经验丰富的勘探员，身穿工装，头戴宽檐帽，眼神中透露出沉稳与专注。他的手中紧握着那把陪伴他走过无数遗址的特制探铲，铲身闪耀着冷冽的金属光泽，铲尖锋利得足以刺破最坚硬的土层。

勘探员深吸了一口清晨的空气，似乎在感受空气中弥漫的古老气息。只见他俯下身，将探铲插入地面。伴随着铲尖刺入土层，周围的野草出现了轻微震动。不一会儿，铲身被缓缓拔出，带起一小撮湿润的土壤，其中夹杂着一些性质不明的碎屑。

勘探员所持有的探铲，是一种独特的中国考古勘探工具，也就是闻名遐迩的洛阳铲。在考古界和盗墓故事中，洛阳铲频繁亮相，似乎总是与"神秘""历史""探险"等词形影相随。

洛阳铲的设计独特，半圆筒形的铲头能轻松垂直插入地下，将泥土完整地带至地表。对于考古学家而言，洛阳铲挖出的每一筒土，都蕴藏着丰富的历史信息。

在民间，洛阳铲却因盗墓活动而多有恶名。据说经验老到的盗墓贼，凭借洛阳铲碰撞土层发出的不同声音，以及传递到手上的感觉，就可以判断出哪里是夯实的墙壁，哪里是中空的墓室、墓道。正由于洛阳铲在盗墓领域的"走红"，盗墓贼发明洛阳铲之说才在民间流传甚广。

然而现实情况，真的如此吗？

在河南洛阳，洛阳铲的锻造技艺，被列入河南省省级非物质文化遗产名录，孙银莹、孙凯强姐弟是该项技艺的第五代传承人。制作一把洛阳铲，需要近20道工序，包括锻打、剪边、磨刃、烧制、成型、淬火等。每道工序都需精湛的技艺与丰富的经验，尤其在塑造铲头弧度时，大小适中至关重要，过大或过小都将影响其使用效果。

古都洛阳，作为华夏文明发源地之一，拥有丰富的历史遗存和人文景观，被誉为"千年帝都"。附近的邙山，因土层深厚、水源较低，成为古墓葬的集中地，故而引发盗墓贼的觊觎。洛阳铲在一定程度上助长了盗墓活动，也一度成为盗墓的代名词。

实际上，洛阳铲并非源于盗墓。可靠的说法是，它由检验工程的工具演变而来。在古代，夯土是常见的建筑材料，人们用铁锥扎入夯土来检测建筑工程的质量，这种方法被称为"锥探法"。到了明代，为更精确地检测水利工程深层土的质量，铁锥升级为套筒，形成了洛阳铲的雏形。

1928年，考古学家卫聚贤在目睹盗墓者使用洛阳铲后，将其应用于考古钻探。在中国著名的安阳殷墟、洛阳偃师商城遗址等古城址的发掘过程中，洛阳铲都发挥了重要作用。如今，利用洛阳铲取土、辨土、识土，已成为考古勘探人员的基本功。

在考古界，对优质的洛阳铲有着严格的标准。它需能轻松下土、满带土壤而不掉落；出土迅速、提铲容易且易于倒土；遇到砖石等硬物时，铲刃不卷，仍可使用。现今的洛阳铲，连铲带杆长3米左右，杆顶穿有

探铲打出的青膏泥

绳索，单人操作便可打出一二十米深的探孔，直达墓葬深处。

考古界有句俗语："找到青膏泥，棺椁在眼底。"青膏泥因其细腻、黏性大、渗水性小的特性，在战国及秦汉时期的大型墓葬中被广泛应用，以隔氧防腐，保护棺椁免受地下潮气侵蚀。发现青膏泥层，便意味着离棺椁不远了。

在武王墩的勘探现场，勘探队员们手持洛阳铲，一次次地戳入地下，提取出一筒筒包括青膏泥在内的带有历史痕迹的土样。随着时间的推移，勘探区域不断扩大，武王墩墓葬及周围遗存的空间布局也渐渐清晰起来。

据宫希成介绍，武王墩墓的勘探工作共分为两个阶段。第一阶段勘探工作的主要目标是深入了解武王墩主墓的本体结构及其相关信息。以主墓为中心，考古队还在周边进行了广泛勘测，旨在探明该区域内是否存在其他重要的遗址分布。通过这一阶段的勘探工作，考古队不仅发现了一些陪葬墓，还成功找到了证实陵园存在的线索。

第一阶段勘探从 2020 年 3 月下旬开始，至 7 月中旬结束，完成了主墓及周边约 40 万平方米范围的勘探，主要目标是了解主墓的结构和周边 300 米范围内的遗存分布情况。

第二阶段勘探工作的主要目标是确认陵园是否存在。宫希成表示，若存在，则需明确其范围，找到边界，并尽可能深入地了解陵园布局情况。经过这一阶段的工作，考古队证实了陵园的确存在，基本确定了陵园的范围；同时，对于陵园范围内的布局，也获得了一个初步的认识。

第二阶段勘探从 2020 年 9 月 1 日开始，至 11 月底结束，完成了约 60 万平方米范围的勘探，主要目标是探明陵园的范围和布局。

2020 年深秋之际，武王墩陵园的真容终于浮出水面。

峥嵘楚王陵

迄今为止我国已发掘的楚墓数以千计，主要分布在湖北、湖南、河南、安徽等地，其中以湖北江陵和湖南长沙两地最为集中。这些墓葬的发掘，为人们认识和了解楚国的历史文化，提供了大量直观的实物证据。

通过数十年来的发掘与研究，考古界对楚墓有了较为明晰的认识。楚墓类型丰富，从中可窥见当时的社会等级结构及其演变情况。

楚国的高等级贵族墓葬，通常修建在地势较高的山岗上，且大多为南北向、甲字形、多重棺椁多室的大型墓，随葬品以成套的青铜礼乐器为主，有编钟和编磬；地面上有大型封土堆，主冢周围多有陪葬坑和车马坑；单墓道，墓壁有多级台阶，多重棺椁；木椁长6米以上，分为5至7室；棺为三四重。

2020年的两次勘探，让武王墩初露峥嵘。

无论是通过已追缴的文物进行比对，还是根据勘测的墓葬结构来推测，武王墩墓都堪称楚国高等级墓葬中的大墓，是甲字形楚墓的佼佼者。

勘测结果显示，武王墩主墓是一座甲字形的土坑竖穴墓，由墓圹、墓室、墓道和封土4个主要部分组成。墓圹为边长约46.8米的正方形，规模宏大。墓室自开口至椁室设有11级台阶，设计精巧。椁室底部东西长21.8米，南北宽21米，空间宽敞。

墓葬底部与墩顶之间的距离约为32米，墓葬开口至底部的深度则为18米。椁室高度达到4米，且椁室上方覆盖有竹席，体现了古代墓葬的特定习俗。墓室的东面设有一条斜坡式的墓道，墓道全长42米，最东端宽度为9.5米，而最宽处则达到了16米，显示了墓葬的宏大规模和精心设计。

除武王墩主墓墓葬结构更加清晰外，出人意料的是，一座陵园的整体布局也呼之欲出。

在勘探过程中，考古队共计发现了8处陪葬墓。其中1处已遭到破坏，仅有水塘残留。5处陪葬墓呈南北向排列，墓道一律朝东，且均有独立的围沟。剩下的2处陪葬墓位于勘探范围之外，存在封土堆，但具体情况有待进一步勘探。

在东南方向，与武王墩墓直线距离约450米的地方，考古队还发现了20多个密集分布的长方形土坑。坑内有灰红色陶片、红色漆皮以及竹篾的痕迹。考古队推测，这些土坑可能作为陪葬坑或祭祀坑使用，但目前尚未发现明显的分布规律。由于某些原因，这两块区域还未进行详尽的勘探，期望在后续的补探工作中能找到其内在的规律。

最令人振奋的发现，是在古墓的四周。周长约5000米的围沟，或通过人工开挖，或借用古河道疏通，最狭窄之处也有约10米的宽度，合围成一块近似方形的区域，覆盖面积达143.5万平方米。

宫希成认为，通过这两次勘探，成功发现了武王墩主墓陵园，应当是2020年取得的一项重要进展。因为在此之前，人们对于武王墩的了解，仅限于旁侧的一个车马坑，而其他相关遗迹在地表上则完全无迹可寻，甚至连考古队也未曾发现相关遗迹。

值得注意的是，围沟的东西两段利用了古代挖掘的河道，南北两段的偏东位置各存在一个明显的缺口。南部缺口宽约70米，北部缺口宽约60米，两者位置遥相对应。考古队初步推断，这两个缺口可能是进出陵园的通道。

这个新发现的陵园超出了考古队的预估范围，实际规模比预想的要大。宫希成表示，由于陵园内仍有较大面积尚未完成勘探，"所以我们只能说，对陵园内的布局，还只是一个初步的了解"。

陵园以武王墩主墓为核心，在其西侧约60米处发现了车马坑。车马坑的西侧150米处，则是一组呈南北向排列的陪葬墓。经过测量，车马坑的外扩南北长147.9米，宽13米，底部长143米，宽7米，且在西面配备了4个坡道。

沈汗青激动地表示，武王墩大墓并非孤立存在，实际上这里是一个完整的陵园！经过勘测，发现陵园的周长约为5.6千米。为了更直观地说明这一概念，沈汗青举例道，寿县的古城墙，绕城一周的长度是7.4千米。而武王墩陵园的围沟，围绕陵园一圈的长度就达到了5.6千米，足见其规模之宏大。

沈汗青强调，这样一个规模庞大的陵园，其信息内容是完整且丰富的。然而，考古队面临的最大挑战，就是如何将这些完整且宝贵的陵园信息，以充分有效的方式揭示，并展示给世人。

在古代墓葬的历史底片上，陵园的显形并非一蹴而就，而是经历了

武王墩主墓陵园示意图

漫长的酝酿期。从商周时期的公墓制度，到秦代以后的独立帝陵，这样的一场"变身"，不仅展现了古代社会政治、经济和文化的发展历程，还让人们看到了古人对于生死和墓葬制度的深刻思考。

墓地制度涉及对埋葬地的选择，古代先人不仅要充分考虑地形、地貌的因素，还得考虑墓地和人类生活聚居地的关系。它就像是人类社会发展的"晴雨表"，反映了社会的等级意识和宗法制度。不过，在上古时代，先人也许还没有太多的讲究，对墓地的选择也没有形成明确的意识和观念。

在商周时期，公墓制度是一种多代集中埋葬的墓地形态。这种制度安排，体现了当时阶级和国家处于初级阶段的特征。虽然君权已经确立，但社会仍然带有氏族遗痕。因此，王、诸侯方国国君及其贵族成员死后，还是普遍沿袭集中埋葬于同一公共墓地的做法。河南浚县辛村卫国公族墓地、河南三门峡市上村岭虢国墓地等，都是这一时期公墓制度的典型代表。

商周的集中公墓制，呈现的总体特点是，多代国君集中埋葬于同一墓地，但因迁都或重大事变，同一国家可以有几处这样的公墓地；公墓地多数没有用以显示墓地范围的"兆沟"或"隍壕"；每处公墓地只有一个统一的地理名称，即使是国君陵墓也没有单独的名称。

也有研究者认为，到了两周时期，公墓制度有"公墓地"和"邦墓地"之分。"公墓地"埋葬的是王、诸侯、卿大夫；"邦墓地"埋葬的是"国民"，这里的国民应该包括下层贵族和庶民。

然而，在对殷墟王陵区周边的勘探与发掘中，发现王陵区东区、西区外围各环绕一条围沟，沟宽超过10米，东西相距40米。东围沟围绕在王陵区东区的大墓和祭祀坑周围，近正方形；西围沟围绕在王陵区西区的大墓周围，近梯形。这种将王陵与大量祭祀坑围于沟内的墓地布局，可以视作中国古代陵园制度的初期形态。

社会的发展和变革，带来了公墓制度的衰弱。春秋战国时期，以每代国君为中心的独立陵园制开始出现。这种制度的核心特点，是每代国君都拥有独立的陵园，与其家族成员分开埋葬。独立陵园渐成风潮，折射出社会政治结构的变动和家族观念的演变。

越来越多的考古资料显示，战国时期的陵园逐渐从集中公墓制转变为独立陵园制。

从墓葬的布局和规模来看，战国早期的陵园仍受到集中公墓制的影响，诸侯及贵族的墓葬往往集中在一定区域内。随着时间的推移，战国中后期的陵园，开始呈现独立化的趋势。国君的陵墓逐渐与其他贵族墓葬分开，形成了独立的陵园。

位于陕西省西安市临潼区骊山西麓的秦东陵，是战国时期秦国的王族陵园。这里共发现四座秦王陵园，其中包括亚字形墓、中字形墓和甲字形墓等不同类型的墓葬。

山东临淄的田齐王陵，是我国现存最大的先秦诸侯王陵古墓群，主要包括二王冢、四王冢以及附近的 100 多座墓冢，是战国时期齐国田氏国王及其王室、贵族、大臣的墓葬区。

除了上述两个著名的诸侯陵园，战国时期还有其他的陵园，如赵邯郸故城附近的赵王陵、平山附近的中山王墓等。它们以其各自不同的布局，呈现诸侯国之间独立陵园的不同面貌。

那么，楚国墓葬陵园的情况又是怎样的呢？

荆州熊家冢楚墓，东南方约 26 千米处为楚故都纪南城遗址，墓地由主冢、陪冢、殉葬墓、祭祀坑、车马坑等组成。到目前为止，这是已发现的楚墓群中等级最高的。至于主冢埋葬的是哪一位楚王，因尚未发掘还难以断定。从墓地布局看，显然这是一处经过精心规划设计的墓区。

纪山大薛家洼墓地，为纪山楚墓群的 22 处墓地之一。南向约 10 千米处为楚都纪南城遗址，西向约 20 千米处为沮漳河。墓地由主冢、陪冢区、矩形台、祭坛、台阶等组成。这是一处以主冢为尊，陪冢、祭坛依次分列的墓地，具有陵园的性质。

而武王墩经考古调查、勘探确认，保存有主墓、墓园、车马坑、陪

荆州熊家冢楚墓群

葬墓、祭祀坑等重要遗迹，四周更有围沟合围，形成占地约 2180 亩的墓园。由此可见，武王墩是迄今为止所发现的楚国墓葬中，范围和边界最为清晰的独立陵园！

江西省文物考古研究院研究馆员、南昌海昏侯墓考古队领队杨军指出，武王墩的发掘工作起点颇高，首先体现在技术路线的明确上。在正式发掘之前，通过钻探手段就已经取得了极为丰富的成果。例如，他们发现了武王墩至少存在双重陵园，这一发现在学术上具有极为重要的意义。以往，人们普遍认为独立陵园制、双重陵园制以及三重陵园制可能是秦人的特色，但现在看来，楚国也存在这种大小陵园的分布模式。

宫希成表示，通过勘探调查以及咨询相关专家的意见，大家初步判断武王墩很可能是楚国最高等级的墓葬。这意味着，尽管过去已经发掘了许多楚墓，但尚未正式且科学地发掘过这样一座高等级的墓葬。因此，对于楚文化研究而言，武王墩的发掘无疑具有极为重要的意义。

在借助勘探手段努力摸清武王墩地下情况的同时，地面的清理工作同步展开。

在对主墓周边遗存的清理过程中，考古队共清理出汉代墓葬 4 座，明代墓葬 1 座以及金代窑址 1 座。然而，这些遗址均遭受了较为严重的破坏。此外，还清理出 2 处龙山文化早期遗存，总面积约 30 平方米，出土了包括鼎、罐、豆等陶器及石器在内的珍贵文物。

宫希成解释，之所以要先进行清理发掘，是因为尽管封土墩已经遭受了后期的盗掘和破坏，部分区域甚至被严重破坏，但今天仍然需要尽力去了解它原始的形态。这样做的目的是探寻封土内是否还保留了其他有价值的信息，比如封土的原始形状以及周边是否还存在相关设施。这些信息的获取，对于全面了解武王墩墓葬至关重要。

2020 年 9 月 3 日，在对主墓封土上的树木、杂草以及之前架设的监控设施等进行了全面清理之后，武王墩主墓封土发掘正式开始。

沈汗青表示，发掘工作仅仅是整个项目的开始，这个过程将会非常漫长。在武王墩主墓发掘之后，还有车马坑、陪葬坑以及围沟等多个区域需要发掘。因此，发掘工作必须有一幅完整的路线图作为指导。同时，对于武王墩陵园以及墓葬的保护，也需要一个全面且具有前瞻性的规划方案，以确保整个发掘和保护工作顺利进行。

淮南"隆冬对"

进入冬季的淮南,在一场雨后,迎来了一批重量级的考古专家。从事考古发掘与文物保护的各路高手,聚集到武王墩。他们中的每一个人,都曾是考古故事里的绝对主角。他们不仅拥有专业独到的眼光,而且带来了应对发掘现场复杂问题的丰富经验。

来自陕西省考古研究院的张仲立研究馆员,多年来一直从事秦始皇陵兵马俑研究,几年前曾出任南昌海昏侯墓考古发掘专家组副组长。这一次以专家组组长的身份来到发掘现场,他对武王墩项目自然充满期待。

张仲立认为,武王墩墓葬的发掘机会实属难得。国家文物局对于高等级墓葬的发掘一直持严格控制的态度,因此他深感此次墓葬的发掘给当地带来了一个宝贵的机会,其意义远超考古本身,对淮南的发展具有特别的意义。

谈及武王墩墓葬,张仲立个人感受颇深。他认为从不少方面看,武王墩墓葬都不逊色于南昌海昏侯墓。海昏侯虽仅为千户小侯,但其墓葬透露出王者气势。如果不是他曾短暂地当过27天的皇帝,一个普通的侯爵又怎能有如此出众的墓葬?相比之下,武王墩墓葬无疑是一座王墓,其价值和意义不言而喻。

2020年,是武王墩墓的发掘元年。

武王墩（摄于 2020 年 12 月）

随着武王墩墓考古工作被列入"考古中国——长江中游地区文明化进程研究（夏商周）"课题，越来越多的目光聚集到这里。

武王墩墓考古工作由安徽省文物考古研究所主持，国家文物局考古研究中心、厦门大学、山东大学、中国科学技术大学和淮南市博物馆作为合作单位参加。国家文物局成立了由张仲立、徐良高、刘建国等组成的考古专家组，全程指导发掘工作。

从树木茂盛的春天到万物凋零的冬季，面对进入考古时间的武王墩，考古队领队宫希成始终不敢掉以轻心。尽管早已做好了应对挑战的准备，然而武王墩发掘工作的复杂性和困难程度还是超出了他最初的预估。即便团队已经做了充分的准备工作和应急预案，他还是感觉在不少方面考虑得不够细致。鉴于此，他们计划根据 2020 年的工作经验，进一步完善和细化接下来的工作方案。

科学发掘武王墩这样规格和规模的大墓，在安徽考古史上前所未有。在没有成功经验可以借鉴的情况下，闭门研究、调整方案，显然是远远不够的。关于如何预估发掘中可能遇到的问题，如何完善预案去应对发掘中可能发生的事件，以及对遗存采用哪些保护技术和手段等诸多事宜，他需要听取同行的真知灼见。

为此，考古队广发英雄帖，邀请多路专家齐聚武王墩，为下一步发掘出谋划策。

宫希成表示，这次会议特别邀请了两类专家参与：一类是考古领域的专家，另一类则是文物保护方面的专家。他们在会议邀请函上明确列出了两个核心议题：第一个议题是请求专家们查找并指出预案中的问题，具体而言，就是希望专家们能够针对从勘探到发掘的整个过程，特别是在发掘的方法和技术层面，提出预案存在的不足之处；第二个议题则是关于保护的问题，这涉及不同的方面，期望能够得到专家们的专业指导和建议。

考古队面临的首要问题是挖掘过程中的保护，尤其是对封土剖面的保护。封土堆从顶部到墓葬开口位置的高度有十几米，挖掘过程中留下了几个大剖面以便未来观察墓葬封土的结构。然而，随着挖掘的深入，如何有效保护这些剖面，防止土壤龟裂和垮塌，成了一个亟待解决的问题。

宫希成坦言，最为关键的是，从下一年开始将进入填土挖掘的阶段。尽管现场设有台阶以便作业，但考虑未来还需要进行展示，所以要力求达到最佳的保护效果。因此，他希望从事文物保护的专家能够尽早参与进来，以提升保护工作的成效，确保武王墩墓葬的发掘与保护工作更加科学、有效进行。

针对隔梁的保留与保护问题，荆州文物保护中心研究馆员吴顺清提醒，在发掘的实际操作中，需要根据具体情况进行权衡和决策。在确保安全的前提下，可以考虑保留部分具有代表性的隔梁进行展示。同时，对于不再需要的隔梁，应该及时进行处理以避免安全隐患。

吴顺清进一步阐述，如果打算保留隔梁以供展示，那么应当挑选一块保存状况良好、地层关系清晰明了的地方，对其进行整体性保护。这样做的目的是将来能够将其陈列出来，供人参观。展示中尽量包含夯窝、夯层等细节，让观众能够看得更加清楚，同时对科学研究具有一定的参考价值。然而，对于全部保留隔梁的做法，吴顺清则不太赞同，他认为这样做存在较大的安全隐患。

河南省文物考古研究院研究馆员陈家昌认为，在提取考古信息的基础上，可以致力于保存更多实物本体以用于展示。为此，应当考虑如下的策略：一是揭取地层，为未来的展示打下良好基础；二是分析夯土的力学性能，以确保隔梁的稳定性与安全性；三是按考古规程进行小面积逐步发掘，专注于遗迹明显的部位，未来可作为博物馆展品。

陈家昌结合淮南地区的地理环境特征以及武王墩的实际情况，推断出墓葬在地下10米以下处于水环境之中。他表示在搭建大棚前，必须提出一套有针对性的水分控制设计方案。目前在考古发掘过程中，一般采取抽取的方式应对地下水问题，但这只是一种临时性的解决方案。如果未来计划将该区域建设成遗址公园并进行展示，那么对地下水的控制工作将必不可少，迟早都需要解决。

贾汉青副研究馆员来自荆州博物馆，是熊家冢考古发掘项目的负责人，他介绍了荆州楚王陵的发掘经验。荆州和武王墩的土质相似，易塌方。在望山桥墓地的发掘中，采用了四分之一发掘法，并发现了挡土墙。他认为武王墩墓也可能有挡土墙，建议扩大发掘面积以确认周边是否有其他遗迹，避免在搭建大棚时造成破坏。

贾汉青介绍，在望山桥墓地的发掘过程中，他们并未搭建大棚，而是选择使用塑料薄膜进行覆盖。尽管如此，他们最终获得的照片资料和三维扫描资料仍然相当清晰。然而，面对规模庞大的武王墩墓，他对于应采取何种方法尚存疑虑。

安徽博物院郑龙亭研究馆员特别关注土遗址和墓葬本体的保护，认为需要重视地下水等环境因素对遗址的影响。他提到了山东等地在土遗址保护方面的经验，认为淮南地区可以借鉴这些经验，在墓葬本体保护方面创造范例。

郑龙亭在介绍参观敦煌研究院土遗址保护实验室的情况后，提出了具有前瞻性的建议——尽管针对南方文物的保护技术上仍存在一些尚未攻克的难点和问题，但在淮南地区，考古队是否能够在墓葬的本体保护

武王墩墓考古发掘和保护专家咨询会（摄于 2020 年 12 月）

方面开创一个典范。这一点值得考古队特别关注。

宫希成还就发掘过程中的保护设施建设问题，当面向专家们请教。他提到，在椁室打开之前，除了搭建大棚，还需要建设现场保护设施，包括库房等。然而，对于这些设施的具体规模和设计，他坦言自己并不是很清楚，因此希望专家们能够给予指导。

浙江省文物考古研究所研究馆员、安吉越国王陵考古发掘项目负责人田正标介绍了安吉古城考古遗址公园的做法，建议对封土堆的营造方式作进一步研究，包括其堆建的方向和规律。在搭建大棚前，需要考虑多种因素，如柱角距墓坑的安全距离、土壤稳定性以及外围可能存在的其他遗迹。同时，大棚设计应考虑数据采集和采光问题。

田正标进一步提醒，大墓的发掘及大棚的建设工作，与整体设想紧密相关。如果仅仅是搭建一个临时性棚子，任务或许相对简单。然而，若考虑构建永久性大棚，那便意味着墓与城将共存，未来极有可能发展成为一个遗址公园，甚至要申请文化遗产。因此，大棚设计必须精心规划，所有相关因素都需考虑。

杨军研究馆员基于海昏侯墓发掘过程中的经验和教训，提出了考古人员与文保人员需要紧密配合的建议。他再三强调了控制墓地地下水的重要性，并分享了海昏侯墓通过控制地下水位来保护文物的"干货"。

据杨军介绍，海昏侯墓的地下水位较深，水线以上的文物大多保存状况不佳，而水线以下的文物，包括漆木器在内，反而保存得相对完好。在了解这一水环境特征后，发掘团队决定利用打井的方法来调节地下水位，确保在清理到某一层级时，将水位相应地降低到这一层级。

中国科学技术大学教授龚德才重申了保护用房和现场应急场地的重要性，并建议将化学品中的危险品单独存放，以符合管理规范要求。

龚德才表示，目前还无法确切预估最终能出土多少文物，但可以肯定的是，如果文物数量众多，那么所需的存放场地自然也会很大。已经清楚的是，肯定会出土一些漆木器。漆木器的保护工作需要大量的用水，并且占地面积相当大。即便搭建了存放的架子，由于搬运不便，也未必是理想的解决方案。

山西省文物保护研究中心钟家让研究馆员分析，过去考古工地对于出土文物的现场保护问题关注较少，这样的状况在近些年才得到改善。从当前考古现场的报告来看，这一问题越来越受到重视。比如山西的多个发掘点，已经在考古现场建立了保护实验室，确保新出土的文物立即被送入实验室，得到及时且有效的保护。

对于那些尤为脆弱的漆木器，由于在运输过程中极易受到损坏，因此，他建议在开棺及进行文物发现与清理工作之前，应先行配套建设相应的实验室，并配置必要的保护设备，如恒温恒湿装置、各类提取工具以及现场检测仪器等，以确保文物的安全。

作为中国社会科学院考古研究所研究员及武王墩墓考古发掘专家组的成员，徐良高提出关于遗址保护设施设计的见解。他举例说，三星堆遗址外部采用了全封闭的玻璃罩，将整个遗址完好地包裹起来。那么，武王墩遗址外部的大棚设计，是否也可以采用玻璃棉进行封闭？

徐良高还探讨了下一步的工作思路，即在设计过程中应广泛参观其他工地，避免盲目行事。他说，有些简单的设计，如仅搭建一个顶棚而四面透风，显然缺乏长远考虑。鉴于遗址的长期展示与利用需求，他建议大棚的设计应更为高大，这样不仅有利于未来的展示，也能更好地服务于旅游业的发展。

同样身为中国社会科学院考古研究所研究员及武王墩墓考古发掘专家组成员的刘建国，阐释了空间影像生成在考古发掘中的重要性。他说自己查看了棚子的效果图，但遗憾的是，并未能清晰地了解棚子的具体形态以及内部支架的构造。尽管棚子的高度为相当理想的十几米，但是关于底部支架与中间横梁的详细情况还不够明了。

刘建国表示，希望能够进一步了解棚子的结构细节。如果这一信息缺失，那么后续在对大墓进行三维重建以及获取每一层三维模型的过程中，将会遇到不小的麻烦。

张仲立研究馆员作为专家组组长，其观点和建议主要围绕发掘武王墩墓的重要性、发掘前的准备工作、墓园门道和封土祭祀遗存的发掘以及考古工作的细化展开。

张仲立解释，当前墓园内的各种关键因素已基本显现，其中包括陪葬坑、陪葬墓以及可能的祭祀坑等。结合自己考察众多墓葬的经历，他认为其中既有做得相对细致的，也不乏敷衍了事的情况。例如，尽管大家都知道某些区域下方可能存在祭祀坑，但真正能够将其彻底查明的并不多。

墓葬工作，尤其是整个墓园工作做得好的遗址，之所以能够恢复原貌并追溯历史，正是因为没有遗漏任何重要的环节。张仲立苦口婆心地提示，这样的工作实际上是一种回溯过程，通过这一过程所获取的信息既细致又全面，能够充分说明问题。最后，将这些信息与文献资料进行比照，便能够准确地揭示历史的真实情况。

围绕武王墩墓的发掘，这场在淮南进行的"隆冬对"，注定影响深远。考古专家在隔梁保留与保护、实物本体保存、地下水控制、文物提取和保护等关键问题上，积极建言献策，贡献真知灼见。他们不仅分享

武王墩（摄于 2020 年 12 月 29 日）

了自己的经验和见解，而且为考古队的后续发掘提供了可供参考、借鉴的工作路径。

  隆冬时节的武王墩因发掘而裸露的封土，迎来了一场阔别 2000 多年的大雪。每一片雪花都像是时光的记忆，轻轻落在封土之上，将过去与现在、现实与梦幻巧妙地融为一体。纷纷扬扬的雪花，似古人笔下的梨花落英，轻轻地覆盖在这片厚重的土地上。

  淮河岸边，一时白雪皑皑。

武王墩

第三章

楚都终点站

公元前241年，以楚都迁入为标志，寿春城不可避免地成了楚国都城的终点站。然而，楚国这个南方大国的消亡，并不意味着寿春城价值的终结。在20世纪20年代，楚系文物以微弱的铜镜之光，穿透历史的厚重尘埃，使这里又成了楚文化大发现的起点。终点与起点的标签，就这样意味深长地被贴在一个只存在了19年的楚都——寿春城上。近90年来，它通过被盗掘的李三孤堆和正在发掘的武王墩，给近现代的中国考古带来了像青铜一样葆有光泽的楚国话题。

考古之光

1934年11月,安徽寿县东乡一带的村民已经感觉到寒意的侵袭。渐渐变长的夜晚和越来越短暂的白昼,让广袤的田野悄悄地进入冬季。这里的人们靠务农为生,当连续的灾情遇上了严寒的冬季,他们原本缺衣少食的生活变得越发艰难。

日渐冷清的冬日里,老农们整天紧锁眉头,无助地蹲在自家的门口,一边吸着旱烟,一边望着门外凋零的草木和一片灰白的天空。一阵阵冷风从他们的身体穿过,让他们的心中充满了忧虑和无奈。大家的心中都没有底:又一个漫长的冬季将怎样度过?

此时,小路上出现了两位身着长袍的外乡人。一位年纪稍长,30多岁;另一位则年轻许多,看上去只有20岁上下,还像个学生。他们向当地人询问,附近哪里是被称为"孤堆"的地方,希望能够去那里一探究竟。

老农们不会想到,或许连这两位"外乡人"当时都没有意识到,正是他们这次冬日里的行程,让安徽考古有了一个醒目的开端。

年长一些的名叫李景聃,祖籍安徽舒城,时年35岁。身体棒、饭量大,人称"体气素强,食量惊人",具备坚实的体魄和丰富的田野考古经验。年轻的小伙子是年仅22岁的王湘,河南南阳人,人年轻,考古资历却不一般。他们二人均来自国民政府中央研究院历史语言研究所考

20世纪30年代寿县县城模拟图

古组,此次到寿县,肩负着考古调查的使命。

此时此地,对许多人而言,考古还是一个完全陌生的概念。

东汉时期,中国出现了"古学"一词,用以泛指研究古代的学问。到了北宋中叶,诞生了一门专门研究青铜彝器和石刻的学问,即金石学。1092年成书的《考古图》,明确使用了"考古"这个词,不过它指的是考证古文字与古文章。

具有千年学术渊源的金石学,到了清代更加精进,形成了中国考古学的前身。而以田野调查发掘为基础的近代考古学,在中国则姗姗来迟。

1898年,在安阳小屯村,有字甲骨再次被发现;1900年,敦煌石窟的藏经洞中也发现了大量古代写本文书和其他珍贵文物。近代学术史上的这两项惊人发现,成为中国考古学诞生的征兆。20世纪20年代后期,以国内考古学术机构进驻周口店、殷墟等遗址进行发掘为标志,中国考古学正式宣告诞生。

那么,考古学究竟做什么?

正式一点的说法,考古学是通过发掘和调查古代人类的遗迹、遗物和文献，来研究古代社会的一门科学。它包含史前考古学、历史考古学和田野考古学等分支，并与自然科学、工程技术科学领域内的许多学科以及人文、社会科学领域内的相关学科有着密切的关系。

换一种形象的说法，考古学是一门能够解决"屈原之问"的学问。

"遂古之初，谁传道之？上下未形，何由考之？"这是2300多年前，楚人屈原对天地和人类历史起源的发问。彼时应该是公元前297年之后，屈原再次被楚顷襄王逐出郢都。流放路上，他发出这样深刻的追问：你有没有想过，远古时代的故事是谁告诉我们的？在天地还没成形的时候，我们又如何了解那个时代的事情呢？

屈原之问，似乎为后来的考古学预设了古老母题。

屈原所表现出来的好奇心和考古学家也很相像。他想知道关于人类的起源，这正是许多考古工作者为之坚守的使命。他们对过去充满了好奇，希望能用科学的方法不断探明真相。

最重要的是，屈原之问也代表了人类社会对于一些基本问题或是终极问题的持续关心。从古至今，许多人都在问："我们是从哪里来的？""我们的历史是怎么被记录和传承的？"而考古学，正是帮助人们解答这些问题的学科之一。

意味深长的是，考古学在诞生之初，就和安徽寿县产生了交集。个中原因说到底，还是归于一个"楚"字。

楚国，这个拥有长达800年历史、曾经辉煌一时的南方大国，如同一位沉睡者，静静地躺在岁月的尘埃之下。在经历了不知多少年的沉寂之后，当时间的指针指向20世纪时，埋在地下的楚系文物开始苏醒。一系列令人惊叹的考古发现，让楚文化重新向世人展现绚丽多彩的魅力。

安徽寿县，这片承载着楚国最后辉煌的土地，尘封的历史被悄然揭开。20世纪上半叶，随着楚国铜器的出土，楚人的器物首次进入中外藏家的视野。这些铜器不仅造型精美、工艺精湛，而且蕴含着丰富的历史文化信息，让人们开始重新审视和认识这个古老而神秘的国度。

寿县"楚器"的出现，大约从20世纪20年代中期开始。该地频繁

李三孤堆出土的展翅攫蛇鹰（安徽博物院藏）

发生盗墓行为，导致大量青铜器被盗掘出土并流入市场，不法分子从中获利颇丰。部分出土文物被寓居蚌埠的瑞典工程师加尔白克获得，随后被其售往欧美各地。这些文物包括鼎、壶、簠以及带钩、镜、车马饰等，具体数量不详，多为战国晚期制品。较大型的鼎、壶、簠等器物，现藏于瑞典。

对楚国考古学文化的研究也滥觞于这一时期。

> 对于楚国考古学文化的初步了解，是从20世纪20年代开始的。当时，在淮河流域，特别是在安徽寿县一带，盗掘出了一些铜镜流传到国外，欧美学者见这些铜镜早于汉式镜，便称之为"秦式镜"或"淮式镜"。1926年，曾在蚌埠工作过的瑞典人加尔白克在《一些早期中国青铜镜的笔记》中，将这些早于汉式镜并多出土于战国时期楚地的铜镜称为楚镜。
>
> （王巍《中国考古学百年史》）

古董商人对这一地区日益关注，并纷纷前来购买，从而助长了寿县当地的盗墓风气。

当越来越盛的盗墓风刮向了李三孤堆，一场意外的发现注定不可避免。在这里，数千件文物从地下重返世间。它们见证了楚国的繁荣与辉煌，也揭示了楚人独特的审美和文化追求。这些文物的大规模出土，轰动了当时的考古界。

李三孤堆出土的楚器，无疑以青铜器最为引人注目，除此之外，还有数量众多的车马器、生活用具等。

> 楚漆器的出土，最重要是三个地方，即安徽寿县、湖南长沙和河南信阳。起始于1933年前后，安徽寿县"李三孤堆"楚王坟的盗掘，除发现近千件青铜器外，还得到一片有彩绘云纹的残漆棺。这片残棺是后来去作调查的李景聃先生，在附近一个农民人家猪圈边偶然看到，知道是从墓中取出，才花了点点钱买回的。漆棺壮丽华美的花纹，让我们首次对于战国时代的漆画，得到一种崭新深刻的印象。
>
> （沈从文 《沈从文讲文物》）

作家、历史文物研究专家沈从文在时隔多年之后，仍旧提到李景聃的调查往事，足见他们当年的寿县调查之行不同凡响。

在来到寿县之前，李景聃和王湘二人刚刚参加了殷墟发掘工作。从1928年10月董作宾前往安阳小屯进行调查试掘算起，1934年秋季进行的发掘，是第十次殷墟发掘。这场在中国考古史上举足轻重的发掘行动，把一批青年才俊聚集到一起。

他们平时住在农民家里，到了周末则回到位于安阳城内冠带巷的本部休整，朝夕相处，志同道合，彼此间结下了深厚的友谊。其中的骨干成员，在1934年秋季发掘时，开始以兄弟相称。他们被当时的中央研究院历史语言研究所考古组主任李济誉为"十兄弟"。其中，李景聃位列首位，王湘则排名第八。就参与安阳殷墟发掘而言，王湘的资历却不浅。

李景聃与王湘马不停蹄地从安阳赶到寿县，可见考古组对这里的重视。后人普遍认为，他们是奔着李三孤堆墓来的，在勘查李三孤堆墓之余，首次对寿县瓦埠湖及其周边地区展开了考古调查工作。这个判断有其合理之处，但也不尽然。

王湘后来形成的调查报告对此行有明确交代：为李三孤堆墓而来，但主要目的落在"史前文化遗址"上。

> 从（民国）二十三年11月9日至12月4日的26天内，我和本所同事李景聃先生在寿县境内作考古的调查工作。虽然这次出发的动机是在查勘朱家集李三孤堆的木椁墓，而对于寻求史前文化遗址实为我们之主要目的。
>
> （王湘《安徽寿县史前遗址调查报告》）

实际情况也是如此，不到一个月的时间里，李、王二人调查走访了魏家郢、彭家郢、古城子、陶家祠、江黄城、张罗城、金家庙滩子、酒流桥、刘备城、张飞台、斗鸡城、杨林桥等12处秦汉前遗址。从这些遗址中，得出了"遗物大致相同，多有磨制及半磨制之石器，魏家郢、古城子曾于雨后出现铜镞，此类遗址约属铜石并用时代"的调查结论。

在这份报告中，王湘还梳理出了上述遗址的特点——

从地形分布来看，除金家庙滩子遗址外，其余11处遗址的遗物主要出土于水边高地或孤堆。这种布局，极有可能是先民的刻意选择：既可以防潮避水，又便于取水和获取食物，尤其是获得水中的大量蚌壳。

从遗址的包含物来看，这些包含物与龙山期和小屯期文化特征相似，但数量存在差异，石器占比较大，而仰韶期文化遗存则未见。

从遗物来看，方格纹和条纹陶器尤为丰富，这可能暗示着这些地区是此类陶器的发源地或重要制造中心。

王湘的史前遗址调查报告足以表明，早在1934年底，寿县瓦埠湖一带的古代遗址，就迎来了安徽第一缕考古之光。而和史前遗址调查一起，被公认为开启安徽现代考古的重要事件，就是李景聃和王湘对李三孤堆墓出土的青铜器、玉器、石器及陶器等古物进行了全面调查。

从调查报告的署名看，李、王二人联手的寿县考古调查，应该各有侧重。王湘调查的重点在遗址，最终形成了《安徽寿县史前遗址调查报告》；而李景聃撰写的是《寿县楚墓调查报告》，于1936年发表，他也因此成为寿县朱家集李三孤堆墓的考古先驱。

李、王两位专业考古人员来到朱家集时，距离1933年李三孤堆盗墓案发，已过去了一年多的时间。此时墓坑上部已有垮塌，下部已经积水。李景聃的调查报告记录了"坑口东西约25米，南北约21米""四面浮土耸起，高出地面约4米到6米不等"的实时信息。

更为难得的是，李景聃对李三孤堆墓出土器物的流向作出了如下统计：安徽省立图书馆接收712件，中央文物保管委员会调查收集2件，寿县地方留存64件，盗掘者私自售出107件，隐藏未交59件。

被盗掘的李三孤堆墓，出土物虽然并非来自科学发掘，但终究与一般来路不明的文物不同。因为有李景聃等人留下的调查报告、记录、报道，以及后来的调查发掘，再结合有迹可循的原物，对李三孤堆墓乃至楚墓的研究，才有了依据。

直到今天，我们依然需要通过这些无声的文字，才能穿透岁月的隔绝，大致勾勒出李三孤堆遭受劫难的情景。

李三孤堆劫难

  1931年夏季，我国南方大部地区遭遇大雨侵袭。6月28日至7月12日，持续约半个月的强降雨使众多地方的降雨量超过400毫米，部分地区一日内的降雨量甚至超过200毫米。7月18日至28日，沿江地带连续暴雨，安徽安庆暴雨如注，铜陵地区急雨连绵数十昼夜。7月底至8月15日，主要降雨区域北移至黄淮之间，多地房屋倒塌，庐舍被淹。

  地处淮河之畔的寿县遭受了水灾的严重冲击。连绵不断的暴雨和脆弱的防洪设施导致寿县及其周边地区沦为泽国。村庄被淹，房屋倒塌，农田损毁，灾民流离失所。由于当时社会动荡，救灾能力有限，加上多年战乱导致防洪设施久未修整，无法有效抵御如此规模的水患，灾情进一步恶化。

  1932年，旱灾接踵而至，土地龟裂，收成无望，民众生活陷入极度困窘。在这一历史背景下，李三孤堆墓不幸遭受首次盗掘。

  1933年春夏之交，当地乡绅朱鸿初以"救荒"为名召集劳力，干起了盗掘古墓的勾当。据称参加挖掘的工人有100多名，从4月13日（农历三月十九日）开始挖掘。挖掘行动持续了整整3个月，却还是一无所获。直到6月14日（农历五月二十二日），历经92天的挖掘才发现了铜器。

  据亲历者回忆，棺椁被安放在墓室中央，四周堆满了各式各样的陪

李三孤堆楚王墓示意图

葬品。从6月14日开始,铜器逐渐显露出来,随后越来越多,铜鼎、铜爵、石器、陶器不断现身……鉴于出土文物的丰富程度,有人猜测这并非一座墓葬,而是一座"窖库"。

盗掘过程中,朱鸿初急于将文物脱手换取资金,用于支付工人工资。他将包括16件铜鼎、8件石牛、5件铜爵在内的51件古物,以2995元的价格卖往蚌埠。此事传开后,各地文物贩子蜂拥而至,展开非法交易。在这些文物散落到平津等地的同时,这一"盗宝"事件也引发了社会各界关注,《皖北时报》和《北平晨报》都作了报道,一时"报章竞载,寰海喧腾"。

1933年7月5日《皖北时报》载——

> 寿县东乡朱家集近南,有俗称李三大孤堆一座,该集绅士朱鸿初于废历前五月掘得大批古物,计铜鼎十余对,重各百余斤,篆刻文迹模糊,惟"楚王"二字尚可辨识。余如铜质锅釜、金银玉翠各质古物亦数百余件,据说乃春秋楚国王墓。

1933 年 7 月 10 日《北平晨报》载——

> 最近寿县东乡朱家集……，集绅朱鸿初，鉴于各地偷盗古墓获利甚巨，乃于日前私雇工人若干名，夜间往李家大孤堆，实行开掘，竟发现惊人古物，内有每只重至一百余斤之铜鼎十余对，鼎上均刻有古篆字，惟"楚王"二字尚可认识，余均字迹模糊，不可稽考，据说乃春秋楚国王墓，究系楚之何王，无从查考。

此时，对于文物保护并非无法可依。1916 年，当时的国民政府内务部颁发了《保存古物暂行办法》。1928 年，又颁发了《名胜古迹古物保存条例》等法律规范，积累了制定文物法规的经验。同时，田野考古发掘已有序开展，也积累了考古发掘、古物保存的经验。

在理论和实践都具备了一定的经验后，1930 年，国民政府公布了近代中国第一部文物保护训令《古物保存法》，规定了以下若干事项：埋藏地下及由地下暴露地面之古物，概归国有；古物采掘机构在采掘前应呈请中央古物保管委员会审查，并获得执照，无执照而采掘古物以盗窃论；外国学术团体或专门人才参加考古发掘，应事先呈请核准等。

显而易见，发生在李三孤堆墓的"盗宝"事件，是不折不扣的违法行为。从暗流涌动的地下交易到报章媒体的纷纷发声，让国民政府不得不出面干预。时任安徽省第四行政督察区行政督察专员的席楚霖，据说对此案倍加关注，曾派员前往寿县清查收缴，下令不得再掘，并且命令将所有掘出来的古物全部送到县里，交古物保管委员会保管。

在此之前，被盗出的文物尤其是青铜器，有一部分已经被来自北平、天津、上海的文物商贩私下托人花钱购买了。禁令发布之后，这些文物贩子不甘心让煮熟的鸭子飞了，纷纷出高价雇用挑夫，借混乱之际，在夜色的掩护下，偷偷摸摸地把到手的古物及时运走。

而在当时的安徽省城安庆，不少文化界的知名人士都在密切关注李三孤堆出土文物的流向。

1933年7月，寿县地区发现古物的消息一经传出，当时的安徽省政府立即派遣安徽省立图书馆馆员刘复彭前往寿县展开专项调查。在经过一个多月的深入调查与实地走访后，刘复彭将考察情况详尽反馈给省政府。这一消息在省城迅速引发热议，并引起了文化界的高度关注。

1933年10月16日，安徽省政府秘字第八一二三号训令记载，李三孤堆墓所掘古物，除已被售出的51件外，剩余787件全部暂存于县政府。其中，原存寿县政府158件；棚头等交出629件，包括暂存于当地乡绅朱鸿初处的482件、朱家集小学的147件。

安徽省立图书馆馆长陈东原等学术界知名人士联名倡议，恳请省政府将这批古物全面运送至省城，交由省立图书馆负责保存，以便民众参观和研究。然而，寿县方面基于《古物保存法》，坚决不肯轻易让出这些文物，从而与省政府陷入数月的僵持状态。

经过一段时间的协商，双方最终达成共识：省政府追加挖掘工程的拨款，并同意寿县民众教育馆保留64件古物；余下的古物则被运送至省城安庆，存放于省立图书馆。

1934年2月7日，寿县楚器运抵安庆，并存放于省立图书馆。同年4月，得知部分楚器被私运至北平并企图售予外国人的消息后，省立图书馆馆长陈东原奔赴北平，成功购回了著名文物"楚王匜鼎"。随后，

位于寿县的安徽楚文化博物馆

省立图书馆对这批"楚器"进行了修复和妥善保管,并于1934年下半年向公众开放了"寿县古物室"。

1935年11月28日到1936年3月7日,为期14周的"伦敦中国艺术国际展览会"在英国伦敦举办,展出青铜器、瓷器、书画、玉器、漆器杂项、古籍等共计1023件。其中,安徽省立图书馆参展的4件青铜器,均来自寿县李三孤堆。这是中国艺术品第一次由官方组织走出国门,也是楚系文物第一次在国际展览中正式亮相。

盗掘风波平息之后,关于李三孤堆是墓葬还是窖库的争议,却没有结束。

1933年夏季,省立图书馆馆员刘复彭经过实地勘察,站到了窖库说一边。他明确表示:"现古物处所占空间有七八间房屋之大,四周架以巨木,内分三层,古物置于层间,状似库窖而非墓形。"

1934年初冬,来自中央研究院历史语言研究所考古组的李景聃,在考古调查后从理论上否定了李三孤堆是窖库的说法,认为它应该属于一座王级陵墓。他较为详细地整理了第一次被盗器物的情况,从而为以后的研究工作奠定了基础。

李景聃在寿县调查时还发现,当地对盗墓行为不以为怪。在往返朱家集途中,他经过东津渡、邱家岗一带,亲眼看到了几起盗墓活动。有一天下午,他在路上碰到一个当地人,扛着铁锹,"问何所自来,直答以挖墓,恬然不以为怪,绝未认此为作奸犯科,可怜亦复可恨"。

> 寿县自(民国)十一二年前淮河流域附近大批铜器出土,遂以铜器著闻于世。古董商人,争往购贩,是以农事闲暇,辄于附近隙地发掘古物,视同副业。
>
> (李景聃《寿县楚墓调查报告》)

李景聃的所见所闻,足见盗墓之风在当地盛行。

重归沉寂的李三孤堆,由于封土被破坏,早已失去了往昔的面貌。

鉴于挖掘禁令，先前大规模发掘所暴露的墓穴坑道已被重新封闭。剩有大量遗物继续被掩埋，客观上形成了第一次盗掘并没有完全挖尽墓中所藏的局面。然而，这些暂时得以保全的地下文物，却为李三孤堆的下一次劫难埋下了伏笔。

1938年，李三孤堆墓又一次遭到有组织、大规模的疯狂盗掘。盗掘现场的亲历者，也是指挥者之一邓峙一，时任国民革命军第十一集团军交际科长。在盗墓案发多年之后，他写了一篇名为《李品仙盗掘楚王墓亲历记》的回忆文章，对当年盗掘李三孤堆（文中称"李三古堆"）的情况进行了追溯。

在亲历记中，邓峙一不仅谈到了1933年的第一次盗掘，还提及了鲜为人知的第二次盗掘。

> 距离寿县60华里的朱家集，有个李三古堆，在朱家集东南约3华里左右的地方。1932年，当地发生了严重的灾荒，地方士绅认为，李三古堆绝不是一个寻常的古堆，其中必定埋有古物，都主张将那古堆开挖，如果挖出古物卖得了钱，即作为"救灾"之用。
>
> 至1935年，蒋作宾任安徽省主席时，该地乡、保长又发动一些人偷偷地挖出了数百件古物，但仍没有挖到棺材。
>
> （邓峙一《李品仙盗掘楚王墓亲历记》）

真假难辨的第二次盗掘，被邓峙一锁定在1935年。据民间传闻，此次盗掘活动仍由地方势力主导，他们采取了夜间行动、白天隐匿的盗掘方式。盗掘过程中采取"三步一齐走"的策略，即一边挖、一边分、一边卖，或者化整为零分别藏匿，以此规避风险。尽管他们陆续挖掘出数百件文物，但并未能深入墓室底部，也就是没见着棺材。

而发生在1938年冬季的盗掘，亲历者邓峙一在其记录中，将来龙去脉交代得清清楚楚，让人有身临其境之感。

> 1938年冬，李品仙的第十一集团军总司令部驻在寿县，所有寿县专区军政事宜，悉归管辖。当时寿县专员马吉第为了巩固他的地位，千方百计地讨好李品仙。他了解到李品仙既贪财又好玩古董，因而投其所好，把挖掘楚王墓的经过情况向李报告，并谓李三古堆里面还有不少古物，请李派人去挖。
>
> （邓峙一《李品仙盗掘楚王墓亲历记》）

李品仙在听取了马吉第的建议后，与参谋长何宣碰头，决定先派邓峙一前去查明情况，然后再作进一步的决定。邓峙一奉命前往朱家集，发现李三孤堆的周围已经被挖成了一个直径约10丈（1丈约合3.33米）的大圈，形成了一个大濠塘，塘水深丈余。通过向附近的村民了解，邓峙一发现实地情况和马吉第之前所述相差无几，于是返回总部，向李品仙作了汇报。

李品仙决定由邓峙一率领三个运输连前往朱家集展开发掘。但何宣对邓峙一有所疑虑，担心他会对发掘出的古物有所隐瞒，于是派出了自己的侍从副官傅笃生一同前往。名义上是协助邓峙一，实际上是监视他。

邓峙一和傅笃生带领运输连抵达朱家集后，第三天便开始了发掘工作。他们决定首先将濠塘的水抽干，然后再进行古墓的挖掘。他们向当地村民借来十多架水车，经过一个月的不停作业，终于将水抽干。

水被抽干后，四周泥土呈胶汁状，难以处理。从上方挖掘1丈多深后，发现下方土层坚硬如铁砂，再挖1尺（1尺约合0.33米）多深，又出现了白泥状土，和普通白泥不同，疑是人工加工的。此土胶性强，挖出时软，风干后硬，研碎即成粉。当挖掘到10多丈深时，他们终于挖到了棺材，以及包括铜铎、花石、铜鼎、大灯台、铜剑和一颗颜色鲜艳的绿色翡翠球等在内的大量陪葬品。

珍贵古物的出现，让邓峙一和傅笃生动起了小心思。二人商量不如先下手为强，私自留下一点，以免辛苦一场空手而归。果然，文物后来被李品仙和何宣瓜分，他们二人并未分得一星半点。何宣将分得的文物运回了湖南益阳，而李品仙则派人将文物运往香港存放。

> 挖出古物以后，我和傅笃生商量，这些古物如果完全交与李品仙、何宣，要想再分得一点都不可能了，不如先拿出一点，以免白白地辛苦一场。傅笃生很欢迎我的意见，遂拿出铜铎六个，每人分了三个。这些古物运回寿县总部时，李品仙和何宣非常欢喜，便商量如何瓜分。何宣提出除要那副棺材外，别的东西只要三分之一，其余三分之二的古物，全被李品仙所占有。果如我所料，一件也没有分给我和傅笃生。
>
> （邓峙一《李品仙盗掘楚王墓亲历记》）

邓峙一和傅笃生私分的铜铎，也叫"大铃"，是一种摇奏体鸣乐器，因为通常用青铜铸造，故而得名。铜铎有柄有舌，通过振动舌头发声。它常用于军队仪仗队中敲击，也用作祭祀器具，在西周时就已经出现，楚和吴越两文化区应是木柄铎产生和发展的关键区域。

> 我所得的三个铜铎，在抗战胜利后，两个卖给了广西绥靖公署经理处科长孙梓坚和梁文彬，另一个卖给了广西银行董事长黄钟岳，每个铜铎的价格约合黄金三两左右。那末，李品仙和何宣所分得的几百件古物，其价值究竟有多大，就很难估计了。
>
> （邓峙一《李品仙盗掘楚王墓亲历记》）

邓峙一的亲历记出炉时，盗掘案已经过去了20多年。在如此之长的时间跨度里，作为参与者与记录者的邓峙一，他的观察和记述都有可能受到多种因素的干扰。个人对历史事件的追溯，会受到个人视角、记忆重构、自我评价、知识储备等诸多方面的影响，所以有人质疑邓的亲历记就不足为怪了。

北京大学高崇文教授认为，目前对楚墓的了解，始于20世纪30年

李三孤堆现状

代安徽寿县朱家集李三孤堆。李三孤堆虽然被盗严重,却出土了近千件青铜器,包括70余件有铭文的楚国重器。"因其位于楚国最后的都城寿春之郊,专家推测墓主应是卒于公元前228年的楚幽王熊悍。"

之后,更多的考古发现在当年楚国势力范围内接踵而来。

> 1951年10月,考古学家夏鼐带队在长沙近郊进行古墓葬清理发掘,发掘多座东周楚墓,第一次发现完整的楚墓棺椁和楚国竹简。此后又有河南信阳长台观楚墓、淅川下寺楚墓,湖北荆州江陵楚墓、楚郢都纪南城、当阳赵家湖楚墓、大冶铜绿山古矿业遗址等发现,楚文化研究不断取得突破性进展。
>
> (高崇文《从考古资料看楚文化的影响》)

从李三孤堆遭受盗掘,到武王墩墓正式发掘,前后不到90年的时间。随着大量楚墓的考古发现,楚国的风貌通过不同类型的出土文物,栩栩如生地展现在世人的面前。这些文物不仅有精美的青铜器、玉器、漆器等艺术品,还有大量的文献典籍和日常生活用品。它们生动地反映了楚国的政治、经济、文化和社会生活等各个方面,让人们得以窥见这个传奇大国的真实面貌。

幽王与"铸客"

1938 年初,随着日军的空袭警报在安庆城上空响起,一场关乎楚器安危的紧急行动悄然展开。此时的安徽省政府与各厅局在慌乱中撤离,省立图书馆收藏的一批珍贵的楚国文物,正面临前所未有的威胁。

危急时刻,时任省立图书馆馆长的李辛白挺身而出。他深知这批文物的价值,更明白在国难当头之际保护它们的重大意义。于是,他迅速召集全馆人员,召开紧急会议,商讨保护措施。李辛白果断决定,在藏书楼后的空地上深掘坑洞,将这批楚器秘密埋藏,以确保它们的安全。

然而,这并非长久之计。李辛白又紧急致电中央博物院,请求援助。中央博物院接到求援电报后,迅速拨款并派人前往协助。在李辛白的周密安排和全馆同事的共同努力下,这批楚器最终得以安全转移至大后方重庆,与中央博物院及故宫博物院的珍贵文物一同保存。

然而,它们流离失所的艰难旅程远远没有就此结束。

1939 年,当日军轰炸重庆时,为了保护这些文物免受战火波及,工作人员不得不再次将它们转移。这次,它们被装上了平底船,沿着水路向宜宾进发。但滩多水浅的河道给运输带来了巨大困难,船只多次搁浅,文物在宜宾码头滞留了多日……

1958 年 9 月 17 日,毛泽东主席在视察安徽之际,特地来到了安徽省博物馆,参观了一件青铜大鼎。该鼎通高 1.13 米,口径 0.87 米,耳

李三孤堆出土的楚大鼎（安徽博物院藏）

高 0.36 米，腹围 2.90 米，深 0.52 米，足高 0.67 米，重 400 多千克。在参观过程中，毛泽东主席仔细观察了大鼎双耳上的花纹、口沿上的铭文和足部浮雕纹饰。在询问了大鼎的来历后，他还低头看了鼎的内部，诙谐地说，里面能煮一头牛。

这个能煮一头牛的鼎，因器形巨大、造型雄伟，被称为"楚大鼎"。它宏伟壮观，没有鼎盖，圆口方唇，沿口平展且略微外折，鼎颈两侧装饰着双耳，造型别致。鼎身布满了各式各样的纹饰，如菱形几何纹、浮雕漩涡纹等，散发着古朴的艺术气息。

楚大鼎在 1933 年李三孤堆墓遭遇第一次盗掘时出土，是所有被盗古物中最大、最重的一件。

1933 年到 1952 年，20 年间，楚大鼎和同期出土的楚器，沿着"寿县—安庆—重庆—宜宾—乐山—南京—芜湖—合肥"这一条令人意想不到的线路颠沛流离，饱经战乱与动荡，最终在安徽省博物馆安了家。

因避难奔波而伤痕累累的楚大鼎，尽管历经磨难，但经过精心修复，终于恢复了昔日的面貌。每当展出时，它都会引来观众的阵阵惊叹，被誉为安徽省博物馆的"镇馆之宝"。

在考古界对于楚国青铜礼器的认知进程中，寿县朱家集李三孤堆楚王墓的发现，具有开创性意义。包括楚大鼎在内的朱家集铜器群，不仅揭示了楚国文化的丰富内涵，还为楚文物研究提供了大量珍贵的实物样本。

1933年和1938年，地方豪绅及军阀对李三孤堆大墓进行了两次盗掘，导致大量珍贵文物流失。这些被盗掘的文物分售流散各地，使其收藏和著录变得异常困难。关于出土器物的具体数量，至今仍没有确切的统计。有说法称前后出土文物有3000余件，也有说是4000余件，甚至还有说是七八千件。然而，这些数字都只是事后的估计与推测，并不能准确反映当时出土文物的真实状况。

尽管李三孤堆大墓的盗掘对文物造成了不可挽回的损失，但1933年出土的铜器群仍被誉为20世纪考古的重大发现之一。同时，很多学者也把它们视作楚文化研究的起点。这些铜器不仅数量众多，而且种类丰富，包括青铜礼器、兵器、量器、工具以及玉器等。它们大规模集中出土，撩开了战国时期楚国风貌的神秘面纱。

山东大学教授路国权回忆，在北京大学攻读博士学位期间，他就专注于东周青铜容器的研究工作。为了深入研究，他系统地梳理了大量楚国的墓葬资料，因为在整个东周时期，楚国墓葬中出土的青铜器数量最多。"其中非常有名的、都会提到的，就是李三孤堆的楚王墓。"

在由700多件文物组成的朱家集铜器群中，有70多件器物上刻有铭文。从出土至今，对这些铭文的研究吸引了众多学者的参与。郭沫若、唐兰、胡光炜、刘节、徐中舒、李学勤、杨树达等古文字学家纷纷发表了自己的看法和研究成果，这些研究不仅深化了对楚国文字的认识，而且有助于了解和捕捉楚国王室成员、官府机构以及铸客冶师等多方面的信息。

对此，上海古籍出版社编审吴长青在《寿县李三孤堆楚器的研究与探索》一文中作了总结："诸器物上'楚王'刻铭的释读经过一段时间的争论和相持后，较新的成果是初步确定了李三孤堆铜器群中出有四代楚王器，即楚宣王、楚威王、楚考烈王、楚幽王，其中以楚幽王为最晚。而'太子和王后'刻铭的解释则各有两种意见，即太子为幽王之子或幽王，王后为考烈王后即李园之妹李后或幽王之后。"

通过对出土文物的铭文的比对、分析，结合历史记载、地理位置、墓葬规模与级别等多方面的证据，多数学者初步确定，寿县李三孤堆墓的墓主为楚幽王。

楚幽王熊悍，是战国末年楚国的一位国君，为楚考烈王之子。在楚考烈王去世后，他继承了王位，执掌楚国十年。那么，他的墓葬规制呈现了怎样的面貌？

厦门大学教授张闻捷曾撰文指出："即使到了战国末年，幽王墓中的铜器数量也是比较遵循楚国固有的礼制规范的，尽管这其中有许多是

李三孤堆出土的青铜敦（安徽博物院藏）

借用了他人之器拼凑而成。"至于为什么借用,张闻捷认为实属无奈之举。

> 徙都寿春后,楚国国势日益衰微,铜绿山等重要的铜矿资源地也落入敌手,虽然幽王三年的战争胜利取得了一定的铜矿(战获兵铜),使得楚王室能够铸造一批急需的青铜礼器(铸客款铜器),但仍然是"入不敷出",难以涵盖所有的礼制要求,最后在丧葬活动中不得不兼用先祖、王后之物来凑足应有之数。
>
> (张闻捷《寿县楚王墓的礼器组合研究》)

关于楚幽王的身世,历史上留存着一个惊人的说法——楚幽王并不是楚考烈王的亲生子,而是春申君黄歇的私生子。这一说法主要来自司马迁的《史记》。尽管它并未得到确凿的证据支持,但如同一股暗流,在历史的长河中流传至今。

在李三孤堆墓的墓主身份大致尘埃落定之际,一位工匠的身份还在引发人们持久的猜测与争议。在楚大鼎的鼎口平沿,刻有12字铭文。由于铭文的开头为"铸客"两字,所以依据惯例,这件铜鼎也就被称为"铸客大鼎"。

带有"铸客"字样的铜器,绝不仅限于"铸客大鼎"。在朱家集出土的带铭文铜器中,与"铸客"或"铸器客"有关的铸客类器数量最多。这就带来了另一个有关身份的问题:"铸客"到底是谁?

关于铸客的身份,多数学者依据"客"的释义,结合楚国相关文献中的"门客"以及楚国重视从北方各国招徕能工巧匠的传统,认定他们是别国来楚的铸造专家。

历史学家杨宽在其《战国史》中解释,这些个体手工业者有时也被官府所雇用,在楚国铜器铭文中常见有所谓"铸客",应该是这种被雇用的个体手工业者。这些个体手工业者,当时或被称为"百工",或被称为"工肆之人"。

杨宽之见代表主流看法，即"铸客"是从其他诸侯国请来的工匠。这也许还能说明，战国时期的工匠已经不再是王公家室的附属物，他们的身份相对自由，可以在不同国家之间流动。

吴长青通过对李三孤堆楚器的研究，也表达了类似的观点："在70余件有铭器物中，铸客之器有36件，冶师有16件。铸客、冶师是当时聘募而来的冶铸工匠，从铭文看，其中还有来自他国的工匠。这些都促进了我们对于战国时期各国铸铜作坊的工匠流通情况及其管理制度的了解。"

供职于安徽博物院的孟倩，占地利之便，可以和铜器群近距离接触。她认为把"铸客"解释为来自别国的工匠，这种观点缺乏直接证据。鉴于目前"铸客"仅见于李三孤堆楚王墓出土的铜器铭文中，未见于史书及考古出土的竹简记载，在其他诸侯国的铜器铭文中也无发现，她提出了"铸客身份可能还有另一种指向"，即"身份高于冶师与佐的掌管铸造的楚人职官，其所铸器物的使用机构大多为与饮食相关的内府机构，服务对象为楚国王室成员"。

然而，众多学者解读"铸客"，不仅关系到对他们身份的认定，还希望能从他们的身上看到楚国铸造业在工匠制度上的投影。

学者刘节和徐中舒认为，铸客乃是在楚国手工业作坊中做工的他国工匠。楚国的铸造技术原本是极为发达的，在国势衰微后，居然要请他国的工匠为王室铸造器物，且铸造的水平并不高明，可见郢都的陷落对楚国造成的影响是沉重而深远的。

对此，张宏杰分析，秦军破郢，"除了掠走大量财宝，秦人更有破坏力的掳掠是工匠。秦国军队撤退时，带走了楚国都城所有能找到的工匠"。而郢都的失陷，则意味着楚国丧失了半壁江山。"30多年后，为了远离秦国的兵锋，楚国又一次迁都到寿春。考古学家发现，在楚国迁都后，楚国的工艺技术出现了明显的倒退。"

张宏杰进一步阐述，在古代，经验和技术是在工匠之间一代代口耳相传的，工匠们的个体生命和一个国家的生产力水平紧密地结合在一起。失去了一流的工匠，楚国的物质生产能力迅速丧失。以寿县李三孤堆古墓为例，这座墓葬中的青铜器铸造简陋，"不见被曾侯乙墓青铜器广泛利用的镂空透雕与嵌错装饰技巧"，"与以前的楚国文物相比，大为逊色"。

据铭文分析，由"铸客"为"王后六室"所铸的青铜器多达19件，其中包括体形仅次于后母戊大鼎的铸客大鼎。此鼎高113厘米，口径87厘米，重约400千克，是我国目前已出土的第二大青铜鼎。虽然鼎体雄伟，鼎足粗壮，但已不见繁密细致的纹饰和镂空透雕的部件。

（张宏杰《楚国兴亡史：华夏文明的开拓与融合》）

朱家集出土的铜器群，犹如历史的低语者，向人们讲述着楚幽王与铸客的传说，也折射出楚国此时的气数与国运。随着楚都东迁，一流工匠的流失，曾经辉煌的青铜铸造技艺也许真的渐行渐远。然而，即便是诞生在楚国晚期，那些为后人存留的青铜器，依然熠熠生辉，以与生俱来的繁华余韵，默默诉说着楚国的传奇。

漂移的郢都

　　公元前 248 年，正值春夏交替之际，黄淮流域的上空笼罩着难以名状的异样氛围。

　　一场罕见的日食突如其来，使原本明亮的白昼逐渐陷入昏暗。太阳仿佛被某种神秘力量缓缓吞噬，渐渐消失在天际。这场诡异的日食，给中原大地带来了前所未有的恐慌与不安。民间谣言四起，一时人心惶惶。

　　正是在这天象异常之年，秦相吕不韦派遣蒙骜率领秦军大举进攻赵国，战火在榆次、狼孟一带迅速点燃。与此同时，在楚国的政治舞台上，一幕重要的搬迁大剧也上演了。楚国令尹春申君黄歇，突然向楚王提出更换封地的动议。

　　史书上说，春申君的请求事出有因。他之所以献出了自己原先的封地淮北十二县，希望改封到江东之地，是因为他感受到了巨大的压力：淮北靠近强大的齐国，局势日趋紧张。如果将这一边境重地划归郡治，由国家直接管理，则更有利于楚国的安全。楚王权衡利弊后，同意了春申君的请求。

　　七年之后，即公元前 241 年，楚国又上演了一幕更为重要的迁徙大剧——迁都寿春。对于这一出历史剧目，史书记载为"东徙都寿春，命曰郢"，就是说楚都东迁到寿春了，把新都命名为寿郢。而正是这次迁都，给后世留下了许多未解之谜。

最引人瞩目的悬案，便是春申君的封地与楚国迁都之间的关系。《安徽建置沿革》一书记载："寿春邑最初是战国四君之一的楚春申君所建的采邑。"若按此记载推测，黄歇受封淮北十二县时，便已在寿春建立了自己的采邑，以此作为淮北封地的政治、经济中心。这不禁让人疑惑：寿春究竟位于何处，是在淮河之北还是在淮河之南？难道淮河曾经改道，当年是从寿春的南面流过的吗？

另一个长久不散的谜团，则是关于寿春邑的确切位置。史上关于春申君都邑寿春所在地，存在三种不同的说法：一说位于寿县县治，一说位于今寿县城西40里处，还有一说位于今寿县西南40里之丰庄铺。

学者后来趋向于认为，春申君的寿春邑很可能位于今天寿县城的东南部，甚至包括今天县城的一部分区域。受限于历史资料，它的确切位置仍然是一个悬而未决的问题。

除此之外，春申君的寿春邑与后来的楚都寿郢之间的关系也一样扑朔迷离。在楚国迁都之前，寿春城是否已经形成？寿春这个名字是否已

寿春城遗址

经出现？会不会还有另一种可能：春申君自己将寿春邑扩大了，筑成了后来的楚都呢？

围绕两次迁徙和一座城，一系列的问题困扰着古今学者，揭开真相的使命延续到了今天。然而，考古工作者对楚都寿春城的考古调查，同样一波三折。

早在1983年，安徽省文物工作队与寿县博物馆便联手成立了楚都寿春城遗址调查小组，展开了首次考古调查。经过半年的工作，调查小组初步认为楚寿春城可能位于今县城东南，甚至包括县城的一部分。然而，他们也坦诚地表示："严格地说，对它的范围、内涵还处于一无所知的阶段。"

1985年，柏家台大型建筑基址的发现，成为确定寿春城遗址位置的核心证据。

从1987年5月开始，考古工作组借助遥感、物探等现代技术，对城垣范围、护城河以及城内河网布局等核心问题进行了初步推测和界定，在1991年确定了楚都寿春城的范围，推测寿春城东西长约6.2千米，南北宽约4.25千米，总面积约26.35平方千米。

这一结论，一度成为学界的主流观点。

那么，楚都寿春的轮廓，真的变得清晰起来了吗？

遥感技术和物探技术在国内考古中的应用，最早可以追溯到20世纪60年代。遥感技术在考古中的最初功能，是利用不同频段、不同分辨率的遥感图像，获取考古遗址的地表信息，如地形、地貌、植被、土壤等，进而确定某一地区是否存在考古遗址；而物探技术之于考古的重要作用，主要表现在地下遗址探查和古墓探查方面。

遥感技术和物探技术虽然在考古学中具有重要的应用价值，但并不能代替传统的考古调查，尤其是在技术还不够完善的时期。遥感技术在探测被沙土、石、植被、水等覆盖的文化遗址时存在困难，且对于埋藏相对较深的地下遗存探测能力有限；物探技术在考古勘探中具有快速、非破坏性的优势，然而容易受到地面复杂条件的影响，从而降低了稳

寿县城楼

定性。

  20世纪80年代，遥感技术和物探技术虽然已经取得了一定的进展，但存在许多技术上的限制和不足之处。因此，它们在楚都寿春城遗址中的应用结果，需要经过实地考古调查的检验。

  2001年，安徽省文物考古研究所与北京大学考古文博学院合作，寿春城考古重启。这时一个令人尴尬的局面出现了——前面所描述的城垣、城门和重要的夯土台基等遗迹，在实地的田野调查中却无迹可寻！

  随后，经过近三年的主动性考古，工作队基本否定了外郭城垣遗迹的存在。通过对蔡国"下蔡城""州来城"的地望进行分析，工作队推测州来、下蔡和楚都寿春城均位于今寿县城内，并提出今天的寿县古城为楚都寿春城的宫城或内城，以"柏家台—邢家庄—邱家花园"一线为功能性大型建筑区。

  2019年，为配合寿县古城西南拐角塘的环境整治工程，考古人员在此进行了小规模的考古发掘。发掘区内文化层堆积丰厚且层次分明，时代特征鲜明且连续性强，从战国早中期一直延续至魏晋隋唐时期。其中最为重要的发现是两处夯土基址的出土，从层位关系来看，它们被战国晚期的遗迹打破，叠压在战国早期的堆积单位之上。此外，夯土基址的南侧还发现了同时期的窑址区，为进一步研究提供了宝贵的线索。

> 这批战国早中期的大型夯土建筑基址和窑址是寿春城遗址范围内的首次发现，从遗存年代与历史记载对比角度来说，一方面为探索下蔡城提供了重要线索，另一方面也为探讨楚灭蔡以后对下蔡城的经略提供了新视角。
>
> （蔡波涛《楚都·楚城·楚墓——安徽地区楚文化研究三题》）

寿春城遗址所在的区域，原先是淮夷族群生活地，它承载着历史沿革的丰富信息。早在先秦时期，它的行政归属关系就处于不断变化之中——

西周时期，这里就封有一个方国叫"州来"；公元前622年，楚国征服六国和蓼国，寿地成为楚国的一部分；公元前529年，吴国攻克州来，占领了寿地；公元前493年，蔡国为躲避楚国的威胁，求助于吴国，并迁都至州来，州来因此更名为下蔡，寿地也随之成为蔡国的领土；公元前447年，楚国消灭了蔡国，寿地再次回到楚国的怀抱；公元前241年，楚国决定将都城东迁至寿春，并称之为郢。

> 春秋战国时期，随着楚国向四周扩张，楚文化不断统一着长江中游及淮河流域，对周边地区也有强烈影响。汉淮间诸国原本属于周文化系统，至春秋中期开始逐渐楚化，融入楚文化之中。淮河下游群舒文化至晚在春秋晚期也渐变成楚文化。
>
> （高崇文《从考古资料看楚文化的影响》）

面对两周时期这片土地上的沧桑变迁，今天的考古工作者正试图以"州来城—下蔡城—寿春城"的城市演变史，来揭示这座古今重叠型城市的前世今生。

高等级墓葬区

寻找楚都寿春城的下落,实际上是在探寻楚国历史的一个重要篇章,也是在追寻"郢"这个历史符号的价值和归宿。

"郢"这个字,最早出现在西周时期的金文之中。它是由甲骨文中的"呈"和"邑"结合而成的。这里的"呈"代表着"王",而"邑"则意味着城市或地区。二者结合,暗含了"王之城"的含义。《孟子》称文王"生于岐周,卒于毕郢",郢在此代表王畿。由此可见,"郢"字表示国王的居所。

具体到楚国,一种普遍的说法认为,"郢"这个名称体现了楚国自主性的决心。周王室分封天下时,各诸侯国通常要接受周王室的册封,这是一种政治上的认可和尊荣。楚国因为地处偏僻,没有被周天子授予"尊号"。楚武王对此感到不满,将国都命名为"郢",显示自立为王的意图。

文字与文字之外的种种说法与解释,让"郢"这个符号有了不同于一般都城的复杂含义,同时生发出以下一系列的历史事件与话题。

郢:它不仅是一个古地名,也是楚国都城的统称,类似于"京"。学界既然普遍认同"郢"不是指一座城市,那么对郢的地望就有了不同的意见,其中最有代表性的说法,即战国时期的楚国都城纪郢。

郢都纪南城:地处江汉平原,毗邻长江与云梦泽,以其得天独厚的地理环境和交通条件见证了楚国的强大与繁荣，成为楚国时代风华的象征。

白起拔郢：成也郢都，败也郢都。公元前278年，秦将白起攻占郢都，结束了楚国的繁华盛世。以楚顷襄王偕文武百官弃郢出逃、迁立新都为拐点，楚国踏上由盛及衰的不归路。

哀郢：在这一历史背景下，楚国诗人屈原悲愤地写下了《哀郢》，表达了对楚国都城沦陷的深切哀悼。

郢都迁移：白起攻破楚国郢都，楚顷襄王被迫退守陈城（今河南淮阳），将陈作为都城，这是楚国为了躲避秦国的攻击而作出的重要战略调整；在陈作为都城一段时间后，由于秦军的进一步攻击，楚考烈王于公元前253年迁都至巨阳（今安徽阜阳北）；公元前241年，楚考烈王为了躲避秦国的兵锋，又迁都至寿春（今安徽寿县）。

寿郢：寿春作为楚国的最后一个都城，历时19年。公元前223年楚国被秦国所灭。

郢都东迁是楚国为了生存而作出的无奈选择。而作为郢都终点站的寿春，在见证楚国日薄西山的同时，也为这个走向消亡的南方大国留下了丰厚的文化遗产。

楚国对江淮地区的开发历程波澜壮阔，选择寿春为都城体现了统治者深远的战略考量。

春秋战国之交，楚国关注江淮地区发展，孙叔敖整治陂塘灌溉系统，推动农业生产变革，为楚国经济奠定坚实基础。战国中期，楚国在江淮地区深入经营，设立"菑苴之田"经济区，优化农业布局，改进耕作技术，提升农业生产能力。楚国还注重水利建设，修建了安丰塘等工程，从而保障农业生产稳定，注入发展活力。

寿春位于江淮中心区域，交通便利，地势平坦，气候适宜。此地北依淮河，南控长江，进可攻退可守，是战略要地。楚国迁都至此，便于调度资源，巩固统治地位。

考古成果揭示了楚国在江淮地区的发展历程，寿县邱家花园出土的鄂君启节等文物，证明了楚国在政治、经济、文化等方面的影响力，并为研究楚国历史提供了重要资料。

> 考古发现显示寿春城由一系列遗址构成，如柏家台一带高等级建筑基址群、寿滨小城、西南小城（文献记载推测为春申君所居）、出土多件龙纹玉璧的状元一号玉器窖藏、出土著名的楚国免税通关证书——鄂君启节的邱家花园遗址、出土18整版楚国金币"郢爰"的花园村遗址、牛尾岗制陶作坊遗址、楚国中小型墓葬分布区、位于瓦埠湖东侧的楚国高等级贵族墓葬分布区等等。
>
> （徐良高、宫希成《武王墩墓史学价值的初步认识》）

武王墩主墓在发掘之前，比周围的地面高出13米左右。从近距离看，它当然是孤峰独立。然而，如果以它为原点，从方圆几十里的范围来看，它又处于怎样的空间格局之中呢？

武王墩楚王陵与寿春城遗址空间位置示意图

从地理位置上看，武王墩北依舜耕山，南边为开阔的平地，西侧为南北向的瓦埠湖；瓦埠湖北端西侧，即为历史上著名的楚都寿春城所在地。由此可见，这座古墓不仅承载着厚重的历史，还与周边的自然山水和遗址遗存一起构成了一幅独特的空间画卷。

20世纪80年代，在武王墩以南的杨公地区，曾发掘出9座战国晚期的高等级楚墓。结合全国文物普查的资料，可以确定在寿春城以东约200平方千米的区域内，是高等级楚墓的分布区。

淮南"老文博"沈汗青指出，楚国的贵族墓葬群在当地形成了一个耳形的墓葬区域。关于这个耳状区域的具体分布情况，他进一步解释，舜耕山的山脉构成了该区域的最北端，而南部则延伸至瓦埠湖的北岸，东侧到达淮南市的最东端孔店乡，西侧则抵达寿县寿春城的东侧，形成了一个广阔的分布范围。

沈汗青还进一步指出，近几十年来的发掘资料可以证实这一区域内存在一个高等级的楚墓区。

所谓高等级贵族墓，是指那些规模较大、陪葬品丰富、墓主人身份地位显赫的墓葬。它们一般都有较高的封土堆。如此众多的高等级贵族楚墓，在200平方千米的区域集中出现，绝非偶然。它们和楚都寿春城有着千丝万缕的联系。

> 大别山以东的淮河中游与长江下游一带，含今安徽中南部等地。目前已发掘的楚墓……绝大多数属战国晚期，极少数可上溯至战国早中期。这与文献中记载的战国时期楚人的东进及战国晚期楚都东迁的情况是一致的。
>
> （中国社会科学院考古研究所《中国考古学·两周卷》）

在沈汗青看来，淮南地区高等级楚墓区，总体上呈现一种带有中轴线的分布特征。具体而言，李三孤堆墓与武王墩在南北方向上呈现一条中轴线，两者之间的距离大约为15千米。李三孤堆坐落于瓦埠湖畔，

淮南地区高等级楚墓区布局图

而武王墩则独立于舜耕山下。沿着"武王墩—李三孤堆"的中轴线，其他贵族墓葬呈两翼展开。

寿春城一带的战国晚期墓葬，原本都属于楚都寿郢的疆域，近百年来却一度分属淮南、寿县、长丰三地。寿县有战国时期楚国中小墓葬群，淮南拥有高等级墓葬群的主要部分，合肥长丰县则管理着另一部分。

随着2005年淮南从合肥长丰县划转了7个乡镇以及2015年寿县并入淮南市版图，这里的楚国晚期高等级墓葬得以合并，实现了2000多年前楚国文化遗产中的都城、各类遗址与墓葬区的整合。集楚风汉韵于一身的淮南，也当仁不让地成了安徽的文物大市。

其中，被认为是楚幽王墓的李三孤堆，早已被确定为楚国最高规格的王级墓葬。从被盗掘的那一年开始，关于它的话题就一直热度不减。

武王墩墓考古队领队宫希成提及，在数十年前，他所在的安徽省考古研究所曾对李三孤堆进行了一系列基础的考古工作（这些工作包括勘探和局部区域清理），从而对该墓葬的尺寸有了初步的了解和数据记录。经过多年的研究，省考古研究所认为这座墓葬的墓主极有可能是楚幽王,这一观点得到了大多数学者的认同。

据曾经主持李三孤堆考古调查的李德文披露,1981年4月,通过对李三孤堆楚王墓进行钻探,发现该墓为一长方形土坑竖穴木椁墓,墓道向东,长约15米,宽约9米。在墓周200米内,没有发现车马坑或陪葬墓。这座墓的形制、结构,同该地区已发掘的11座墓大体相同。

1934年底,李景聃在调查中发现,朱鸿初在盗掘李三孤堆大墓时,从河南邀请了3位"墓师"。这些所谓"墓师"即盗墓人员。挖掘时首先从四面寻找墓壁,然后进行深挖。墓坑上有封土,高度约为2米,周长超过300米,直径约90米。

有专家推测,李三孤堆这座大墓的封土原来为圆形,封土覆盖面积在1万平方米左右,原高在10米以上。

就封土规模而言,武王墩与李三孤堆体量相当;就墓葬的结构而言,武王墩更是有过之而无不及。结合武王墩墓葬的追缴文物和两次勘测成果,难怪有那么多人深信不疑——武王墩的主人也是楚国的王!

宫希成指出,相较于楚幽王墓,武王墩在规模和结构上均更为宏大。同时,这两座墓葬又同处于一个大的墓区之内,即均位于楚国高等级墓葬区的分布范围之内。关于武王墩,他进一步说明,通过追缴回来的文物以及对该墓葬结构的分析判断,可以确信它是一座楚国王级墓葬。

结合空中航拍与地下勘测可以发现,武王墩主墓位于陵园北部居中,墓道朝东,延长线正对舜耕山山体东翼尖端,寿春城在陵园西部。武王墩陵园与主墓的选址和布局,体现了其与舜耕山、岗地、寿春城等的空间格局。有人认为它与秦始皇陵、咸阳城、骊山的空间关系相似,反映了战国晚期高层级的空间规划思想。

以武王墩主墓为中心,通过测绘可以发现,寿春城遗址、李三孤堆墓和舜耕山山体东翼尖端,三者呈等距离分布;而李三孤堆墓与武王墩不仅大体处于同一岗阜之上,而且大致处于武王墩陵园南、北围沟豁口连接线的南北延长线上。由此或可推测,武王墩陵园的选址及其建造,很可能是楚国寿春城都城区空间规划和礼制景观的核心部分。

位于武王墩西侧的瓦埠湖

武王墩、李三孤堆大墓正是楚国高等级贵族墓葬中最突出的大墓。楚国建都寿春虽不足20年,但这些遗存无不显示一种王都气象。武王墩大墓的发掘提供了探讨寿春城结构布局、确定寿春城性质与地位的关键信息。

(徐良高、宫希成《武王墩墓史学价值的初步认识》)

在楚都寿春这片古老的土地上,楚墓犹如时光留下的印记,默默诉说着楚国的传奇。由于时间久远和考古资料的匮乏,高等级楚墓,尤其是楚王一级的墓葬,其真实面貌始终被重重迷雾笼罩。李三孤堆墓虽然长期备受瞩目,但由于经过了野蛮的盗掘,其墓葬形制、结构等核心问题仍然扑朔迷离。

而武王墩大墓的发掘如同破晓之光,给考古界带来了揭开楚王级墓葬神秘面纱的希望。通过科学发掘与研究,人们能够了解这座主墓的构造与布局,进而还原出当时的历史现场。这不仅有助于深化人们对楚国丧葬制度、社会文化以及宫廷生活等方面的认识,也将为后续的历史研究和文物保护提供宝贵的资料与依据。

众多学者将目光投向了武王墩，试图从中深入解读楚国墓葬制度，揭示楚国历史文化的丰富内涵。

武王墩

第四章

千年古乐,穿越时空;一钟双音,奇技惊世。悠扬悦耳的先秦乐钟,宛如历史的细语,一声声地拨动着时光的琴弦,将沉睡已久的往昔缓缓唤醒。从曾侯乙到武王墩,古墓葬中隐匿的编钟重见天日,不仅让古代乐钟的绝世风华再度奏响,还引发了我们对楚国独有的铸造工艺与青铜艺术的无限遐想。这些珍贵的乐器,如同一扇扇通往古代的窗户。通过它们,我们不仅得以窥见墓主显赫的身份与地位,而且可以深入了解先秦乐制的传承与演变。

双音钟醒来

一钟双音

这是一个几近销声匿迹却终得重见天日的音乐传奇。

1978年，在湖北随县擂鼓墩一号墓中，一套规模宏大的编钟被发掘出土，其数量之多、保存之完好，世所罕见。这一重大发现一经公布，立即在学术界引起了巨大的轰动。

这一惊世的考古发现，始于一个偶然的施工过程。1977年秋，解放军某部在擂鼓墩东团坡一带进行厂房建设时，无意中发现了这座墓葬的踪迹。随着考古队的介入，一场有组织的发掘工作随即展开。

经过数月的勘探和准备，1978年5月，考古队正式开始了对墓葬的发掘。考古队员小心翼翼地清理掉墓室内的积水和淤泥，一套壮观的编钟逐渐显露出它的真容。这套编钟被精心地放置在墓室的中室西侧和南侧，仿佛一直在等待着被唤醒的时刻。

随着发掘的深入，人们惊讶地发现，编钟包括甬钟45件、钮钟19件以及镈钟1件，共计65件，规模之大前所未有。编钟铸造工艺出色，上面还刻有精美的花纹和铭文。令人惊叹的是，这套编钟音律准确，每件钟都能发出不同的音高，组合起来可以演奏出美妙的音乐。

更为神奇的是，"一钟双音"的奇特现象在这套编钟上得到了验证。每件钟在钟壳的不同部位都能敲出两个不同高度的音，且这两个音构成三度谐和关系。这种双音钟的铸造技术，曾在历史文献中有所记载，但

曾侯乙编钟

在秦汉之际就已经失传。而随着这套编钟的出土,"一钟双音"的传说终于得以证实。

根据墓中的铭文和出土文物,考古专家确认这座墓葬的主人为战国初年的曾侯乙。中室出土的镈钟上的铭文,记载了楚惠王熊章在其执政五十六年之际,将镈钟赠予曾侯乙,以作为宗庙祭祀之用的重要史实,从一个侧面为曾侯乙墓提供了时间坐标。也就是说,曾侯乙墓下葬年代的上限,不会超过楚惠王五十六年即公元前433年。结合墓葬形制、出土文物特征和放射性碳素测定的数据综合分析,墓主曾侯乙下葬年代为战国早期。

武王墩考古队员柴政良,曾经探寻过曾国乐钟与葬钟制度的关系。他在论文中写道:"周代的礼乐制度体现在其器用制度上,形成了以组合编钟为代表的周代礼乐器组合。曾国作为'考古发掘出的诸侯国',其墓葬中随葬的青铜乐钟及其组合,为讨论曾国礼乐制度和复原曾国历史文化提供了重要依据。"

曾侯乙编钟的发掘，不仅让人们领略了古代音乐文化的魅力，而且助推了中国音乐考古从萌芽期走向幼苗期。

> 曾侯乙是春秋战国之际受到南方大国楚国保护的曾国君王，他所铸编钟恰好处于编钟发展史上的鼎盛阶段，其时正是我国历史上一个社会大变革的伟大时代，也是我国青铜文化发展史上第二个高峰期。因此，曾侯乙墓为后人留下这样一套规模空前的古乐器，在我国已出土数以千计的编钟中无与伦比。
>
> （谭维四《曾侯乙墓》）

相比战国早期的曾侯乙编钟，武王墩编钟的规模、数量和精美程度都不可同日而语。作为楚国王级大墓出土的文物，武王墩编钟却是研究战国时期楚国音乐文化、礼仪制度以及青铜铸造工艺的重要实物资料。武王墩编钟不仅反映了战国晚期楚国王室的生活风貌，还为我们提供了了解楚国音乐史和礼乐制度的宝贵线索，本身具有独特的历史文化价值、艺术审美价值和科学研究价值。

比如，通过对武王墩编钟的测音和研究，科学家可以了解古代音乐的音律、音阶、演奏方式的发展变化，为音乐史、声学史的研究提供重要依据。同时，对这些编钟的材质、铸造工艺等方面的研究，也有助于我们深入了解战国时期的青铜铸造技术的演变。

2021年早春，厦门大学教授张闻捷又一次来到淮南。这一次他不仅带来了精通音乐的帮手，还带来了专业的测试仪器。从器用制度的角度考察社会等级制度，是张闻捷的专长。作为武王墩考古队的一员，他此行的主要目的，是采集武王墩墓编钟的测试数据。

对于编钟音乐性能的评测，考古界早有规范的方法。它要求评测人员具有良好的听力，掌握基本乐理知识，能熟练操作检测仪器。张闻捷显然是有备而来的。他不仅挑选了乐感出众的弟子，还直接找来了音乐

张闻捷（右一）率团队进行武王墩编钟定音测试

学院的高才生。

作为厦门大学的博士研究生，柴政良对武王墩墓中出土的编钟保存状况给予了较高评价。他说，在已发现的所有编钟中，武王墩墓的编钟保存情况属于上乘。这些编钟几乎未受到锈蚀和破损，尤其是那些被成功追回的编钟，其整体保存状况依然相当良好。

在警方追缴的武王墩文物中，两组编钟均为青铜钮钟，且保存基本完好。钮钟是战国中晚期最常见的编钟，是先秦编钟家族中的"小字辈"，属于金类击奏乐器，具有合瓦形钟体。其特点是在舞上置钮以直悬击奏，也就是钟的顶部有一个鼻子或挂环，可以悬挂在架子上进行击奏。

对于中国古代悬挂式钟与插植式钟的区别，中国科学院研究员戴念祖在其所著的《文物中的物理》一书中，有如下阐释：

一般所说的钟或编钟，是悬挂式敲击发声的乐器，用于悬挂的钟柄有甬与钮之区别，故又有"甬钟"或"钮钟"之名。"庸"或"铙"是插植式敲击发声的，其钟柄中空，可以插立并固定于预先制备的木桩上。它与悬挂式钟的区别在于：前者钟口朝上，后者钟口朝下。

编钟在形制方面，与圆形的西洋钟不同。甬钟和钮钟是合瓦形腔体，早先的镈钟截面是椭方形的，与合瓦形的甬钟并不一样；到了春秋时期，除了秦镈还坚守着古老的西周镈钟样式，东方国家的镈钟早已演变成合瓦形了。那么，合瓦形的编钟会给我们带来怎样的听觉感受呢？

在一个安静的空间里，武王墩出土的编钟各就各位。

这是一个值得期待的时刻——缄默已久的青铜钮钟，经历2200多年，会给今天带来怎样的声响？

一槌落下，它发出了一个音。

再一槌，它发出了另一个音。

同一只钟，敲击的位置不同，声音竟然会不一样。一种是钟口弧形的中央发出的"正鼓音"，另一种是弧形一侧发出的"侧鼓音"。

武王墩编钟

双音钟！这就是合瓦形编钟的神奇所在，它通过形制与工艺的巧思妙构，成就了青铜乐器的一钟双音。

成编的青铜乐钟是古代中国的伟大发明。然而在秦汉以后，由于铸钟技术和钟类乐器的衰落，先秦的双音钟如同古老的传说渐渐从世间消隐。虽然宋人曾经注意到先秦编钟中的一些侧鼓标记，但是在以后更漫长的岁月里，人们不再知晓祖先曾经有过双音钟。

> 或许由于时间太久远了，或许由于先秦典籍中未曾留下有关双音钟的发明和应用的记载，因此，当1977年，音乐家和乐律学家吕骥、黄翔鹏、王湘先生等组成的小组，到陕、甘、晋、豫等地进行音乐文物的测音调查，偶然敲击编钟的侧鼓而听到一个与正鼓音不同高度的乐音时，几乎不敢相信自己的耳朵。
>
> （戴念祖《文物中的物理》）

每一位调音者对于亲耳听到一钟双音都感到惊讶和不解，就连中国音乐史学家黄翔鹏首次提出一钟双音的见解时，也遭到了音乐界的质疑。他在文章中写道："实际调查中，一般钟体正鼓部的内侧和左右鼓部（今称侧鼓）的内侧都有调音时留下的锉痕。可见，不仅是正鼓音经过了音高调整，侧鼓音同样也经过了音高的调整。从而完全断定侧鼓音是古人有目的按程序在钟体上刻意求得的另一个乐音。"然而这个关于双音钟的超前发现，并没有被杂志社接受。正式发表的文章完全删去了黄翔鹏对一钟双音的敏感预见与大胆判断。

直到1978年曾侯乙编钟横空出世，无论是通过测音还是考察编钟铭文的标注，一钟双音都是耳听、眼见的事实。

中国编钟与欧洲的圆形编钟或教堂钟之间存在明显的差异，这些差异不仅在于形状和结构，还在于它们独特的发声特性。正是因为有了这些区别，才能令人信服地解释，为什么中国编钟才适宜音乐演奏而欧洲的教堂钟却不能作为乐器使用。

宋代学者沈括在《梦溪笔谈》中对此作了很好的阐述。他以简洁的笔触点出了一个真切的道理，"盖钟圆则声长，扁则声短"。圆形钟由于发声长，衰减慢，在快速旋律中就会产生声干扰，声音晃晃，清浊不可辨，因而不成音律；"扁如合瓦"、截面近似椭圆的钟，发声短，衰减快，因此可以满足一定的节奏和中速旋律的要求。

> 先秦乐钟多呈合瓦形，按照悬挂部位、钟口形态、演奏功能的不同可以分为甬钟、钮钟、镈钟三类。以甬钟为例，乐钟钟体由如下几个部分组成：甬部、旋部、幹部、舞部、钲部、篆带、枚、鼓部，完备的分区是乐钟发展成熟的标志。甬钟通过旋部上的幹进行悬挂，镈钟及钮钟则通过舞部上方的钮进行悬挂；乐钟舞部一般为平舞，部分乐钟舞上有纹饰；钲部在乐钟正中，部分乐钟钲部有纹饰。
>
> （柴政良《曾国乐钟与葬钟制度》）

双音钟可能起源于公元前十三四世纪。商代晚期编铙多具双音，但基音音程不定，侧鼓音位无标志。这可能不是有意识制造出来的，而是由"扁钟"形状意外产生的效果。西周早期的双音钟，概莫如此。有意识地铸造真正意义上的双音钟，大致时间是在公元前10世纪，其特点是在侧鼓音位铸有纹饰或文字标志，表示在此处敲击钟体可以发出另一个基音。

华中师范大学历史文化学院教授王玉德在《湖北科学技术史》一书中指出，曾侯乙编钟每件钟体上都有错金铭文，共2800余字，用以标明各种发音属于何律（调）的阶名及其与楚、晋、齐、周、申等五国或地区各律（调）的对应关系。"这就表明，制钟者对器物与音域、音质之间的关系有熟练而准确的把握，技艺是非常高超的。"

曾侯乙编钟之所以在发声上成为典范，其秘诀在于对音律的精准把控。每个钟都能发出洪亮且清晰的声音，而且钟壁上的不同位置也能敲击出不同的音色。这一成就的背后，离不开精湛的铸造技艺和高超的调音技术的支撑。

合瓦式的中国编钟，钟体扁圆，声音衰减速度较快，因此能够成组编列，作为旋律乐器使用。而这些独特之处，正是得益于精湛的分范合铸技术。与能够一次性铸成简单器物的浑铸法不同，分范合铸技术需要根据器物的复杂程度，确定铸造一件器物所需的外范数量，并采用分铸法进行铸造。

> 用范铸技术可铸造纹饰极为复杂、尺寸相当精确的编钟，关键在于对分范合铸技术的娴熟使用，分范合铸的技术必须达到炉火纯青的水平。这说明中国商周铸造技术确有独到之处，是从长期生产实践中逐步形成的自己的特色和工艺体系。
>
> （王玉德《湖北科学技术史》）

在铸造工艺上，曾侯乙编钟改变了过去单一的范铸法，而集浑铸、分铸、锡焊、铜焊、铸接、铸镶和失蜡法等于一体，堪称复合范铸技术的代表作。在合金成分配比中，曾侯乙编钟锡的平均含量为13.75%，而铅的平均含量为1.85%。经综合考察，可以得出乐钟的演奏效果在含锡量为14%并含少量铅时为最佳。曾侯乙编钟就是按这个标准铸造的，故其演奏时声音浑厚饱满。

青铜时代

在人类文明的长河中,青铜器时代占据了重要的一席。中国作为四大文明古国之一,青铜文化更是源远流长,璀璨夺目。

青铜,这一由铜、锡、铅等金属元素组成的合金,自史前时期开始,就被工匠们巧妙地冶炼和铸造。其熔点低于纯铜,且硬度和韧性更佳,因此很快成为制作礼器和武器的重要材料。

早在远古时期,工匠们就开始冶炼铜。铜的熔点为1083 ℃,铜冶炼技术可能是在烧制陶器的过程中被偶然发现的。复旦大学教授陈淳在《考古学研究入门》中介绍,在冶炼中加入少量的锡、铝或砷,能得到熔点更低、比红铜更为坚硬的青铜。"纯红铜由于熔炼的金属液黏性太大,难以铸造大型的容器,而液态的青铜流动性好,成品光泽也非常美观。"

中国的青铜时代,大约始于二里头文化时期,即夏商之际,一直延续到春秋晚期战国早期。在这个时期,青铜器不仅是实用工具,还是身份、地位和权力的象征。特别是在商代和西周时期,青铜器作为礼器,其组合和造型都严格遵循礼制的规定。

世界上最精美的青铜器是由我国商代的工匠们铸造的,最早的青铜器是发现于河南偃师二里头遗址的酒器——爵。其中一件爵是锡青铜,另一件是铅锡青铜。合金的成分不太稳定,表明合金的配比仍处于草创阶段。陈淳指出："到了商代晚期和西周早期，青铜的铸造技术达到了高峰，这主要反映在王室和贵族的礼器上，这些重器合金的配比较为合理和稳定。"

商代后期，青铜器的发展迎来了第一个高峰。殷墟出土的青铜器，种类繁多，造型奇特，纹饰精美。如后母戊大方鼎，重800多千克，堪称青铜器中的巨无霸，充分展示了当时铸造工艺的高超水平。同时，湖南宁乡、江西新干、四川广元等地的青铜器群，也各具特色，彰显了地域文化的丰富多彩。

> 当时铸造这样一个鼎是非常艰难的，在铸造的时候一定是把陶范埋在地下的，因为如果不埋在地下，当炽热的铜液灌到陶范里的时候，铜液很热，铜液流进去的时候陶范有时候会爆裂，爆裂会伤人，所以一般都会把陶范埋在地下。上面还用草拌泥糊上，然后挖一个沟槽，铜液溶化之后从这个沟流进去，而且铸鼎的时候是从腿开始灌进去的，是倒注，四条腿朝上，因此就出现一个问题，铜液的渣滓都会漂到上面来，所以往往是大鼎的四条腿的最底下质量比较差，仔细观察，这个鼎其实也是。
>
> （朱凤瀚《中国青铜器发展的两个高峰》）

春秋中期至战国早期，青铜器的发展迎来了第二个高峰。这一时期的青铜器，在造型和纹饰上都有了新的突破。深圆壶形鼎、龙耳壶等新颖器型层出不穷，而纹饰也变得更加细腻复杂，打破了传统的对称性图案模式。这些变化不仅体现了审美观念的演变，也反映了当时社会文化的多元化和开放性。

在北京大学教授朱凤瀚看来，这一阶段的青铜文化之所以呈现丰富多彩的面貌，原因在于："各封国以及原来被周王朝鄙视的所谓蛮夷之国，如秦、楚及淮河流域一些非王朝分封之小国，也开始发展自己独特的青铜工艺，使青铜器在形制、纹饰诸方面呈现与中原诸国相区分的区域文化特征。"如秦式鼎、楚式鼎、越式鼎及秦式的变形蟠螭纹等，"真是形形色色"。

身处青铜时代，并和其他诸侯国一起创造青铜器第二个发展高峰的楚国，以其独特的青铜冶炼工艺和技术成就而著称。楚国青铜器铸造技术的发展并非一蹴而就，而是经历了一个由不发达到高度成熟的过程。

起初，楚国的青铜器铸造技术相对滞后，这与当时楚国的地理环境和社会文化等因素密切相关。然而，楚人具备强烈的学习意识和创新能力，他们善于从其他先进的文明中汲取经验，不断发展和完善自己的青铜器铸造技术。

东周时期，楚国青铜器铸造技术实现了空前的飞跃。在这个过程中，楚国的工匠们不断探索和实践，对原有的铸造技术进行了革新和提升。他们精湛的技艺使楚国青铜器在造型、纹饰、工艺等方面达到了相当高的水平。楚国成为掌握最为先进铸造技术的青铜大国。

> 我国铜矿资源主要集中分布于长江中下游、川滇地区。长江中下游铜矿带居于首位，湖北大冶铜绿山、江西瑞昌铜岭、安徽铜陵凤凰山等都发

武王墩编钟青铜虎座

现有铜矿冶遗址。大冶矿区铜矿储量居全国第二，品质居全国之首。

（王玉德《湖北科学技术史》）

楚国青铜冶炼技术的辉煌，首先得益于其丰富的铜矿资源。长江中下游地区，特别是大冶铜绿山，为楚国提供了丰富的铜矿藏。王玉德认为，楚人在长期实践中，积累了丰富的铜矿勘探经验。他们通过识别铜矿矿脉在地表的显露部分定位铜矿。通常，铜矿地表区域会形成诸如自然铜、孔雀石等铜矿物，这种独特的勘探方法被业内称为"矿苗寻矿法"。再者，楚人还可以根据铜草花这种植物来找矿。

在采矿过程中，楚人更是展现了卓越的技术能力，他们能够在没有动力和金属机械的生产条件下，开凿50余米深的矿井，并初步解决了井下的通风、排水、提升和照明等一系列复杂的技术问题。

据了解，战国之前是从地表矿体露头处向下开拓竖井，达到富矿带时，即开拓平巷，平巷下部再开凿盲井。这样跟踪矿脉，逐渐向下延伸，有矿即采，无矿即停。

王玉德通过研究认为，战国至汉代采矿采用的是上向式方框支柱充填法。先将斜巷开拓到矿体底部，然后再凿穿脉平巷进入矿体，进行开采，下层采完后再采上层。矿石经手选后运到地表，贫矿和废石填充到下层巷道。"这样既有效地处理了下层采空区，保证了上层采矿区的安全，又减少了大量废石的运输。"

有了丰富的铜矿资源作为基础，楚国的青铜冶炼技术也得以迅速发展。在铜绿山发现的春秋时期炼炉，以竖炉的冶炼方式，提高了冶炼效率，为楚国的青铜器铸造提供了充足的原材料。

王玉德介绍，在铜绿山发现春秋时期炼炉约10座，均为竖炉，由炉基、炉缸和炉身三部分组成。这种竖炉可以连续加料、连续排渣、间断放铜、持续冶炼，具有较强的冶炼能力。经实验，若一天加入物料3000千克，矿石的平均含铜量为12%，一座炼炉可炼出红铜约300千克。

而在青铜器的铸造方面，楚国更是一骑绝尘。他们不仅熟练掌握了分范合铸技术，能够根据器形的复杂程度来确定铸造一件器物需要的外范数量，还开始使用失蜡法这种先进的铸造工艺。失蜡法，即先用蜡料制成设计好的铸品蜡模，再在蜡模表面涂上沙、石、耐火泥等粉末形成坚固的外壳，然后加热熔去蜡模并浇注铜液。这种方法使青铜器的形式更加复杂多样，纹饰更加繁复精美。

对于失蜡法，在《考古学研究入门》中，陈淳作过如下表述："随着青铜铸造技术的发展，失蜡法这种铸造工艺出现了。这种工艺先用蜡制模型，然后用陶范在不同的部位加以组装，然后注入青铜溶液取代蜡模以获得需要的器物。关于中国失蜡法铸造的起源仍有争议，一些学者认为其起始年代在春秋中晚期，1978年出土于河南淅川楚王子午墓的青铜禁和战国早期曾侯乙墓出土的尊盘等，被认为是中国失蜡法铸造的代表作。"

从现有的证据看，失蜡法并不是从商与西周一直传承下来的传统工艺方法，它为何在春秋中期以后才开始出现，这种方法究竟从何而来，至今依旧成谜。虽然考古发现还不足以证明是楚人发明了失蜡法，但河南淅川楚墓和曾侯乙墓出土的青铜器，都显示楚国工匠率先掌握了失蜡法、青铜范、铜铁合铸、铜焊和镴焊等先进的青铜冶铸技术。

楚国的青铜铸造业，注重技艺的传承与发展，追求创新与卓越。这种精神，使楚国的青铜器在历史上独树一帜。其中编钟的制作，作为楚国工艺的瑰宝，从采矿、冶炼、铸造、打磨到调音，每一步都凝聚了楚国工匠的心血和智慧。

> 每当提及声学，就必然想到随州擂鼓墩出土的曾侯乙编钟，编钟是分范合铸技术的杰作。2000多年前的人们把铜矿从深埋的地下一块一块挖出来，然后烧炼，添加其他金属，如锡等。他们把铜坯送到大型冶铸场加工，按图施工，铸成一个个编钟。其中，最小的一件编钟2.4千克，最大的一件重达203.6千克。编钟总重量2500多千克。
>
> （王玉德《湖北科学技术史》）

制造如此庞大的青铜器，无疑对铸造技术提出了极高的要求。《中国考古学·两周卷》介绍，曾侯乙墓编钟中层第三组甬钟铸型由甬部、泥芯和钟体铸范、泥芯组成。钟体泥芯正中画十字线，铸后留铸痕。铸型分两段四层，用136块范芯一次浇铸成型。"为使大量的泥范不干裂，焙烧不变形，陶范拼合严密，制作技艺之高，难度之大，可以想见。"

编钟制作过程中的调音环节，是对工匠的又一项挑战。由于公元前根本不具备精密仪器和设备，所以调音全凭工匠的经验和操作技巧。他们需运用特制的调音工具轻敲编钟各部位，悉心聆听所发出的声音，进而持续调整编钟的音高与音色。若出现差池，只得重新开始，难度空前。

在完成编钟铸造及初步调音后，工匠们会进行反复敲击与调试，通过听觉与手感评估编钟音高的准确性及音色的和谐程度。如若发现音高或音色不尽如人意，工匠将再次打磨与调整，直至达到满意的效果为止。

在地下深埋了2000多年，古老的编钟惊艳出土后，还能不能保持原先的演奏功能？考古学家、曾侯乙墓发掘队队长谭维四回忆，编钟当年甫一演奏，便激起台下一片欢呼——"千年古乐发出时代新声了！""千古绝响复鸣了！"

> 1978年8月1日，在编钟出土后不久，我们就在当地驻军礼堂将编钟搬上舞台，举行了一场史无前例的编钟音乐会，以《东方红》乐曲开场，以《友谊地久天长》结尾，中间穿插了《楚商》《草原上升起不落的太阳》《浏阳河》等一组古今中外乐曲，在场千余观众无不深感惊奇。
>
> （谭维四《曾侯乙墓》）

相比40多年前曾侯乙编钟首次演奏所产生的轰动效应，在悄无声息中进行的武王墩编钟测音，会是一种怎样的效果呢？

残缺的宫悬

  2021年3月的一天上午,在淮南市博物馆,一场略有些神秘的仪式正在悄然进行。当春日的阳光透过窗户洒在静谧的展厅,一件件编钟早已经排列整齐,准备奏响跨越千年的乐章。

  消息被封锁得密不透风,连嗅觉敏锐的媒体,对此也一无所知。来自厦门大学的张闻捷等师生,肩负起这个重要的测音任务。他们小心翼翼地悬挂起那些按照大小排列的编钟。这些编钟,全部来自追缴回来的武王墩墓文物。

  现场的氛围,几乎可以用庄严来形容。所有人都屏住呼吸,等待着木槌落下,敲击出2000多年前的声音。那是一种怎样的期待呢?是对楚国青铜器的期待,还是对古代音乐旋律的好奇?

  终于,钟声敲响,悠扬的声音仿佛穿越时空,从远古传来,带着青铜独特的韵律,回荡在每个人的心中,让人们无法按捺内心的激动。

  柴政良说,他们对编钟逐一进行了细致的测音工作。在完成测音后,发现这些编钟的音乐表现优异,不仅发音清晰,而且音乐性能卓越。为了更深入地了解这些编钟的实用性能,他们还将编钟悬挂起来,尝试进行演奏,看是否能够奏出简单的乐曲。当时,考古队的一位同事尝试着用这些编钟演奏了一首《茉莉花》。

  当年轻的考古队员们倍感兴奋之际,同在现场的张闻捷却没有立即

武王墩编钟定音测试（摄于 2021 年 3 月）

发表对测音的评价。作为一位专注礼乐制度研究的考古人，他面对的文物从来都不是单纯的个体，而是需要置于更广泛的历史和考古背景中进行考察的复合体，只有这样才可能发现它真正的价值。

首先，静态的文物所蕴含的信息却是动态的，单独观察一个文物很难全面理解它背后的意义；其次，将文物置于历史场景中，可以揭示其社会、经济、文化背景；最后，与先前的考古成果进行比较，不仅可以确定文物的年代，还有助于考古学家作出冷静的判断，以便准确识别和纠正可能的误解或偏差。

基于考古研究的经验和训练有素的方法论，实际上，张闻捷在第一眼看到武王墩编钟时，心里就感到了些许困惑。

张闻捷不止一次地谈及，在初次见到那些被追回的文物，如编钟、编磬等时，他感到颇为疑惑。整体而言，他认为眼前所见的编钟，与心目中楚王的等级标准存在一定的差距。与著名的曾侯乙编钟相比，这些编钟稍显逊色。在进行了测音之后，他进一步发现，这些编钟在音色质量、调音水平，以及铸造的精美程度上，与曾侯乙编钟相比，确实有着不小的差距。

张闻捷的疑问,并不为他个人独有。杭州师范大学教授朱国伟,致力于实验音乐考古研究,通过对战国中期到西汉时期的大量编钟测音资料较为系统的梳理,也得出了类似带有总结性的结论:"战国中晚期出土的编钟在铸造、纹饰、调音质量等方面较春秋时期和战国早期而言,总体上已经拙劣了很多。除了大量明器存在,还有很大一部分器物是处在实用器与明器的边缘,这些器物很可能是以实用器的标准被铸造出来的,但由于各种原因而未达到理想标准,造成了这种'半实用器'样态。"

在《战国中期至汉代早期编钟音列研究》一文中,朱国伟还指出:"从测音情况看,即使是铸造工艺和音乐性能都曾精美绝伦的楚国,其技艺也已在下滑途中,青铜钟的音响尽如人意的越来越少。"

追缴回来的武王墩编钟共计23件,都是钮钟。依据其纹饰特征,可清晰划分为两组。一组包含14件编钟,它们依大小顺序陈列井然,每件编钟上均刻有精细的蟠螭纹,显得尤为细腻。另一组则包含9件编

武王墩编钟

钟，同样可以按大小顺序摆放，但它们的蟠螭纹较为粗犷、豪放。

无论是9件还是14件，这两组编列的编钟类型在战国中晚期并不少见。

战国中晚期，钮钟的出现频率较高，这是音乐性能在乐器功能中逐渐受到重视的体现。朱国伟认为，钮钟的音列以9件组最具代表性，其音列结构为"徵—羽—宫—商—角—羽—商—角—羽"；而14件组的调音较好，很可能对西汉初期的编钟产生了影响。

> 战国中晚期14件组钮钟形式基本统一，已成为一种新的编组常规。并且它的分布地域比11、13件组更广泛，从战国早中期产生……更重要的是，它与汉代编钟关系紧密，很可能是西汉初编钟铸造的仿造对象。从质量上讲，这些14件组编钟的调音在同时代编钟中表现得相对较好，西汉初的统治者很可能找到了这批钟的钟师进行了编钟铸造。
>
> （朱国伟《战国中期至汉代早期编钟音列研究》）

战国中晚期钮钟编列形式丰富，考古发现有9、11、13、14、15件组的不同组合方式。武王墩编钟，从纹饰上可分为两套，一为9件组，另一为14件组。然而，这些编钟毕竟是追缴的盗掘文物，它们是否完整，到底有没有缺失，这些都要通过测音来检验。

张闻捷表示，14件一组的编钟在当时颇为普遍，不仅武王墩墓中有所发现，其他墓葬中亦不乏其例。如重庆涪陵小田溪，一处巴国国君级别的墓葬中，亦出土了此类编钟；同样，在山东的临淄商王村二号墓，亦发掘出一套战国晚期的编钟，同样是14件一组。由此可见，到了战国晚期，已经确立了14件钮钟成套的编列制度。

从各组编钟的分组情况来看，可以明确地看出它们内部是各自成组的。张闻捷说，以14件组编钟为例，它们的铸造方式完全一致，内部均采用楔形音梁来进行调音。这种楔形音梁是内部凸出的设计，在调音过程中，主要采用了刻凿法，这是战国中晚期非常流行的一种调音技术。

测音结果显示，武王墩这14件编钟的音律极为和谐。令人惊讶的是，它们的整个宫调系统与海昏侯墓中出土的14件钮钟竟然完全一致。

张闻捷据此认为，从战国晚期到秦汉时期，14件组编钟一直沿用的一套音调系统，可以从这里找到源头。

至于9件组编钟，从组合的角度来看，也有完整的可能，因为历史上确实存在这样的编列方式。为了验证这种编排是否存在遗漏，测音就显得尤为重要。具体而言，就是需要考察其音列上是否存在明显的缺环。

张闻捷的最大疑惑集中在9件组编钟上。在完成测音工作后，他感觉这组编钟无论是在音律还是在尺寸上都显得有所欠缺。值得注意的是，9件组编钟与14件组编钟的宫调是相同的，这表明它们很可能是同一批次制作的。

然而，在测音之后，他发现14件组编钟比9件组编钟多出了5个音，并且这5个音恰好是前面的5个音，而后面的9个音则是完全一致的。基于这一发现，他怀疑这9件组编钟实际上缺少了5件编钟。

更让张闻捷耿耿于怀的是，如果武王墩真的只有这两列编钟，怎么能配得上这座王级大墓？尽管当时的楚国国势已呈衰落之态，但它毕竟保留着应有的余晖。所以张闻捷不禁深感困惑：以楚王尊贵的身份，何以会采用如此乐悬？

整体来说，楚国在礼制方面的发展程度相当高，等级制度相对严格。即便在战国晚期，这一特点依然明显。以李三孤堆墓葬为例，其青铜礼器的规格，显然高于楚国其他各级别官员。即使在楚国衰落的时期，礼器制度依然得以维持。因此，通过研究礼器和乐器，人们可以深入了解楚国的社会等级制度。楚国自始至终都保持着这套完善的制度，这一点也可以从丰富的考古资料中得到验证。

然而，武王墩作为一座楚王级别的墓葬，其编钟规格与乐悬制度为什么存在明显的差异？

根据乐悬制度，武王墩墓葬所使用的乐悬似乎显得不够完备。目前所发现的仅有两列编钟，且全部为钮钟。若依据此前对楚王等级用乐的推断，这样的配置显然远远不够。张闻捷好奇，那些缺失的编钟究竟去了哪里。如果它们有幸仍保存在墓葬之中，那将是一件极具意义的事情。因为这样一来，人们就能了解到真正国王级别所用的乐悬规模究竟是怎样的。

什么是乐悬制度？据有关资料介绍，在西周早期，自周公制定礼乐制度，在最高礼制仪式用乐中便形成了以乐悬为主导的乐队组合形态。换言之，乐队组合围绕乐悬而建，这就是被后世称为"华夏正声"之国乐——雅乐。

所谓雅乐乐队，是以乐悬领衔的，乐悬具有礼器、祭器、重器与乐器的多功能意义——

> 说其为礼器，这里指有声礼器，即礼器组合中可以音声为用者；说为祭器，是讲乐悬在国之大事中属祭祀为用，因而可视之为祭器的类型；作为重器，是讲在周代，乐悬与鼎、簋一样具有制度下的等级意义，不可随意拥有，这当然体现了拥有者的身份、权力与地位。
>
> （项阳《宗教音声·礼俗用乐》）

简而言之，周代通过设定乐钟的陈列、组合以及乐律等元素，实现了对使用者身份与地位的区分，这便是乐悬制度。这一制度不仅能够体现使用者的等级，而且是周代礼乐制度的核心组成部分。先秦时期的乐悬制度在等级方面的规定，主要体现在乐器悬挂方式的组合上。

宫悬：这是最高的等级，专为王者所设。宫悬规定在四面都挂上编钟，体现了王者的独尊地位和无上权威。

轩悬：这是次一级的等级，赐给诸侯们享用。轩悬规定在三面挂上编钟，显示了诸侯在等级制度中的尊贵地位。

判悬：这是更低一级的等级，专为卿大夫们所设。判悬规定在两面挂上编钟，体现了卿大夫在等级制度中相对低的地位。

特悬：这是最低等级，赐给士享用。特悬规定一面挂上编钟，显示了士在等级制度中的基本地位。

值得一提的是，《周礼》对无声礼器，设有天子九鼎八簋的制度，往下逐渐减少，对数量有严格要求。然而在有声礼器乐悬方面，《周礼》对乐悬的运用，根据身份差异分为宫、轩、判、特四个等级，仅明确了其陈设方位，而对具体数量未作规定。这显示了有声礼器作为乐器的独特性。

不妨再来观察所追缴的武王墩乐器。除两组编钟外，另有一组18件石磬。根据乐钟与石磬的数量分析，假设14件编钟为一组，9件编钟为一组，18件石磬为一组，实际构成了三组。对照乐悬制度，这三组乐器的摆放遵循的规范是轩悬，该方式通常对应的是封君级别。

张闻捷据此表示，如果此墓为楚王级别，再进一步假设楚王级别与历史文献所记载的相符，即与天子比肩，那么应采用天子的宫悬制度。然而，现有乐钟数量至少尚缺一面。除非在摆放过程中刻意弯折或曲

武王墩编磬

折,否则难以解释。

> 值得注意的是,乐器主人死后随葬的乐钟摆放组合与生前的乐悬有很大不同,《周礼》记载中的多面多堵乐悬方式应是生者演奏时所用规制,而在墓葬中,囿于墓室空间有限,随葬乐器时则采用折曲钟虡、以列区分等级的葬钟制度。
>
> (柴政良《曾国乐钟与葬钟制度》)

由于墓葬被盗,暂无人可以了解到它的原始摆放状态,因此只能把答疑解惑的希望留给下一步发掘。

张闻捷表示,必须等到椁室打开,才有可能看到乐器的实际状态。即便一些微小的迹象,比如钟架腐朽或残留的痕迹,也是至关重要的。通过这些迹象,很有可能复原出当时乐器悬挂的样貌。因此,进行科学规范的考古发掘势在必行。

也有人认为,钮钟诞生于乐悬制度逐渐松动的西周末年,到了春秋早期,钮钟已成为乐悬制度瓦解的显著证据。因此,钮钟自诞生之初,就不具备乐悬制度规范代言者的地位,其保守性较弱,受约束较小,因而具有天生的活力。换言之,钮钟的出现标志着规则破坏的开始。

对于追缴的武王墩乐器所暴露出的宫悬缺失问题,当地文博圈内也各有猜测。有人怀疑是盗掘团伙故意隐瞒了事实,有人认为墓里很有可能还隐匿了另一组编钟。但猜测毕竟只是猜测,这一切还有待事实来验证。

如果武王墩墓确实属于楚王级别的墓葬,那么对于剩余的乐器该如何考量,以及如何解决宫悬问题,就显得尤为重要。迄今尚未发现完整的宫悬实例。张闻捷表示,如果有幸能在武王墩墓中发现一套完整的周代宫悬实例,那将有着震撼人心的非凡意义。

铭文的指引

"一千个人眼中就有一千个哈姆雷特。"在考古领域,这一现象常常会被放大到极致。

当来自全国各地的考古专家面对武王墩墓出土的先秦乐器时,他们需要用各自独特的视角,去探寻文物背后的工艺水平、文化脉络、审美观念和社会礼仪。

北京大学教授陈建立的专业方向是冶金考古和科学技术史,他专注于与金属相关的考古工作,包括进行冶金遗址的田野调查和发掘,以揭示古代金属冶炼技术的奥秘。对于武王墩编钟,他的关注主要集中于一点,即当时的冶金技术和工艺是怎样落实到乐器的音乐性能上的。

在先秦时期,除了礼器和兵器,还存在着大量的乐器,其中许多都是由金属制成的。陈建立指出,在制作这些乐器时,除了考虑冶金工艺,还需深入考虑如何体现其音乐性能。具体而言,涉及乐器的造型、材料的选择与运用,以及声音的产生机制,包括音色、音高等要素。考古学家则关注:这些元素能否被巧妙地组合起来,构成一套完整的编钟?这样的编钟是否能够实现悬空转调,演奏出完整的乐曲?

博士研究生柴政良说,他的学术研究一直没有离开过楚国的编钟,本科论文、硕士论文都是以此为题。然而,当他第一眼看到追回的武王墩编钟时,内心受到了不小的打击。这是因为盗墓行为对文物原始状态造成了巨大的破坏，而这些文物原本所处的空间位置，对于像柴政良这样的研究者来说，具有很高的价值。

对于这一领域的研究者而言，编钟在墓葬中的陈列方式、它们所处的相对位置，或是被安放在哪个墓室中，都有着不同的意义。柴政良不无惋惜地感慨，如果这样一套编钟是由自己亲手发掘的，那将具有极其重大的意义。

长期与秦俑为伴的张仲立，1982年从西北大学考古专业毕业后，在秦俑考古队待了25年，曾主持了秦兵马俑一号坑第二次发掘和秦兵马俑二号坑的发掘工作。作为武王墩墓考古发掘专家组组长，他首次见到出土文物时，第一感觉就是墓葬的等级比较高。除了乐器的阵容比较可观，他还特别注意到，那些编钟的钟体上多多少少留有一些鎏金的痕迹。

武王墩墓考古发掘专家组组长张仲立（左二）查看编钟

在先秦时期的编钟上，鎏金的应用无疑提升了乐器的视觉美感和尊贵地位。然而，由于岁月久远，加之自然与人为因素的双重影响，如今编钟上的鎏金痕迹已变得模糊，大多难以辨识。值得注意的是，楚人曾掌握一种可使金属器物呈现金黄色光泽以增添其华丽感的鎏金技术，这一技艺已经得到考古发现的证实。

据《湖北科学技术史》介绍，鎏金，亦称火镀金、烧金或汞镀金，是一种独特的金属装饰工艺。首先于 400 ℃的高温环境中，按照金、汞 1∶7 的标准比例，将黄金碎片与汞进行熔融，从而制备成银白色的泥膏状金汞剂，业内通常称之为"金泥"。

接着将金泥均匀涂抹于器物表面，随后置于炭火上烘烤。在此过程中，汞受热蒸发，而金则牢固地附着于器物表面，色泽由原本的银白色逐渐转变为亮丽的金黄色。待完全冷却后，进行清洗与压光处理，即可完成鎏金工艺。若需提升鎏金层的厚度与质感，则可采取多次重复上述步骤的方法。

除了编钟上的鎏金痕迹，张仲立更关注由编钟和石磬组成的武王墩乐队，究竟属于哪一种规格的阵容。实际上，王墓等级的乐队不仅种类繁多，而且每一种乐器都需具备一定的规模，从而呈现完整且复杂的音乐组合。

张仲立强调，这种盛大的音乐场景，是一般乐队所无法比拟的，其规模与现在的国乐队相似。在武王墩墓里，考古队员能够观察到这样的迹象。

武王墩的乐器组合，除了两组编钟，还有 18 件石磬组合而成的石编磬。随着时间的推移，在汉代以后逐渐走向衰落的编磬，在先秦音乐文化中却占有重要地位。

先秦石磬通常以编磬的形式出现，即多个磬片编成一组，每片磬发出不同的音色，可以演奏旋律。它与编钟构成了古代宫廷音乐中的重要乐器组合，两者经常配合演奏，创造和谐且气势恢宏的音效，被人们赞誉为"金石之声"或"金玉共振"。

编磬的音列直接与音阶相对应，非常直观。朱国伟对先秦及西汉编磬音列多有关注，他认为先秦时期的磬音阶以六声为主，但亦存在七声的形式，其中变化音的使用并不频繁，从变化音可以判断出"正声音阶和下徵音阶都在使用"，"而西汉编磬则表现为以正声音阶为一统"。

从已知的考古成果看，武王墩以18件为一组的石磬编列方式，并非楚国的传统。有观点认为，楚地陪葬编磬在数量上相对稳定，每套皆在12至14件之间。这或许只是一家之言，湖北江陵纪南故城出土的编磬一套有25件，而湖北随县曾侯乙墓出土的编磬一套有32件之多。

据主持曾侯乙墓考古发掘的谭维四回忆："除了曾侯乙编钟，墓中出土的其他乐器也异彩纷呈，令世人为之倾倒，比如编磬。"由于多数石磬已经碎裂导致无法悬挂，即便有少数幸存的编磬相对完整，也因长期受积水浸泡，其发音品质受到严重影响，因此无法像曾侯乙编钟一样，让人听到它的优美乐音，令人深感遗憾。

谁能料到，这个遗憾很快得到了弥补。从磬料的研究和采集入手，曾侯乙编磬的奇迹般复原，让千年乐宫的秘密得以重现。

> 完善精致的青铜磬架和依旧如故的悬挂方式，磬块上的铭文、磬匣上的编号和置磬槽的尺寸，加之它与编钟的密切关系，为我们提供了难得的资料，为复制编磬创造了良好的基础。湖北省博物馆以考古学家冯光生为首的科研人员对此展开多学科综合研究，经过一年多努力，终于使千古绝响复鸣。
>
> （谭维四《曾侯乙墓》）

绝响复鸣，存留于磬块和磬匣上的铭文与记录功不可没。

曾侯乙墓出土文物上的铭文，价值远不止于此。谭维四介绍，曾侯乙编钟上所镌刻的铭文共计3755字，这些文字分散于钟体、钟架及挂钟的各组件之上，除了少数记事性质的内容，绝大部分与音乐紧密相关，"堪称一部刻在铜钟上的古代乐书"。

在所有的铭文中，钟体铭文的字数最多。65 件钟器上均可见到铭文，其字数少则 3 字，多则达 90 字，总计达到 2828 字。这些铭文被精心铸制于钟体两侧的钲间、正鼓以及左右两侧的侧鼓之上，内容主要包括记事、标音以及对乐律关系的详尽阐述。

> 青铜乐钟是礼乐文化的集大成者，有关乐钟的研究可以追溯至宋代。
> 晚清至民国时期，金石考据盛行，金石学者以及古文字学者持续对青铜乐钟进行整理并释读铭文，并提出诸多创造性的见解，对后世乐钟研究产生了较大的影响：资料的大量收录，对乐钟的分类整理以及铭文的释读，将青铜乐钟与先秦历史结合研究。
>
> （柴政良《曾国乐钟与葬钟制度》）

对于武王墩，既然提到了铭文，就不能不提及出土文物定级中的令人困惑的现象。在普通人眼中，青铜编钟作为古代的金属乐器，其价值理应远超石质的编磬。然而，文物定级的结果却让人大跌眼镜：在追回的 77 件武王墩文物中，有 26 件被评定为一级文物，其中，石磬就占据了 18 件，而那两组共有 23 件的编钟却没有一件被评为一级文物。这样一个结果，实在是让人费解。

难道，是因为石磬上留有铭文？！

不言而喻，古器物上铭文的价值，向来为我国金石家所注意。历史学家杨宽说过："例如孟鼎铭文和周初《尚书·酒诰》的相似，所以郭沫若曾经有过这样的一个想象，以为现在《尚书》的文字，也许就是古器物铭文的集录。"

有铭文的文物之所以备受关注，是因为铭文中很可能蕴含丰富的历史、文化、考古和艺术信息，有助于准确还原历史，传承古代文化，有的还展示了古代书法艺术。因此在文物定级时，这些因素都会被考虑，从而影响到定级结果。

追缴的武王墩文物中，编钟有两组，每组都有一对虎形底座，一为木质，一为铜质。虽说编钟没有入选一级文物，然而支撑编钟架的"铜铭文虎座"却和编磬一起入列一级文物。令人振奋的是，两对钟架底座上都有铭文，经专家初步辨识，分别为"内乐""外乐""阜平君""二十五年三月"字样，而"阜平君"的钟簴上还补刻上了"阳文君"的铭文。

镌刻在时间深处的铭文，以星星点点的光芒闪烁在历史的天空。而两位人物的意外出现，足以让人脑洞大开。

"阜平君"和"阳文君"到底是谁？他们和墓主又是何种关系？在武王墩发掘之际，从淮南到合肥，从传统媒体到新媒体，对武王墩所涉及历史人物的猜想，逐渐成为街谈巷议的热点。

关于阜平君，说法主要有三种：一是网上传闻称，阜平君曾是楚考烈王的随从，陪同这位未来之君，经历了在秦国的质子生活；一说赵国有个阜平君，编钟应该是赵国送给楚王的礼物；还有一种说法是，阜平君只在铭文中偶尔出现，史书上查无此人。

阳文君倒是有案可查。他是战国晚期的楚国封君，和考烈王不仅有

木质虎座与铭文

青铜虎座与铭文

交集，而且很有可能是政敌。据《史记》记载，楚顷襄王病重之际，阳文君的儿子还试图夺取王位。有人猜测：会不会是考烈王即位之后，便抄了阳文君的家，没收了他的编钟呢？

这种可能性也不大，"二十五年三月"的铭文提示，在编钟铸造之时，考烈王已经执政25年了。什么样的国君，在自己的统治范围内，需要等上这么多年再去报仇。再说，这一年也是考烈王生命的终点。

这些市井闲谈，并没有干扰张闻捷对真相的破译。他遗憾地发现，从乐悬制度的维度考察，武王墩的乐钟和编磬配不上楚王的身份。

张闻捷表示，无法确定墓里是否还藏有编钟。目前见到的编钟，铭文上刻写的"阜平君"，属于封君等级。从乐钟和编磬的现有数量来看，如果假设编钟14件为一组，9件为另一组，编磬为一组，那么这三者加起来正好构成了三组。从这三组的摆放方式来看，它们似乎遵循了相当规范的轩悬制度。而轩悬制度通常对应于封君级别，这与"阜平君"的身份恰好相符。

在众人都心照不宣地把武王墩主墓墓主提前"内定"为楚考烈王时，张闻捷的见解显得格外执着而孤独。

考烈王之考

公元前224年，秦将王翦率领60万秦军，以压倒性的兵力优势，向楚国发起了最后决战。这是一场在秦王嬴政心中酝酿已久的战争，一场规模空前的大国对决。

战争的第二年，楚军在蕲地，也就是今天的安徽省宿州市一带遭遇了毁灭性的打击。随着楚将项燕的陨落，楚国的都城寿郢也很快陷落。

最后一任楚王负刍，这位曾经的一国之君，也无法逃脱被俘的命运。他被装入囚车，送往即将一统天下的秦国。在秦王嬴政宣布将楚王废为庶人，并将他带回咸阳安置之后，这位末代楚王的故事戛然而止，他的最终去向也因此成谜。

几乎可以肯定的是，负刍离世后，他的遗骸不会再安息于昔日的楚都寿春。若不是武王墩——这座楚国王级大墓被意外发现，以及人们对其墓主身份的好奇与猜测，这位失去寿春城的楚王或许早已被当地人遗忘。然而，随着武王墩墓的考古发掘工作的展开，楚国最后的几位国君再次成为人们热议的对象。

自考烈王二十二年（公元前241年）楚国迁都至寿春，直至负刍五年（公元前223年）楚国都城被秦国攻克，寿春作为楚都见证了考烈王完（一作元）、幽王悍、哀王犹以及负刍等四位楚王的统治。然而，哀王犹即位仅两个月就被杀，负刍被秦王俘虏，因此，这两位楚王依制下葬的可能性微乎其微。排除哀王及负刍,符合武王墩墓葬主人身份和地位的楚王,只有考烈王和幽王二位。

李三孤堆墓葬被认作幽王墓几近共识,按照简单的排除法,只剩下考烈王一人可以扮演武王墩墓的墓主角色。这样的角色安排,在淮南其实早有推测。大概从警方追回被盗文物时起,当地已经在武王墩墓主和考烈王之间画上了等号。

楚考烈王熊完是楚顷襄王之子,在位25年。在他统治时期,楚国深受强秦兵锋压迫,不得不走向衰落之路。在这样的历史大背景下,解读他的个人性格与命运,可以从一段经历、一个成语、一个传闻和一对关系切入。

所谓一段经历,说的是考烈王的一生中,有一段在秦国当质子的经历。他还是太子的时候,曾在强大的秦国当人质,那是一段充满动荡和危险的日子。那时,黄歇作为他的左徒(身份相当于现在的秘书或者顾问),陪伴他在秦国的咸阳城度过了一段艰难的日子。

熊完作为人质期间,楚顷襄王突然生病了,熊完面临一个艰难的选择:是留在秦国,等待可能客死他乡的命运,还是冒险逃回楚国?在这个生死攸关的时刻,黄歇挺身而出。他不顾个人安危,全力以赴帮助熊完逃过秦国的关卡。熊完成功逃回楚国后不久,便被立为考烈王。而黄歇,也因为他的舍身救主之举,迎来了他人生的新境界。他不仅在考烈王处得到了重用,还被封为春申君,成为楚国令尹。

所谓一个成语,指的是"毛遂自荐"。这是源自战国的一个历史故事,大家都知道故事的主人公是毛遂,很多人却不清楚和毛遂演对手戏的,恰是对秦国抱有复杂心态的考烈王。

毛遂是赵国平原君门下的一位普通食客,过着平凡的生活,并不引人注目。然而,一场战争的爆发,却让他有了出人头地的机会。

当时,赵国的都城邯郸被秦军围困,形势危急。平原君赵胜决定出访楚国,与楚王会晤谈判,议题是联合抗秦。他组建了一个代表团,团长自然是平原君自己,团员则选自他的门下,要求文武双全。毛遂主动请缨，平原君在对他进行了面试后，对他的胆量和口才印象深刻，于是让他加入代表团。

平原君一行来到楚国王宫，与楚王讨论合纵抗秦的事宜。然而，谈判的过程并不顺利，从早晨谈到中午，成了一个马拉松式的会议。尽管平原君说得口干舌燥，但楚王的态度依然坚决。这时，站在台阶下的赵国代表团成员们心急如焚，他们知道这样下去不会有任何结果。于是，他们将目光投向了毛遂，希望他能打破僵局。

毛遂不负众望，"按剑历阶而上"，他的动作充满了气势，一下子就吸引了所有人的注意力。上殿后，毛遂面对楚王，毫不畏惧地问他是否真的愿意合纵抗秦。毛遂的勇敢和智慧，让楚王不得不屈服，他当场表示愿意履行合纵盟约，派出全国的力量支援赵国。这个故事的结局是，楚王遵守了结盟的诺言，派春申君黄歇带兵赶赴赵国救援。

所谓一个传闻，则是指考烈王之子实是春申君之子的宫闱传闻。它流传了千年，给楚王室带来了巨大的羞辱，至今真假难辨。

据《战国策》记载：楚考烈王为没有子嗣而困扰，春申君对此深感忧虑，于是为楚王广纳妇人宜子者以期望能有所出，然而终究未能如愿。这时，李园看到了机会，将妹妹李环献给了春申君。当李环怀孕后，李园通过李环之口说服了春申君，将她献给了考烈王。李环进宫后，顺利生下了一个男孩，并被立为王后。

对于这段传闻，后人一直有可信与存疑两种不同认知。

可信派的代表性观点认为，考烈王也许是将错就错，揣着明白装糊涂。他和众多的妃子都有过亲密关系，为何只有李环能够生下王子？这可能说明考烈王本身患有不育症，对此，考烈王本人应该心知肚明。

还有人推测，考烈王之所以没有揭露这件事，是因为没有子嗣不仅是一件非常羞耻的事情，还会导致国祚无法正常传承。

更有人大胆想象说，由于考烈王和春申君之间关系密切，即使考烈王知道这个孩子可能是春申君的儿子，但因为外人并不知情，而且想必春申君也不会将这件事情说出去，所以对考烈王来说，这个男孩就可以被视为自己的儿子。

上述围绕考烈王的一段经历、一个成语、一个传闻，或多或少都和春申君有关。可见，考烈王与春申君之间的关系，并不是一般意义上的君臣关系，而是影响到楚国王位乃至国运的一根敏感的神经，其间的微妙和复杂远远超出了想象。

身为考烈王最重要的辅臣，黄歇没能逃脱君臣同死的宿命。公元前238年，考烈王熊完离世后，春申君黄歇很快死于非命。寿县境内的黄泥孤堆据说是黄歇之墓，距离武王墩仅2千米。假如两位墓主的身份都属实，那么这一对君臣生死相依的关系，足以让人唏嘘。

在曾经的楚都，后来的寿县，相比大名鼎鼎的春申君黄歇，考烈王熊完就像是被遗忘的一名配角。当地人津津乐道，认定"寿春"这个称呼，来自国君以封邑为春申君祝寿。假如不是因为武王墩，迁都寿春的楚考烈王，很可能要一直站在黄歇背后，成为春申君的陪衬。

对于从事先秦礼器研究的考古人来说，楚考烈王并不是一个突然出现的人物。早在对寿县幽王墓青铜器群的考古工作中，考烈王熊完就已经进入研究的视野。

张闻捷曾著有专文，依据铜器所有者铭文的不同，对寿县楚王墓中出土青铜礼器进行了统计与分析，并将其纳入整个楚国礼制系统中加以考量。他按照三套礼器组合的形式，探讨战国时期楚王级别所应使用的礼器制度，并考察在战国末年楚国东徙寿春后国势衰微的历史背景下，楚王室针对这一丧葬活动所作出的"礼有隆杀"情况。

这篇在2014年面世的论文，第一部分研究的对象就是寿县出土有铭铜器中的"考烈王器"。

> 寿县出土有铭铜器中为"酓前（或释作'肯'）"所铸者共四类七件。
> 上述七器铭文格式均为"酓前（肯）作铸某器，以供岁尝"，字体纤细、匀称，未见铸、冶者姓名以及使用、保管场所的名称，此其与下述"酓忎"器群最大之不同，年代差别显而易见。"酓前（肯）"学界多认为即楚考

烈王熊元，应当无误。

（张闻捷《寿县楚王墓的礼器组合研究》）

张闻捷通过综合考察器物形制、铭文等资料，对寿县楚王墓所出土的青铜礼器进行了进一步的梳理，并将其置于楚国礼制系统的宏观背景下进行考察，得出的基本结论是，幽王墓与众多楚国高级贵族墓葬一样，"由三套不同的礼器组合构成，且数量上也比较严格地遵循固有的礼制传统"。

要保持礼制传统其实并不容易，幽王时代的楚国其实已经没落了。张闻捷推测，"由于物用不足的缘故"，幽王墓里的铜器很多都是拿祖先、先王、王后或者别人的东西来凑数的，目的是弥补礼器的不足。这样一来，铜器之间的年代、铭文风格和铸造工艺就有了差别。

在国力下滑的大背景下，楚国王室面临的"两难抉择"，在比幽王

春申君黄歇墓

去世早10年的武王墩丧葬活动中，是否也同样上演过呢？

礼有隆杀，强调等级差异。习惯从制度层面观察分析的张闻捷，在参与发掘武王墩墓之际，并没有轻易接受墓主被"内定"为考烈王的"共识"，而是小心翼翼地对乐悬制度、丧葬制度进行考察与求证，对墓主为考烈王的结论保持着一份质疑。

从丧葬制度的角度来看，武王墩墓葬与荆州地区已发现的早期楚王墓存在显著差异。例如，该墓葬的南侧并未发现王后墓，同时其周边也缺乏成排成行的祭祀坑。张闻捷因此指出，它与荆州地区已知的楚王陵在建制上有所不同。这些差异整体上给研究者带来了一些困惑，使人们不禁怀疑这是否真的是楚王陵，或者它究竟是不是考烈王的陵墓。

张闻捷说，自己也面临这些困惑，感到有些不确定。"别人问我时，我也只能说，嗯，级别可以，规模很大，但是不是楚王可不敢讲。"

第五章

南方的土遗址

南方土遗址的考古发掘，始终面临墓葬本体极易坍塌、水分难以控制等挑战，规模宏大的武王墩墓也不例外。厚重的土层之下，固然掩藏着古人高超的营造技艺以及古代陵墓制度的重要信息，但土质墓葬不利于发掘工作的展开。这是考古的技术之困，处理不慎，就可能演变成遗址的保护之痛。

解决土遗址的发掘困境，没有放之四海而皆准的成功案例，只能依靠多学科紧密合作，找寻一墓一策的路径和办法。要想探知墓葬中的秘密，必须怀着敬畏之心，小心翼翼地克服南方土质特性所带来的种种障碍，才有可能完成一次对古代文明的深沉致敬。

厚重的"盖头"

　　日复一日的考古发掘，悄悄地改变着武王墩的高度。

　　季节转换的发掘现场，封土开挖从来都是耐心活。田野发掘是考古学最基础、最重要的研究方法和工作内容，首先要培养站功和蹲功。考古队员李凤翔每天雷打不动蹲守在这里，时刻盯着去土的进展，随时准备捕捉土里的异常情况。

　　李凤翔的坚守，是因为他觉得武王墩"本身有非常明显的考古学意义"，如果它确实是一座王陵，那么它将成为"中国考古学史上第一座经过科学发掘的楚国王陵"。他认为在楚文化考古领域，关于王陵级别墓葬的研究存在很大的空白。

　　像熊家冢，仅仅是对外围的陪葬墓或车马坑进行了发掘，主墓部分仍未被触及；至于纪山楚墓群，目前仅完成了调查勘探工作；而李三孤堆幽王墓，则早已被盗掘一空。

　　作为武王墩墓考古队的一员，李凤翔入队时还是山东大学的一名硕士研究生，他在2019年11月首次得知了关于武王墩墓的信息。

　　据他回忆，这一消息来源于在湖北荆州召开的楚文化年会，会议摘要介绍了武王墩墓发掘的申请情况，尽管当时发掘项目尚未获得正式批准。大约到了2020年6月，他的导师告知他，武王墩墓即将进行发掘，并询问他的意向。李凤翔坚定地告诉导师，自己无论如何都要参加这个

正在考古作业的李凤翔

考古项目。

可见,走进武王墩,李凤翔完全属于主动请缨。他清楚地记得,第一天来到这里,是 2020 年 9 月 3 日。这个日子颇为特殊,正好是封土发掘工作正式开始的第一天。

考古队员方玲同样记得,他们在 9 月 3 日这一天正式开始了对主墓封土的发掘工作。在发掘之前,团队对主墓封土上存在的障碍物进行了全面清理,这些障碍物包括树木、杂草以及之前架设的监控设施等。从清理前拍摄的照片中可以清晰地看到,土墩上的树木生长得尤为茂盛。

由于植物基本被清理干净,李凤翔进驻之时,呈现在他眼前的武王墩的面貌已大为改观。设置保护碑的南坡,保存状况相对较好;东北面可见一处低洼的区域,为 20 世纪 80 年代遭受破坏后形成的大凹坑,这时已经布置了最大的探方;西坡有一处断崖经过清理,树木被移除,但树根还遗留在现场;东边为墓道的范围,根据勘探结果,墓道原本被封土覆盖,但后遭破坏,只有田埂为原有地形,成为一条通往坡顶的小路。

武王墩一号墓(主墓)的发掘,总体采用二分法结合探方法进行,分为封土发掘和墓坑发掘两个阶段推进。

鉴于北半部早年遭盗挖破坏严重，与原貌相比变化较大，考古队根据封土墩的保存状况，决定先行发掘北半部。因为墓道及墓的方向均为东，按照领队宫希成的事先规划，发掘将从中向东西两侧进行，这样可留下一个大剖面，以便更好地展现墓葬封土的堆筑结构，并保留相关资料。同时，考古队还保留了几个南北向的隔梁，即保留了多个剖面。

宫希成的本意是展示一纵一横的剖面，使人能直观地了解墓葬的构建方式以及封土墩的建造过程。然而，就发掘情况看，剖面由于位于墓葬开口处且范围广泛，难以完整保留。因此，考古队考虑采取措施，尽可能选择保存状态较好的剖面部分进行揭取，以期将其妥善保存，并探索是否有可能将这些遗迹置于博物馆中，供观众参观学习。

作为一名考古老兵，宫希成知道，许多对考古工作不甚了解的人，往往将考古发掘简单地视为"挖宝"。珍贵文物的出土当然是发掘的目的之一，但绝非考古工作的全部。实际上，考古的核心任务在于全面采集发掘对象的相关信息。

以武王墩为例，几十年前，考古发掘可能采取粗放的作业方式，以追求速度和效率，甚至不惜投入大量人力与机械。在当前的考古实践中，考古队则秉持更为严谨和全面的态度。尽管封土已遭受盗掘破坏，失去原有风貌，但依然需要深入探索其原始形态及残留的各类信息。同时，了解并复原整个墓葬的营建过程，也是发掘工作中不可或缺的一环。

"发掘在考古研究中具有中心的地位。"复旦大学教授陈淳在《考古学研究入门》中说，"它有两个基本的目的：（1）揭示器物、生态物和遗迹在沉积中的三维结构或形态；（2）评估这种形态在功能与年代上的意义。对这些遗物和遗迹的出处和相互关系的分析，可以帮助考古学家推断它们的沉积过程，并复原古代人类的行为。"

探方在考古发掘中的作用不言而喻，它本质上是一种网格坐标系统，将发掘区域划分为若干个相等的方格，一般以方格为单位进行分工发掘。这种划分方式使考古学家能够更精确地控制地层，并记录出土遗迹和遗物的准确位置，为后续的考古研究提供详细的三维位置信息。

早期的考古发掘是大平面统一向下清理，只能获取平面信息，后来一位名叫惠勒的英国学者发明了探方这种发掘方法。所谓探方，就是布一个十字形的方格，每两个方格之间保留不定的宽度，即根据发掘区来设置宽度。

李凤翔解释，假如发掘是按 4 米×40 米布方的，那么它留的就是半米的隔梁；隔梁要从发掘开始一直到结束，尽可能地全部保存下来。这样就可以在探方的四周看到四个剖面，进而能够观察到剖面地层的分布，并掌握它的水平分布和垂直分布情况。

此外，探方还能帮助考古队更好地掌控考古工地的整体发掘进度。特别是在发掘面积较大的情况下，通过划分探方，可以分阶段、有计划地进行发掘，确保工作有序进行。总之，探方是考古发掘中不可或缺的工作方式，它不仅提高了考古工作的科学性和效率，也为考古发掘提供了宝贵的研究资料。

武王墩一号墓的布方在勘探单元的基础上进行，一共布设了 5 个探方。中间是一个最大的探方，30 米×40 米，把椁室全部包含在其中。

武王墩从西至东的 5 个主要探方，依次为 2 号、5 号、7 号、9 号和 10 号，李凤翔负责 5 号探方。在这个探方内，所有民工的调配工作均由他负责。

刮面，是一项极耗时间的活，要用手铲一铲一铲慢慢地、细致地在探方里刮出平整的新鲜面，几乎同医生做外科手术的细致程度差不多。每掀开一层土，都要拍照、测绘、做详细记录。李凤翔和同伴们循环往复，一点一点地还原古人筑造封土的过程。

刮面有助于考古人员判断遗迹现象，通过仔细观察刮面后暴露的土层、颜色、质地等特征，考古人员可以初步判断该遗迹的年代、用途以及与其他遗迹的关系。这对于后续的考古研究和历史解读，具有极其重要的意义。

刮面

对于刮面，年轻队员朱永感触颇深。他原先认为，考古工作很简单，无非就是书本上写的那些：关注土质、土色及包含物，再将平面与剖面结合起来分析。然而，只有真正踏入工地，亲手进行刮面作业时，才能深刻体会到实际情况的复杂。

他发现，淮南地区的土壤性质极为特殊，一旦遭遇雨天，泥土就会变得泥泞不堪。而天气转晴后，经过两日的晾晒，泥土又会变得坚硬如石，他们使用的所有工具，无论是手铲还是鹤嘴锄，在这坚硬的土质上都难以发挥应有的作用。

从事考古发掘，辨土、认土是一项基本技能。李凤翔的日常工作带有科普性质，在指导刮面时，他会一边示范一边讲解，如何通过观察土质、土色和包含物来判断生土与熟土的区别以及人类活动的迹象，怎样在纷乱的土层之中确定遗存的分布情况和时代特征。

他表示，土壤从广义上可分为两大类：一类是熟土，亦称活土；另一类则是生土，或称死土。熟土，特指经过人为活动影响、扰动的土壤；而生土则指保持自然原生状态的土壤。这两类土壤在包含物与土质、土色上存在显著差异。熟土中常见腐蚀物及人工遗物的痕迹，如早期石器、后期铜器、铁器、陶片等；而生土在早期形成时，成分相对纯净，无其他腐蚀物。

随着时间的推移，土壤受到人类活动的影响，会形成不同的包含物，进而导致土色变化。例如，腐蚀物较多的区域，土壤颜色偏黑；腐蚀物较少的区域，土壤颜色则可能偏红或偏黄；而经历过火烧的区域，土壤颜色偏红，且留有明显的火烧痕迹。通过这些土色的差异，我们可以大致判断土壤是否为熟土，以及是否有人类活动的迹象。

除了做好自己的本职工作，李凤翔还负责民工的调度和安排。他需要根据每个民工的特点和能力来分配工作区域与任务量，确保发掘工作顺利进行。同时，他还需要思考下一步的工作计划和方向，确保整个发掘过程有条不紊地进行。

李凤翔观察到，一些思维活跃的民工往往会主动思考，甚至会揣摩地层的分布规律，探究土质为何存在差异。在这样的思考过程中，他们便能预见到接下来的工作步骤。另外，还有一些具备丰富发掘经验的民工，由于长期在考古工地上劳作，他们往往无须等待指令，便能自主判断下一步的行动方案及其执行方式。而那些新加入的民工，则需要耐心地逐步指导。

为了尽可能完整地记录武王墩墓葬留在 5 号探方里的复杂信息，在一层一层取土的过程中，李凤翔和民工适时地进行沟通，让他们明白到底要找什么。

进行刮面时，主要使用的工具是手铲。手铲在考古工地上的使用频率非常高，它有多种功用，包括刮面、画线、寻找遗迹边界等。手铲的头部通常用于划分多个遗迹、寻找遗迹边界或脱边，而其刃部则用于刮面工作。通过手铲的精细操作，考古人员可以有效地揭露和处理遗迹现象。除了手铲，毛刷等辅助工具会被用来清理和揭示遗迹的细节。

田野考古包括田野考古调查、勘探、发掘，对于不同的田野考古工作内容，其操作规范要求也不同。相比之下，考古发掘操作规范更为复杂，主要包括发掘工作日记、发掘工地记录、探方记录、小件登记表、平面图和剖面图、照相和录像、测试标本提取等工作项目，其中每一项目又包括多项内容，并有严格量化的规定。

因此，李凤翔的日常工作还涉及拍照、测绘等记录工作。在刮面过程中，考古人员需要详细记录每一个遗迹现象的具体位置、尺寸、形状等信息，并拍摄照片作为永久记录。这些数据对于后续的研究和报告撰写至关重要。

在每个发掘周期内，对于剖面及平面上每一层的分布情况以及各种特征都需要进行极为详尽的记录。李凤翔介绍，在常规的工作日程中，每天无论是中午还是下午的巡工结束后，团队都会进行一次航拍作业，旨在记录当天的发掘进展与实际情况。

随着科技的进步，新的技术手段如无人机、遥感技术、三维扫描等正被广泛应用于墓葬考古领域。这些技术的引入不仅大幅提高了发掘的效率和准确性，而且为遗址发掘提供了前所未有的视角。所以，对于像李凤翔这样的新一代田野考古工作者来说，需要掌握比以往更多的专业技能，这些技能涵盖考古学的基础知识、田野工作方法、文物保护意识以及现代科技应用等多个方面。

在武王墩墓考古发掘专家组成员刘建国看来，考古学本质上是一个交叉学科，现代社会的各个层面几乎都能在古代社会中找到其初始形态。因此，若要将古代社会进行全面复原，就必须充分利用现今的多种技术，才能准确解读考古现场的信息。

随着发掘的推进，武王墩的"盖头"慢慢被揭开，封土里的信息也逐渐清晰起来。

战国贵族墓的封土不同于一般坟茔的土堆，多为结结实实的夯土台。工匠们使用杵或木棍，通过铁质的夯头将泥土反复砸实，使得土层变得坚硬而紧密。这种夯土方法不仅增强了封土的稳固性，还有效防止了水土流失和自然灾害对墓葬的破坏。在夯筑过程中，由于土层是一层层叠加的，因此，上下层夯土之间往往会形成比较清晰的边界。

然而，武王墩一号墓的封土，仅有部分经过夯打，更多的却是未经夯筑的回填土。这种情况让李凤翔和同伴们陷入沉思：这是工程时间仓促导致的，还是另有原因？

就观察的情况来看，封土堆筑并未遵循一个统一且严格的技术标准。从整体视角来看，部分区域经过了夯筑处理，而另一部分则未经夯筑处理，仅仅是简单堆筑而成。针对这一现象，考古队进行了深入分析，并采集了大量封土土壤样本。宫希成认为，要进一步解读这一现象，还需获取更多资料进行更为详尽的分析。

其实，这种部分夯筑的现象并非武王墩封土所独有。对于战国时期的楚国封土墓，有专家研究称"封土结构多不详"，而从包山1号、2号墓和天星观1号墓的封土来看，都未经夯筑。

武王墩封土中出土铁制工具及箩筐、竹扇面等30多件，铁制器型有铁锸、铁夯头、铁锛、铁矛、铁刀等。封土营造采用堆筑和夯筑相结合的方法，内部有明显分层。西部封土堆筑，其余部分和夯筑相结合。

竹扇面遗迹

东部墓室与墓道交接处的封土用比较纯净的黄白色沙土和红褐色黏土逐层夯筑，夯窝清晰，与出土的铁制夯头吻合。

从出土的种类丰富的铁器中可以推断，在武王墩墓营建时，铁器已经被广泛应用于工程和军事活动中。这些铁器不仅反映了当时铁器制造技术的成熟，也显示了铁器在当时社会中的重要地位。至于封土里为什么会出现扇面，年轻的考古队员则展开了合理想象：会不会是监工不慎落下的？

隐忧难除

2021年9月3日，雨后天空如洗，武王墩主墓发掘迎来了一周年的纪念日。这场突如其来的大雨在滋润了大地的同时，也给考古工作按下了暂停键。通往考古工地的路泥泞不堪，自然不能开工。考古队员方玲和李凤翔有点闲不住，赶在晚上全队聚餐前，来到了空旷的工地上。

田野考古，本就是一场与自然的博弈，而雨天，无疑是考古人最不愿遇见的"敌人"。方玲似乎是第一次发现，干了整整一年，好像也没出现太大的变化。面对坍塌的封土剖面，她不停地感慨：这个剖面一下雨就塌，本来剖面应该在封土最中间的位置，但总是塌，就只能推移到偏南的位置了。

考古队原计划在封土推进到中间位置时，保留一个完整的剖面，就好比苹果从中间切开一样。这样，封土的地层和结构就一目了然了。然而，剖面的坍塌远远超出了此前的预估。方玲习惯性地对坍塌现场进行观察和排查，以及时了解坍塌的范围和程度，同时对可能造成的损害进行评估。

方玲表示，他们希望保留住那高大的剖面，以便未来进行展示。由于雨水侵蚀和日晒交替，剖面已经出现了几次开裂，并且已经有一部分发生了坍塌。如何有效保护这一本体，成为一个亟待解决的重要问题。为此，考古队打算邀请来自不同领域的专家，共同商讨并探索出保护

考古队员望"剖"兴叹

剖面的有效方法。

比起剖面的坍塌，李凤翔最担心的是盗洞。从封土清理开始，除了营造工具，发现最多的就是盗洞了。最多的时候一共出现了 26 个盗洞，清理到此时，还剩下 13 个。这些不同时代留下的盗墓痕迹，浓缩成一个巨大的悬念——当年的盗掘是否得手？地下墓室是否遭到疯狂的洗劫？

作为楚国的王级大墓，武王墩的发掘承载了考古人的期待与梦想。当李凤翔看到密布的盗洞时，他的心情异常沉重。"肯定心里很凉的，肯定又开始在骂盗墓贼了。"李凤翔无奈地表示。作为一名考古专业的研究生，他深知这些盗洞背后所隐藏的恶果。

如果考古发掘和保护工作能够科学进行，那么武王墩墓葬下方的原始保存环境可能依然完好无损，那些珍贵的竹简、丝帛等文物也将得到更好的保存，从而为人们揭示更多古代社会的秘密。然而，现实是残酷的。盗洞不仅破坏了墓葬的完整性，而且对墓葬原有的水和空气环境造成了无法弥补的破坏。

如果墓内空气与外界发生置换，则会极大地加速墓内文物的腐化和氧化过程。这种情况可能导致原本能够保存下来的丝帛、竹简等珍贵文物遭受破坏，以至于当考古人员真正发掘到椁室时，文物可能已经无从寻觅。因此，无论是李凤翔本人还是其他关心并爱护文物的人，得知存在如此多的盗洞，都会感到十分痛心。

一年的封土发掘，每一步都充满了未知与挑战。坍塌与盗洞，这两个看似无关却紧密相连的问题，如同考古队前行路上的绊脚石，向越来越深入的墓室发掘发出了警示信号，成为武王墩主墓发掘过程中一直挥之不去的两大隐忧。

由于盗墓破坏了原来的地表结构，给东西向大剖面原貌保存带来了意想不到的困难。加之雨后多次发生坍塌，如果不及时采取合理的保护手段，墓体的构造在自然环境和外力作用下，极易出现坍塌及滑坡问题。

对于保留封土剖面隔梁这一难点，宫希成领队认为，关键要避免高度过大。保留隔梁的目的是满足记录和观察的需求，以便更详细、更科学地进行发掘。然而，安全始终是首先考虑的因素。为了平衡这一需求，考古队采取逐渐降低隔梁高度的策略。幸运的是，现在的记录手段先进，即使降低隔梁高度，仍然能够获得完整、详细的资料。

其实，宫希成最担心的，还是水的问题。封土发掘一结束，墓葬发掘就得开始。盖大棚，可以遮挡天上的降水，却无法消除地下水的影响。

通过勘探以及查阅相关的地质资料，考古队对当地的地下水文情况有了一定的了解。但宫希成表示，由于他本人不清楚岩土、加固保护这些技术问题，因此只能委托相关领域的专业人士和专业团队来负责这项工作。虽然无法保证万无一失，但他们始终以此为目标进行安排，并付出最大的努力。

把地质勘探技术人员请进发掘现场，调查现场水文地质环境，对考古队来说是一件新鲜事。就连干了大半辈子考古的宫希成，也是第一次动员地质专业的外援。

未雨绸缪，防患于未然，离不开第一手的地质勘探材料。

地质勘探工作在考古发掘中起着至关重要的作用。其目的在于深入了解地下水的特征，搞清楚水文地质情况，因为地质资料的收集直接影响到大棚的搭建方式、墓地的保护措施以及如何处理地下水问题。

地质调查发现，武王墩的地下水情况十分复杂。考古发掘和古人建墓不同，古人营建的时候可以放坡，而如今的发掘会相应形成一个垂直面，一旦底部泡水，上面就有坍塌的风险。因此，如何处理地下水，成为考古队面临的最大难题。

通过地质勘探与水文监测的地下图景，识别考古发掘中存在的问题，只是遗址保护的第一步。摆在考古队面前的，远不止一个王级大墓的发掘，更有一个时代课题——如何在南方大型墓葬的整个发掘过程中，探索一套预防性保护的规范和体系？

武王墩的土壤由墓葬本体的五花土和周边地区的地层活土构成，这是经过长期自然和人类活动形成的复杂土层。五花土的颜色和质地不均一，常含有古代遗物，如陶片、砖瓦碎片等，反映了该地区丰富的历史文化积淀。

武王墩位于淮河流域，由此可以推测椁室内文物常年浸泡在水中，水面以上的椁盖板和竹席也处于饱水状态。这表明该地区地下水位较高，且墓室内部存在积水现象。因此在考古发掘过程中，考古队必须特别注意对出土文物的现场应急保护，以防止水分蒸发等原因导致的文物损坏。

河南省文物考古研究院研究馆员陈家昌，曾参与国家文物局考古现场重点研发计划文本起草工作。针对武王墩大墓的保护，他提出应充分考虑淮南的环境特点，高度重视对水分的控制：一是控制大家已经意识到的降水问题；二是在发掘过程中怎么解决微观环境中的水分。

西北工业大学的邓宏曾参与秦东陵发掘预防性保护体系建设方案的讨论。他提出在条件许可的前提下，可以构建一个预防性保护体系。如果在武王墩墓发掘之前就建立一套预防性保护（监控）体系，从气象、水文、地质环境等方面全程监控发掘过程，采用数字化手段对信息、遗物进行提取，为预防性保护提供一个南方范例。

鉴于以往缺乏此类预防性保护措施，邓宏提议，可以将武王墩墓发掘与秦东陵的发掘工作进行参照。秦东陵作为北方的一座大型墓葬，与武王墩这座南方的大型墓葬在状态上颇为相似，且两座墓的墓主所属年代也相近，因此，两者之间存在良好的互鉴条件。

就土遗址的保护问题，安徽博物院研究馆员郑龙亭介绍了山东齐长城保护案例。齐长城遗址过去一直在坍塌，从第二期开始，当地用自己研制的材料，给齐长城做了一个 8 厘米厚的外壳加固。材料虽然很好，但大家觉得加的壳太厚了。第三期的壳做到 0.5 到 1 厘米，也很坚固。由此他提议，武王墩要找到一个适合自身的保护办法。

郑龙亭指出，传统做法是每当水分渗透时便进行抽取，但随后往往又会出现渗水现象，最终导致塌方，塌方之后才采取措施进行修复。地下水问题实际上是一个环境问题。他建议应该根据淮南地区现有的地质水文条件、气候环境状况以及墓葬的具体情况，制定一个综合保护方案；或者在现场采用某种方法、某种材料，即使这些方法是临时性的，也要力求相对完整地保留墓壁。

除了发掘过程中对墓葬本体的保护，对文物的保护更是刻不容缓。摆在考古队面前的首要任务，就是现场如何实现对文物的保护性提取。其中，难度较大的，是对竹木漆器、纺织品、纸张、皮革、骨角器等有机质文物的取样。

潮湿环境出土的有机质文物，大部分都处于饱水状态，所以提取之后，也要采用浸泡在水中的方式进行现场保护。由于文物本身非常脆弱，因此提取的难度也比较大。这就需要前期作充分的准备，制定相应的保护预案。

三军未动，粮草先行。

对考古发掘来说，在地下文物重见天日之前，必须取得文物保护专业团队的鼎力支持。宫希成把中国科学技术大学率先确定为文保合作团队之一。

龚德才教授领衔的文保团队，主要从事纺织品和纸质类文物保护修复与研究，兼顾彩塑保护、博物馆"视差修复"展示及修复工艺研究。龚德才形象地自称"文物医生"。对于武王墩主墓的发掘，除了常态的准备，他还郑重提醒，在提取文物之前，要配置适用的装备。

龚德才回忆起当年在泗水王陵的发掘经历：墓坑内被水填满，无法铺设木板以供站立，工作人员只得趴在木板上面进行文物提取；尤其在雪花飘落的天气，工作人员在刺骨的寒风中，仍需从水中逐一取出木俑、马俑等文物。就是在这样的环境里，他们艰难地提取出了500多匹马的俑像。因此，对于武王墩墓的发掘，龚德才希望能在装备上有所改进，以便更加便捷地提取文物。

从封土挖掘之初，考古专家一直在为墓葬遗址和出土文物的保护准备各种预案。然而，在真正打开墓室之前，一切都充满变数。尤其是盗洞的不断出现，墓葬文物是否存留或所剩多少，给文物保护工作增添了新的隐忧。

所幸，当考古发掘进行到墓葬开口位置时，盗洞已所剩无几。这些盗洞经一一排除后，还剩下两个情况不明。

通过封土发掘，墓葬的营造过程以及营造技术也变得清晰起来。根据已经掌握的线索，考古队分析，武王墩封土的原始形状，并不是印象中的圆形馒头状，而应该是方形或长方形的覆斗状，即类似于装粮食的斗倒扣过来的那种形状。

在墓葬开口处，考古队意外地发现了三层熟土台阶，台阶由破碎的红砂岩掺黄黏土精心夯筑而成。三级台阶总高度是1米，也就是高出原来的地面1米，考古队暂时把它视作一种墓上设施。这种内边规整、向上夯筑的熟土台阶代表什么含义？这是否与地域、时代或墓主的身份有关？

对于三层台阶出现在墓葬开口位置，宫希成认为这一发现，对于深

武王墩封土堆原始状态示意图

入理解楚国高等级墓葬的规制以及礼制方面的问题，将会有所帮助，"当然这一点也还需要进一步确认"。

《楚系墓葬研究》一书记述："淮阳马鞍冢，可能因为当地地下水位较高，不便掘进很深，台阶除了向下挖掘数级，还从平地上往高处一级一级夯筑出来。"

由此可见，向上夯筑台阶的墓葬形制可能并非武王墩首创。然而，在《河南淮阳马鞍冢楚墓发掘简报》中，并未提到这一现象。这又是为什么呢？

方玲表示，在一些研究性文章中，曾提及墓葬上出现过类似的堆积现象。这些堆积有的作挡土之用，有的据说是为了凑齐台阶的级数。然而，他们尚未在已查阅的考古发掘报告中，找到关于此类堆积的具体记载。因此，他们仍在继续深入查阅资料，以期找到可能遗漏的相关信息。

当一个个藏在封土里的问题，进入考古研究的视野，历经三个年头的武王墩发掘，已慢慢掀起了"盖头"。

发掘即将向墓室深入。在奇迹和风险共存之际，宫希成认为此时面临的最大隐忧，还是发掘安全问题——如此大规模的墓葬有足够的深度等待发掘，一旦发生垮塌又该如何去应对？

"快闪"的凤鸟

  2022年5月14日上午,淮南武王墩墓考古工地迎来了一个激动人心的时刻——临时保护大棚首跨钢网架正式开始吊装。正方形结构的大棚,钢构封顶跨度达63米,这一跨度带来的施工难度在淮南市尚属首次。见证吊装的时刻,考古队员们既兴奋又紧张,因为大家对这座大棚期待已久。

  越来越多的矗立在考古遗址的保护大棚,并没有一个统一的、官方的"学名"。它通常根据功能和用途来命名,如"考古发掘现场保护大棚""考古遗址保护大棚"等。这种结构在考古发掘和保护工作中起到了至关重要的作用,能保护发掘现场和出土文物免受自然环境与其他因素的损害。

  考古保护大棚的兴起并没有一个确切的时间点。随着考古发掘技术的进步以及全民文物保护意识的提高,考古保护大棚作为一种有效的文物保护措施,在近年来的考古发掘和保护工作中得到了越来越广泛的应用。

  进入墓室发掘阶段,现场保护大棚的搭建显得尤为重要。在田野考古作业中,风、沙、雨、雪等天气因素都会对发掘现场造成空气污染,导致探方内部积水,这不仅会影响考古发掘的进度,还会对文物造成破坏。因此,防护棚是必不可少的设施,它能最大限度地减轻天气因素对

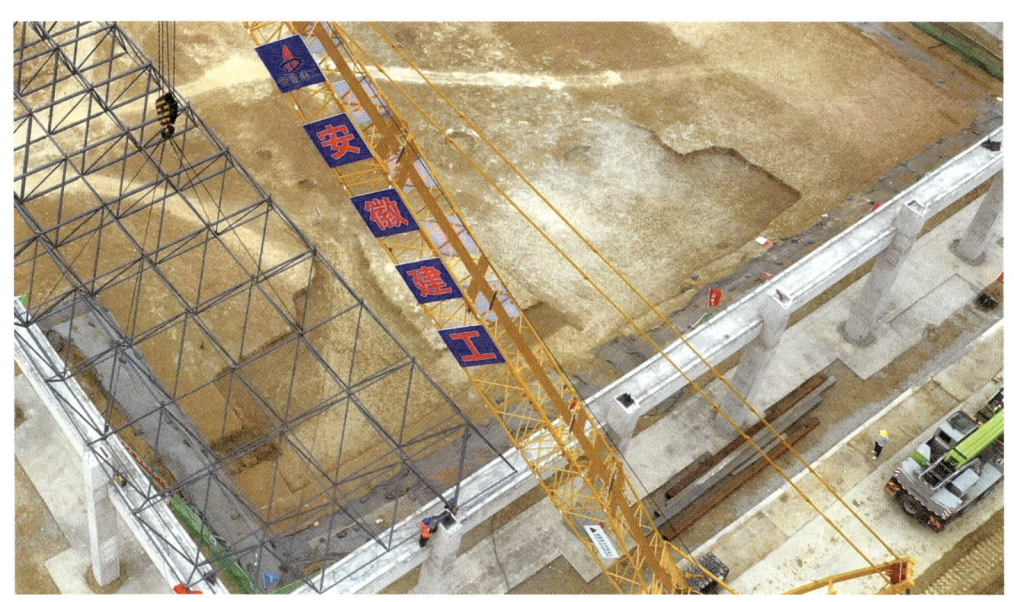

建设中的武王墩考古大棚（摄于 2022 年 5 月 14 日）

考古工作的干扰。

宫希成表示，武王墩墓在完成封土挖掘后，根据既定计划，需要依靠淮南方面的协作来搭建现场工作大棚。这一举措，旨在为后续的发掘作业提供一个更为优越的保护环境。因为随着挖掘深度的增加，若缺乏大棚的遮蔽，一旦遭遇降雨，积水涌入坑内，将严重阻碍发掘工作的进行；此外，没有大棚的保护，发掘工作的质量与人员安全也难以得到保障。

考古大棚在南方墓葬发掘中，往往起到至关重要的作用。它一方面能提供一个相对封闭的环境，减少自然环境对遗址的破坏，如雨水冲刷、阳光暴晒等；另一方面能在内部建立考古舱，对微环境进行精准控制，如控制温度、湿度、光照等，确保出土文物在稳定的环境中得到保护。此外，考古大棚的设立也为公众提供了一个观看考古发掘过程的平台，增加了考古工作的透明度和公众的参与度。

在三星堆遗址的发掘中，为了防止外界环境对遗址的破坏，整个发掘区域搭建了 2300 多平方米的钢结构大棚。大棚内部建立了 4 个考古舱，采用玻璃钢架结构，既减轻了发掘区域的承重，又有效保护了遗址。考古舱内部的环境得到了精准控制，最大限度地降低了文物出土时所受到的伤害。

关于武王墩考古大棚的建设计划，当地酝酿已久。初始方案旨在解决武王墩大墓发掘中的关键难题。为配合淮南市高新区纬五路的改造，方案首先需要适时迁移两路高压线。此项迁移工程需从原直线改道并大幅绕行，预计增加路程近2千米，整体造价高达1500万元。高压线迁移一度被视作建设大棚的前提，"若高压线不移除，大棚建设将无法推进"。

接着，当地计划构建一个满足发掘需求的大棚，该大棚采取一次性设计、分三期投入实施的方式。初期将满足发掘工作的需求，至第三期则满足展示的需求。此举旨在确保大棚一次性投入后能够永久性使用，实现资金的高效利用。初步设想，未来的大棚展示区将与博物馆区域相区分，大棚的总面积预计超过6000平方米。

据沈汗青介绍，早在2020年底，他就拿到了武王墩大棚的第一份概念性设计图纸：根据墓葬的摆放情况，大棚的东西长估计为115米，南北宽大约是70米，总的面积应该在8000平方米上下，高度为19米。整个大棚的搭建，设想分三期：第一期能够保证考古发掘的需要，上面要有桁架，能走行车，能满足墓葬填土外运、椁板提吊等需求；第二期准备封闭；第三期恒温恒湿，用于展示。

总投资预算为8500万元，这一数字是基于保守估算得出的。沈汗青说，在第一期工程中，目标是构建一个既能挡风又能遮雨的工作棚。但在实施过程中还面临一个关键问题：是将其打造成为一座具有标志性的建筑，还是以满足功能性需求为主？

考虑大棚的跨度较大，且需要容纳行车通行，以便未来进行椁板等大型构件的起吊作业，这无疑对其功能性提出了很高的要求。为了平衡各方面的意见，当地决定在设计中兼顾标志性与功能性。这一决策不可避免地涉及造价问题，需要在预算与需求之间找到合理的平衡点。

针对大棚建设，考古队队里队外，淮南市市内市外，在一年多的时间里，曾展开多次热烈的讨论。是建一个永久性的展示大棚，还是建一个临时性的过渡大棚？它的造型与设计能否满足未来展出的要求？怎样在地理空间上规划大棚和高压线塔的安全距离？不同路径与策略选择的背后，都有着理想与现实的碰撞和交流。

当地的主流观点包括以下几个方面——

大棚的设计应当充分考虑其作为文物展出的功能性，如果文物出土后还需另行建设博物馆，则当前的大棚建设将失去实质意义。

建议将大棚的部分空间作为展室使用，以便与墓室形成有机联系。同时，需重视展室的除湿防尘工作，以确保文物被安全保存。

引入社会资本，在大棚内建设符合展出条件的展厅，这样不仅能更好地展示文物的价值，同时也能为公众提供更为优质的观展体验。

从发掘情况看，该墓葬具有较高的历史和文化价值，因此应当着眼于长远，建设一个与墓葬价值相匹配的展出设施；在造型与结构设计上，应充分考虑视觉审美的需求，以确保其既能满足功能需求，又能体现审美价值。

相比之下，考古专家对大棚设计的建议，更突出满足发掘和保护的需要。

河南省文物考古研究院研究馆员陈家昌提及，他们在开封的发掘深度超过 10 米时，曾遇到水量过多的棘手问题。因此，在建大棚的时候，一定要把止水的围墓灌浆和大棚建设一块提出来。这样能为发掘墓室、发掘椁室提供一个便利的条件。

在工地大棚设计的考量上，中国社会科学院考古研究所研究员徐良高提出，当工作进展至大棚内的椁室部分时，可以考虑适当搭建小棚以提供额外的保护。他建议参考发掘三星堆时的做法。在三星堆的发掘过程中，每当发掘出一个坑，工作人员都会立即搭建一个棚子，确保对文物进行充分保护。

考古保护大棚的具体设计和建造，会根据不同的考古遗址和发掘需求而有所不同。例如，有些考古保护大棚可能采用张拉索杆结构等现代建筑技术，以提高其稳定性和耐久性；有些则可能结合当地的文化特色与自然环境进行设计和建造，以更好地融入当地景观和文化氛围。

2021年秋季，武王墩考古大棚建设方案进入实质性研讨阶段。9月中旬，设计方和考古、文保专家密集召开视频会议，探讨如何为承载着厚重楚文化的武王墩主墓，量身打造一座既能有效保护墓体和文物，又能彰显文化底蕴的考古大棚。从结构安全到功能实现，从文化传承到视觉呈现，大家就设计方案展开了充分讨论。

10月下旬，设计方交出了一幅幅精心设计的图稿，将"一次建设，永久使用"、考古保护大棚融入未来遗址博物馆的蓝图一一呈现。三个设计方案各具特色，突显考古大棚不仅是保护考古发掘的重要设施，而且是文化传承与创新的艺术品。

"凤之流"方案，灵感源自楚文化中神圣而灵动的凤鸟图腾，设计师将凤鸟图案与山形等高线相融合，给人带来展翅高飞的想象。

"楚之鼎"方案，以方形的四足楚鼎为原型，通过现代抽象手法重新诠释，不仅展现了楚文化的庄重与大气，而且寓意着对历史的尊重与传承。

"三出阙"方案，则是对古代导引式标志建筑的现代演绎。它以独特的造型和深厚的文化底蕴，凸显了武王墩作为王级大墓的不凡地位。

三个方案中，"凤之流"以鲜明的楚风、流畅的线条和明快的设计赢得了一致好评，几乎所有人都认为，凤鸟的形象将凌空振翅在武王墩墓遗址的上方。然而，美好的愿景总是伴随着现实的挑战，这只凤鸟最终折翼而去。

面对各呈其彩的设计方案，一个不容忽视的问题横亘在众人面前——资金与土地。无论是哪一种方案都造价不菲，加之土地使用权限的复杂性，使永久性使用大棚的建设方案不得不暂时搁浅。

更深层次的原因，也许还在于墓葬发掘存在着不可预知的风险。因为武王墩墓中的盗洞一直伴随着发掘向深处延伸，谁也无法预料，椁室

"凤之流"方案示意图

"楚之鼎"方案示意图

"三出阙"方案示意图

打开后会是怎样的结果。万一出现文物被盗一空，最终挖出一座空墓的情形，当地还能耗费巨大的投入，为它建永久性的保护设施吗？

最终，为了尽快给武王墩主墓提供必要的保护，同时考虑现实条件的限制，发掘现场选择了更为灵活、经济的临时性大棚建设方案。这个略显妥协的决定，和早先的期待虽然相去甚远，但对于考古队来说，也算是满足了后续发掘的基本条件，并为更为长远的规划保留了空间。

2022年3月1日，淮南武王墩墓临时保护大棚在春风初起时悄然动工。大棚采用全封闭设计，主体结构为钢筋混凝土框架，同时采用升降式压板机进行屋面板的加工和安装，形成了一个完整的保护系统。施工单位仅用短短10天的时间，便完成了繁重的土方作业。

4月，钢筋混凝土的脊梁——梁柱结构宣告完工。

进入5月，建设节奏骤然加快，杆件、螺栓球等钢网架组件一一就位，蓄势待发。5月14日清晨，首跨钢网架腾空而起，标志着大棚骨架构建进入冲刺阶段。随后，每一天都充满了紧张与期待，钢网架如巨龙般一节节延伸。至5月23日，七跨钢网架全部精准就位。

5月29日，保护大棚的最后一块拼图——屋面板，被稳稳安装，严丝合缝，为这座临时大棚披上了防雨的外衣。三个月，90天的时间，施工单位克服了各种困难，终于赶在梅雨季到来前，让武王墩临时考古大棚及时落成！

大棚的论证过程颇为漫长，相比之下，建造却十分迅速。该工程空间跨度达到了63米，且中间未设立任何支柱。

从2020年9月考古队正式发掘武王墩墓封土算起，时间已经过去了1年9个月。

通过认真发掘，在表土层、扰土层出土筒瓦和板瓦近2500片，有素面、绳纹、弦纹等，未发现建筑遗迹。

在文物保护及多学科研究方面，考古队与相关高校合作，对不同土样进行采集分析，对夯窝、夯层等遗迹进行切割打包提取，对出土的箩筐、竹扇、铁锸、铁夯头等文物进行分析测试并加以保护。考古队还与

武王墩考古大棚

地质部门合作,进行了水文地质及环境等方面的基础资料采集。

  至此,主墓封土基本发掘完毕。一座王级墓葬的墓口,已经完全呈现。

  日复一日,伴随着考古发掘的持续推进,曾经草木丛生的武王墩,旧貌早已荡然无存。站立了2000多年的高大土墩已从世间消失,仿佛从未存在。随着考古保护大棚的落成,墓室的发掘正式拉开帷幕,武王墩的考古进度是否会因此大大提升,考古队上下对此并不乐观。

如履薄冰

  工地还是过去的工地，探方的大小也继续采用封土发掘的方式，将10米见方的区域作为发掘和记录的基本单元，然而，2022年6月开始的武王墩主墓填土发掘终究和此前不同，毕竟从地面来到了地下。面对规模宏大的土质墓体，不夸张地说，每深入一步，就多一分风险。
  这一阶段，为了确保人员安全和发掘工作的顺利进行，考古队在隔梁的位置，每发掘2米的深度便进行一次资料的采集和记录，然后通过降低探方高度的方式来降低安全风险。
  对于南方土遗址的考古发掘，最大的安全风险莫过于墓室塌方。因为古墓年代久远，墓室结构脆弱，考古人员虽然在进入墓室前会采取支撑加固措施，但上方土质仍有随时崩塌的可能。而地下水的渗透会加剧这样的安全隐患，这种现象在深度挖掘的环境下时有发生，俨然成为南方墓葬发掘的技术瓶颈。
  武王墩墓发掘，封土阶段的情况就不乐观，那么在填土阶段，又会有多少意想不到的麻烦在地下"爆雷"呢？
  初夏时节，发掘工作按部就班地向地下推进。因为工地上方架起了临时大棚，考古作业不再暴露在阳光直射之下。即将返校准备论文答辩的李凤翔，觉得工作进度快了不少。他已经在武王墩考古现场度过了两个学期，从事考古实践的同时，他还完成了自己的硕士论文《楚文化谱系的动态考察——以楚系青铜器及墓葬为中心》。

李凤翔在紧张的工作之余,对楚系墓葬进行了一次全面的搜集与整理,在借鉴前人研究成果的基础上,依照"分期—分区—分级"的顺序重新构建了楚墓时空发展谱系,综合考察楚系墓葬的时空差异及其背后的原因,将楚文化前半期分为"融"和"汇"两个大的阶段,对楚文化的形成与发展进行了探讨。

类似的学以致用、以学促用的现象,在年轻人占主体的武王墩墓考古队,绝不是个案孤例。

即将暂别考古工地,李凤翔却有了一个意想不到的发现。他发现的不是古人营造的遗留物,而是当下制造的 PVC 管。PVC 是 Polyvinyl chloride(聚氯乙烯)的简称,主要采用聚氯乙烯树脂、稳定剂等调配后通过高温压制而成。一根深埋的 PVC 管会在这里出现,这无疑是当代盗墓者所为。

果然,随着发掘深入,更多的现代化物品逐一显现:编织袋、罗盘、枕木、矿泉水瓶、铁锹,还有那极具标志性的洛阳铲……这些工具与用

盗墓遗留下来的 PVC 管

品，如同拼图的碎片，拼出了一幅盗墓贼疯狂作案的图景。

更令人震惊的是，在突兀的PVC管周围，考古队还发现了遗留在现场的炸药痕迹。可以想象，盗墓分子先是利用洛阳铲小心翼翼地钻孔，随后沿着钻孔插入PVC管，再将炸药投入其中，实施定向爆破。用这种方法，每次爆炸都能使四周土壤自动挤压紧实，避免了盗洞塌方的风险，足见盗墓者的老道与狡诈。

然而，这根PVC管终究打错了地方，它的下部并非椁室的所在，而是厚实的生土层。无奈之下，盗墓者只能放弃，留下了这一地狼藉。

在PVC管和其他现代盗墓贼遗留物品被挖掘出来之后，考古队通过细致的土壤鉴定，有了更加惊人的发现。他们发现了一个古老的盗洞，这个洞口直径不到一米，以倾斜的角度深深扎入地下，直指椁室的方向。通过对盗洞中填土的成分、质地以及随后发现的陶罐、陶碗等物品的综合分析，考古队员们推断，这个盗洞的历史至少可以追溯到1100多年前，是唐代盗墓贼留下的。

盗墓贼一直是考古学家的劲敌。他们为了获取古墓中的财富，不惜一切代价进行疯狂的掠夺，对古墓葬造成了无法挽回的破坏。他们的行为不仅破坏了古墓的完整性，还使许多珍贵的文物和历史信息永远丢失。其实，盗墓行为本身也充满了极大的风险。就像这个唐代的斜向盗洞，由于土壤结构和压力的不稳定性，它随时都可能发生塌方，对下方的人员构成致命的威胁。

当年轻的考古队员面对这个盗洞时，大家难以想象当年的盗墓贼究竟耗费了多少时间和精力，来挖掘这条漫长的通道；他们必须小心翼翼地挖掘，以避免塌方和其他危险。而更让大家担忧的是，这条狭窄、倾斜的通道能否成功通往椁室；如果盗墓贼已经得手，他们对墓室的发掘会造成怎样的后果。

李凤翔表示，一些盗洞的历史相当久远，即便想要查找相关资料，也无从下手，因为根本没有地方可以查询。另外，有些盗洞内部含有一些近现代的特征物，通过这些特征，他们可以判断出这些是近现代形成的盗洞。遗憾的是，关于这些盗洞是否真正深入并盗取了文物，同样没有相关的记录可供查证。

排除盗洞干扰，发掘工作继续向地下深处层层推进，刮面上这时出现了密密麻麻的夯窝。夯窝是夯杵墓室回填土时留下的痕迹，由于夯杵下端呈圆形，经无数次夯打，会在地上形成密密麻麻的圆窝。奇怪的是，暴露在考古队员眼前的夯窝，分布极不均匀。有的地方整整齐齐，有的地方却毫无痕迹，为什么会出现这种现象？

带着疑问，李凤翔作别了考古工地，下一次，他将以博士研究生的身份回到这里。

从夏天到冬天，发掘工作一寸寸地深入墓室，总量惊人的土方，源源不断地被送出。

2022年底，当冬雪如期降临时，武王墩主墓的地表之下，已显露出10级台阶。从墓口逐级内收的台阶，前期勘测为11级。然而，根据墓室勘探深度结合已发掘的台阶数量分析，最终的结果将会远远超出这个

图中白色圆圈为盗洞位置

数字。有人估计，从椁室到墓口，这座地宫很可能拥有 15 级台阶；还有人大胆预测，台阶将达到数量惊人的 19 级！

截至 2023 年早春，填土中出土各类遗物数十件，包括铁锤、木棍、陶片等。另外，填土中仍有盗洞 9 个，年代包括汉代、唐代、现代，盗洞内出土有盗墓工具和生活用品。

墓室发掘深入一分，距离真相就更近一步，2023 年 3 月中旬，主墓发掘深度已到墓葬开口以下近 11 米。随着武王墩工地逐步向地下推进，考古队承受的遗址保护压力也在不断加大。

在遗址或墓葬的发掘过程中，考古人员遇到的最危险的事情就是垮塌。通常，比较深的遗址距离地表大概有七八米，墓葬还要更深一些，有十几二十米，所以若遇到长期干旱或者下雨的天气，坑洞两边的土就容易发生松动，造成垮塌。

先前的盗墓行为，以及正在进行的抢救性发掘，导致周边的土体受到扰动，古墓室周边的应力状态发生了变化。身为考古队的领队，主持武王墩这座大型墓葬发掘的宫希成，一直紧绷着一根弦。这就是在整个墓室的发掘过程中，如何通过行之有效的保护手段，避免墓坑发生坍塌，在确保发掘安全的同时，尽量完整地保存墓葬的原始形状。

武王墩墓葬，墓圹和坑壁的两侧之所以采用内收型台阶的形制，除了可能出自礼制和规模的考量，还有工程本身的原因。从技术角度分析，多重的阶梯一方面可以有效地分解地表上部的土方压力，以保证墓圹、坑壁以及施工人员的安全；另一方面可以减少土方量以及工作时间，节约人力、物力。

由此可见，安全和效率是古墓葬阶梯墓流行的主要原因。

营造不易，发掘也难。采用"覆斗形"结构的武王墩，近正方形的墓室开口，边长约 47 米，深约 14 米。对规模如此之大的墓葬进行正式科学发掘，在淮河以南还是第一次。如何做好墓坑的安全防护？考古队面临无先例可循的巨大挑战。

墓坑的开挖可能造成土体坍塌或土坡滑动，其原因一般分为两种：

墓室台阶出现局部塌方

一是外界力的作用破坏了土体内原来的应力平衡状态；二是土的抗剪强度受到外在因素影响而降低，致使土坡失稳。

方玲感叹，填土发掘过程中面临的最大难题，就在于墓室的加固工作。为此，考古队与专门从事遗址本体保护的公司共同制定了一个前期的加固方案。方案出台后，还需要邀请相关领域的专家进行论证，因为土遗址的保护确实是一个复杂且棘手的问题。

早在2022年10月，填土发掘到4米深度时，一号墓墓坑加固和台阶表面保护处理，就与发掘工作同步进行：由专业保护队伍进场施工，主要采取打花管桩和竹锚杆的方式；同时监测地下水位和墓坑周边土壤含水率，以便及时调整对策；墓壁台阶发掘后，用土工布覆盖；根据监测的土壤干湿度，通过洒水保持一定湿度，预防干裂、剥落；到了冬季，再加覆草帘防冻。

从2023年3月初开始，武王墩主墓墓坑边坡土体出现龟裂和垂向裂缝。在挖掘至10到11米深度时，考古队遭遇了西边坡和南边坡的局部坍塌，随后坍塌范围有扩大的趋势，西坡的南面和南坡的东面也相继出现垮塌现象。此外，墓坑四角还出现渗水现象。

张闻捷教授坦承，他们是首次发掘如此规模的大型墓葬，尤其是在南方这种饱水环境下进行发掘，难度更大。当墓壁发生垮塌的那一刻，他们感到十分心痛。"这确实超出了我们技术能力的范畴，更多地涉及工程学的范畴，实际上让我们有一种无力感。"

险情发生后，考古队迅即邀请了安徽省地质调查院、安徽理工大学等单位的岩土、地质、水文等方面的专家，对现场进行了实地勘察评估。专家一致认为：该地区土壤属第四系弱膨胀土，干旱开裂、遇水膨胀，反复多次就会不可避免地出现坍塌；墓坑开挖过程中出现上述不良地质灾害现象的时间不会很长，但随着雨季来临，这种坍塌点数量可能会继续增加。这不仅会给墓坑保护带来困难，还会对未来的发掘与保护造成隐患。

为迅速稳定局势，考古队立即行动，在墓室周边紧急垒起了一圈麻袋，让情况基本稳定下来。

8月下旬，经过反复研究和论证，考古队终于敲定了加固方案。9月初，施工队正式进场施工。按照预定的方案，施工人员有条不紊地进行钻孔、打桩、灌浆等一系列作业，同时还在现场进行浆液配制实验，确保万无一失。

施工方采用了一种特别的方法来对墓室进行加固，那就是在钢管桩内灌注浆液。他们先在墓圹四周打出了深达12米的钻孔，然后竖立起一根根钢管桩，最后在这些桩内灌注特制的浆液。

那么，这种特制的浆液是怎么制作的呢？原来，施工人员取用了墓室周围的土，经过精心配比，制成了合适的浆液，然后注入钢管之中。而钢管的四周还钻有许多小孔洞，这样灌注进去的浆液就能慢慢渗透出去，和周边的土壤紧紧地黏合在一起。

形象地说，这些植入土里的钢管以及渗出钢管的浆液就像是人的经脉一样。它们共同作用，一起维护着土体的应力平衡和抗剪强度，让墓室变得更加坚固和稳定。

施工方采取了深入地下的稳固措施，使用 12 米长的钢管进行打入，且在钢管内部又嵌套了工字钢，其深度超过椁室最底部有 4 米之多。宫希成介绍，总计两排的钢管，数量达到了 274 根，每根钢管的直径均为 27 厘米。

为确保整体结构的稳固，施工方在钢管上方利用钢筋将其连接成一个统一的整体，随后进行了灌梁的浇筑工作。该灌梁的宽度约为 1 米，高度则达到了 1.2 米。在此基础上，又修建了高度为 0.5 米的挡土墙以进一步加固。鉴于西边区域垮塌情况较为严重，该处的挡土墙被修建得更高一些。

在施工前以及边坡上，考古队还设置了监测点，分别用于监测位移和水位的变化。后来，根据专家现场的勘探与分析结果，确定台阶局部垮塌主要是地表水导致的。于是，考古队在大棚外围打了一些渗水井，进行了地面硬化处理以拦截地表水，并打了一批 8 米深的浅水井以解决地表水问题。同时，还打了一批 20 多米的深井以解决地下水问题。这样一来，水的问题基本上得到了控制。

土体的加固工作，从建筑学的视角看，相当于处理一个既深又广的基坑。宫希成分析，由于土壤结构并非理想状态，因此在非封闭的环境下，控制其干湿度变得尤为困难。尽管团队付出了努力，且加固工程随着发掘工作的推进同步实施，但就实际情况看，效果不是很理想，局部区域出现了台阶垮塌的现象。这样就不得不暂停发掘工作，转而进行治理，这无疑对工程进度造成了一定的延误。实际上，这一系列问题也对整体发掘效果产生了一定程度的影响。

墓体渗水与漫长的加固过程，给博士生柴政良留下了深刻印象。他回忆起工地渗水之初，大家对一小片的潮湿并不在意，谁也没想到后来会发展到如此严重的地步。柴政良坦言，这次经历对自己来说，是一次重要的经验教训。他强烈地意识到，在未来的发掘中，尤其是面对这种大型土遗址时，必须格外重视水土的各种变化。

柴政良表示，在这次处理渗水和加固工程的过程中，他接触了许多与土木工程相关的知识，这些知识在他以往的考古经历中从未涉及。这次经历，实际上使他的认知产生了一个"非常大的改观"。

此外，他还对古人的智慧表示了深深的敬佩。这座古墓的修建，本身就说明了古人具备解决复杂工程问题的能力，这一点给他留下了深刻的印象。

填土阶段的发掘，按照夯层逐层揭露，考古队特别选取了夯筑较为清晰的部分，进行了局部打包提取。填土的成分主要为褐色五花土，土壤中夹杂着青膏泥、红砂岩碎块等物质。不少填土是通过层层夯筑的方式形成的，每一层夯土的厚度为15到30厘米。夯土层表面平整，边界清晰，每一层夯土的表面和内部都分布着密集的夯窝。

离发掘工地不远，武王墩主墓考古发掘区内，还有一个如火如荼的建筑工地。兼具出土文物保护、文物修复、文物研究、学术交流与研讨等多种功能的文物保护中心，一直在抓紧建设。

边发掘，边保护，在当下已成为考古人的共识。

所谓科学发掘，意味着不仅要保护好文物本体，还要保护好与文物相伴生的自然环境和文化生态。这是系统考古理念对武王墩墓葬发掘的要求，也是考古人不懈努力的目标——力争将文物的更多价值和信息原汁原味地保留下来，传承给后人。

历史入口处

凿穿尘封的历史,武王墩主墓发掘如同一场穿越时空的探险。随着发掘的深入,一幅规模宏大的古代营造画卷缓缓展开。逐级步入地下宫殿,仿佛踏入战国末年的公共广场。这里的每一块土方、每一级台阶都凝结着2000多年前匠人的智慧与汗水。

整齐划一、古朴厚重的土方台阶,无疑是2000多年前人工营建的杰作。它们历经千年沧桑,却依然能从厚实的回填土中清晰可辨,这得益于台阶表面所经过的精心抹面处理,那仿佛是时间留下的不朽印记。更令人惊叹的是,部分台阶的面层上,还依稀可见编织物的痕迹。这些纹路清晰、历史悠久的遗存,应该是当年覆盖于台阶之上的盖席。经年累月,这些盖席逐渐碳化,最终与土阶融为一体。

一片沉睡了2000多年的地下世界,从营造到文物,每一寸土地下面,都可能珍藏着复杂而丰富的历史信息,等待人们去发现、去解读。从这个意义上说,武王墩主墓的发掘,不仅是对古代文明的探索,而且是一场跨越时空的对话,让今天的人们和遥远的战国文明进行一次深入的碰撞与交流。

焦南峰,陕西省考古研究院研究馆员,学术专长为秦汉考古、中国古代陵墓制度研究。长期从事秦汉时期帝王陵遗址发掘与研究,焦南峰的学术视野自然涉及楚国墓葬。在他看来,秦和汉的陵墓制度,也汲取

台阶上的编织物痕迹

了楚文化的一些元素。而武王墩作为首次正式科学发掘的楚王级陵墓，其重要意义不言而喻。

虽然武王墩墓已经遭受过盗掘，但焦南峰心里藏着一个小心愿，就是希望盗掘的程度能轻一些，这样墓葬就能保存更多的历史文化信息，尤其是那些关于制度文化的重要细节，比如棺椁的结构、层数、尺寸，以及陪葬器物的数量和等级。而这些原始信息，对于研究墓葬制度、陵墓等级以及当时的社会制度，具有极高的价值。

焦南峰回忆自己曾参加过一次会议，在会上听取了中国社会科学院学部委员刘庆柱的意见。刘庆柱强调，在文化研究的诸多领域中，对制度文化的研究应占据首要地位。而要深入探讨制度文化，则不可避免地需要依托考古发现。

焦南峰认为，目前所能接触的实物证据，主要集中于都城与陵墓两大方面。由于都城历经多代人的居住，其受损程度往往十分严重；相比之下，陵墓所遭受的破坏则相对较小。因此，从这个角度来看，陵墓资料对于考古学，尤其是对于制度文化的研究，其价值无论如何评价都不为过。

在等级森严的古代社会，人的行为规范都要受到礼制的约束，就连人死后使用什么形式的墓葬都有一定的规矩。一般说来，墓道越多，墓葬等级越高。天子，亚字形墓；诸侯，中字形墓；卿大夫和其他贵族，甲字形墓。按照先秦爵位，楚国是子爵，楚王一直沿用甲字形墓葬。而秦人就无视这样的规矩，敢于使用亚字形大墓。

焦南峰指出，秦人在这个时期大胆地采用了亚字形的墓葬形制，这在中国古代陵墓制度中是一个重要的变革。楚国虽然历经800年发展，从一个小方国变成王国，但其陵墓制度一直保持不变，仍然使用甲字形墓葬；而秦人则敢于打破常规，使用亚字形大墓。这可能与秦人和楚人的性格有关。

秦人可谓"二杆子"，也就是陕西人口中的愣娃子。焦南峰以幽默的口吻说，他们胆识过人，敢于直接向周王室发起挑战。而楚人，实际上心中也藏着不少想法。王孙满被问及九鼎之事，不正是楚人所为吗？楚庄王装作好奇地问，九鼎究竟有多重，这实际上透露出他对周天子王权的一种窥探与觊觎。但楚人只是将这种意图表现在言语上，并未付诸实际行动。

焦南峰还提出，战国时期秦楚两国的关系非常紧密，有着姻亲关系。秦国著名的宣太后就是楚国人，这对秦文化产生了深远的影响。特别是在战国晚期，秦人占领巴蜀之后，秦楚两国的文化联系更加紧密。虽说这时武王墩主墓发掘还在继续，但焦南峰期待，发掘成果能够揭示更多关于秦楚文化的信息。

2023年3月，80岁高龄的中国社会科学院学部委员刘庆柱来到淮南，现场查看武王墩墓考古工地。刘庆柱的研究领域，主要是中国古代都城考古学、古代帝王陵墓考古学和秦汉考古学。他先后参加并主持秦都咸阳遗址、西汉十一陵、关中唐十八陵、秦汉栎阳城遗址、西汉杜陵陵园遗址、汉长安城遗址、秦阿房宫遗址等考古勘探、发掘，取得一系列的重大考古发现。对于武王墩墓发掘，他最关注墓葬形制。

作为考古学家，刘庆柱认为古墓发掘的关键点，首推墓葬的形制。相较于单独的物品，形制的重要性更为突出。物品固然能够反映当时的工艺水平以及墓主人的身份地位，但形制所蕴含的信息则更为深远。这就好比前往某个地方或部门时，人们首先会注意到的是其建筑门面，即所谓大门楼。对于王陵而言，亦是如此，考古发掘首先要关注的是陵墓本身，而陵墓中最为核心的部分则是地宫。

在考察地宫时，有几个关键点不容忽视，如墓道的形状，是中字形还是甲字形；进入地宫后，正对的位置以及朝向同样至关重要，因为它们往往蕴含着特定的政治、文化内涵。这些设计细节与不同的文化背景紧密相连。以陕西凤翔的秦公陵园为例，其中所有的大墓均朝向东方，这无疑体现了当时的文化习俗和信仰。

刘庆柱认为，相比秦人使用的亚字形和中字形大墓，楚国的甲字形墓制或许有所收敛，但是它依然采用了"天子驾六"的规格。这样的配置，无疑彰显了楚国的雄心壮志。因此，他特别强调，未来对武王墩车马坑进行考察、发掘时，应当注意其背后的深层含义。

车马坑不仅仅关乎马匹，更重要的是它代表了不同级别的人所使用的马车规格。刘庆柱阐述，比如是四马还是六马拉车，这实际上是一种政治地位的标志。这部分考古工作不能仅仅停留在对车马坑表面现象的

中国社会科学院学部委员刘庆柱探访武王墩

描述上，即不能只是简单地说车马坑如何如何，而应该深入探察，通过观察车马坑的数量，进一步探究其背后的寓意，分析其与政治之间的内在联系。这样一来，或许能够解开许多谜团，解决不少问题。

和考古前辈的关注点不同，博士生柴政良对武王墩墓的诸多期待主要围绕铜器展开。首先，便是希望能发现一些带有铭文的铜器。毕竟，此时对于武王墩墓主人的身份仍处于探讨阶段，尚未有定论。若能有足够数量的带铭文铜器出土，无疑对确定这座战国晚期楚王陵的墓主身份，乃至整个陵园归属，都有极大助益。

其次，他对编钟也抱有浓厚的兴趣。然而，就目前追缴回来的编钟来看，柴政良总觉得它们还不够完整、不够精美。因此，他希望在这个椁室中，能发掘出另一套编列完整、更为精美的乐钟。

再次，柴政良特别关注礼容器方面的发现，尤其是鼎这样的重要文物。他坚信主墓中肯定有多套列鼎。同时，他也满怀期待，希望这里能像李三孤堆墓那样，有举世闻名、能让整个学界为之振奋的大鼎出现。对于鼎中存放的食物，他也充满兴趣。

柴政良表示，他们已经做了充分准备，希望能够从墓葬中出土的鼎实，即从鼎内所盛放的物品中，获得更深入的认识。据他所知，楚人非常讲究饮食，楚地有着丰富多样的美食，这一点可以从楚人的诗歌中感受到。不同的容器往往用来盛放不同的食物，因此，对于鼎中所装的食物，他和团队都抱有浓厚的兴趣。

除了考古人，很多媒体在武王墩墓发掘之际，根据警方追缴被盗文物等信息，密切关注着武王墩的风吹草动，以"猜想""追问""解密"之类的热辣字眼嵌入标题，对武王墩墓展开了多角度的猜测与想象。

楚墓的不同等级，主要体现在椁室的数量差异上。战国楚墓，棺椁结构最见独特之处。根据墓主的身份，楚墓椁内一般会被分隔成多个椁室。分室的目的是分门别类地放置随葬品和葬具。显然，椁室的数量越多，墓主的身份越高。

考古发现的战国楚墓中，一棺室一头箱的一室墓比较多见，但也有其他数量的椁室墓。例如，江陵望山 1 号墓，墓主是楚王室贵族，相当于大夫，分为 3 室；荆门包山 2 号墓，墓主为楚国左尹，其身份也相当于大夫，分为 5 室；江陵天星观 1 号墓，墓主贵为楚国封君，分为 7 室。学者由此推测，疑似楚幽王墓的寿县李三孤堆，椁内分为 9 室。

一级级台阶之下，被青膏泥、竹席、椁盖板覆盖的椁室，被认为是楚王地宫的武王墩墓葬。椁内会不会是想象中的 9 室？而这些椁室之内，又会有哪些随葬品呢？

两组青铜编钟，一组为 9 件，另一组为 14 件；一组 18 件的石磬；一面高大的虎座鸟架鼓。这些珍贵的乐器保存了 2200 多年。它们在被盗取之前，一直沉睡在武王墩墓葬之中。这支楚国王室乐队阵容的提前亮相，足以表明，它们先前被存放在椁室的乐器室内。

高规格的楚墓木椁形制，椁内包括中间棺室、前室、后室及左右边室等不同分室。除了中间棺室，椁内被分隔成放置随葬品和殓具的其他分区，有人称之为"便椁具室"，简称"具室"。

据盗墓分子交代，在武王墩盗墓过程中，因采用爆破挤压技术导致墓室部分塌方，他们并未进入中间棺室和其他具室。从目前追缴的文物看，他们很可能是在乐器室得手。

相比可能收获的青铜"重器"、漆器珍品等珍贵文物，考古界更希望有独具文献价值的竹书楚简出土。

当代出土的战国竹简，地域一般都在战国楚势力范围之内。凡是科学发掘出土的，主要出自楚墓，故一般统称"楚简"。楚简是迄今所见时代最早的竹简，以战国中晚期为主。内容主要有丧葬文书、卜筮祭祷文书、行政司法文书、日书及历史文化典籍等。

20 世纪 90 年代初公布的包山楚墓竹简，除丧葬、卜筮祭祷文书外，还有数量丰富的行政司法文书，涉及行政制度、法律法规，一时引起轰动。

1998 年公布的郭店楚墓竹简（简称"郭店简"），全部 731 枚均为典籍，兼存儒家、道家著作，所涉学科领域广泛。

20世纪90年代后期，上海博物馆入藏一批楚简（简称"上博简"），约1600枚，性质与郭店简类同。2008年，清华大学入藏一批楚简（简称"清华简"），合计2388枚。按书籍传统四分法，郭店简、上博简可划归子部，清华简则大体可划归经、史部，含《尚书》类文献、编年体史书等，涉及中国传统文化的核心内容。有专家盛赞，"其价值怎么估计都不过分"。

在刘庆柱看来，中国的历史文献主要可分为两大类。一类是人们所熟知的史书，诸如二十四史、《尚书》、《左传》等历史记载。另一类则是出土文物，尽管这些文物上的文字记载相对简略，但其价值极高，蕴含着丰富的历史信息。例如清华简的出土，就让过去不能证实的所谓传说，在竹简中找到了记载。

值得一提的是，清华简中就有一篇《楚居》，记录了楚人先祖的迁徙路线。今人因此得以知晓，为躲避祸乱，一个无处安身的部落，被迫离开中原，不知经历了多少曲折和艰辛，他们终于在山间的一片平缓地带，找到了自己的立足之地。

竹简是易腐物，目前多在楚国的势力范围出土，原因在于，这里的地理环境及楚墓葬形制，有利于竹简保存。从地域分布上看，楚简虽然多出于江、汉、漳流域，但淮河流域也有葛陵楚简出土的先例。可以想见，一旦淮南发现保存完好的武王墩楚简，将会给学术界带来多大的震撼！

探测发现，武王墩陵园四周外环围壕，内有主墓、大型车马坑、若干陪葬墓、众多祭祀坑等遗存。陵园布局之完整、规模之宏大和等级之高，为国内楚墓葬所罕见。加之武王墩与寿春城遗址遥相呼应，完全可以整合成一条贯穿淮南西部的楚文化廊带。

这让人不禁期待：未来的武王墩会以怎样的面貌呈现在世人的面前？

早在墓室发掘因大棚施工而暂停的日子，考古队未雨绸缪，就武王墩考古遗址公园的规划设计，和设计方展开了一次次研讨。这时的考古

武王墩遗址公园规划示意图

成果足以证实，武王墩墓葬本体为战国楚王陵主墓。为准确体现陵园整体价值和文物构成，规划建议将安徽省重点文物保护单位"武王墩"变更为"淮南战国楚王陵"。

规划蓝图上，遗址公园"三区二心"呼之欲出。

三大空间分区分别为"遗址公园核心区""辅助展示区""拓展区"，两个展示核心则是武王墩墓保护展示馆和楚王陵博物馆。而围绕遗址保护、阐释与展示、文化产业与文创服务的远景规划，给武王墩的未来带来了有关空间布局的无限遐想。

> 过去，文物保护集中于个别的器物和古建，常常将一些具有特殊历史意义的遗迹孤立地加以保护。20世纪70年代形成的整体意识理念认为，这些器物或古建都是与特定的自然人文背景密不可分的，它们的价值也交织在与之共生的环境之中，因此，必须将周围的景观和历史遗迹整体地保留下来。
>
> （陈淳《考古学研究入门》）

武王墩

第六章

武王墩一号墓，是一个集古代土木工程、墓室营造技术、椁室建筑结构于一身的超级综合体。随着发掘的推进，它仿佛一条时空隧道，引领后人穿越到战国，身临其境般感受往昔的劳动场景与营建时光。

一只木柄双头锸静静躺卧，似乎还残留着铁器时代的余温。深入墓室深处的台阶数量惊人，关联着墓主显赫的身份；铺陈古代纺织物的战国竹席，尽管给提取带来了极大的难度，但是为「黑科技」的登场预留了舞台。

穿越到战国

木柄双头锸

在武王墩主墓发掘历程中，封土与填土的挖掘工作大多平静无波。然而，2023 年 3 月，一个雨过天晴之日，就在来自全国的考古精英汇聚淮南之时，一件古老农具的出土让人为之振奋！

选择在这个春天重见天日的农具，是一只保存完好的铁锸。生铁的凹字形弧刃上，依稀可见金属使用后的擦痕和光泽，仿佛在向人们展示着它曾经的劳作岁月。更令人啧啧称奇的是，木质的锸身与手柄，虽然历经 2000 多个春秋，但也基本保存完好。

在挖掘过程中发现遗存的古代工具，算不上新鲜事。武王墩墓封土发掘中出土的铁器就有 30 多件，器型有铁锸、铁锛、铁夯头、铁矛、铁刀等。作为一段重要历史时期的参与者，它们以各自的形态和功能，努力拼凑起战国中晚期农耕"铁器时代"的图景。

南京大学教授刘兴林认为，战国早期虽然冶铸生铁的技术已经较为成熟，但出土的铁器为数不多，"且多为块炼铁"。而在战国中期以后，"冶铁业获得了长足发展，生铁制品大量出土，展性铸铁被广泛用于农具、兵器的制造"。河南辉县固围村战国晚期墓葬出土的铁器中，有犁冠、铁锸等农具；湖南长沙战国楚墓出土的铁器中，不仅有锸、锄、斧、凿、小刀等工具和日用器，还有剑、戟等兵器。

锸是翻土开沟的重要工具。战国时期的锸有两种形制：长方形或"一"字形铁锸，又叫直口锸。直口锸下边为刃，上边有长方形的銎。銎用来含纳木叶，以木叶连接长柄。战国时期的铁锸在河南辉县固围村、郑州二里岗、湖北江陵、湖南长沙等地均有出土。

（刘兴林《战国秦汉考古》）

由此可见，铁锸在战国晚期营建的武王墩墓出现并非偶发事件。作为中国古代农耕进入"铁器时代"的标志性农具之一，铁锸是生铁冶炼技术走向成熟的产物，不仅可以用于锄草挖坑和兴修水利，还能在诸如"地下宫殿"建造等重大工程中大显身手。

"我曾经在山东济宁嘉祥县武梁祠的画像石上，看到治水的大禹拿着一件这样的器物。武王墩这次出土的木柄铁锸，竟然和大禹手持的工具非常相像。"当第一次亲眼见到铁锸实物时，山东大学教授路国权不禁感到一阵惊颤，因为传说、历史与现实，在这件农具上产生的交集，激起了他强烈的共鸣。

位于山东嘉祥县的武梁祠，珍藏着一幅被认定为我国现存最早的大禹的画像。在这幅画像中，大禹身着蓑衣，头戴斗笠，

武王墩双头铁锸（摄于2023年3月16日）

左手前伸，似乎正在指挥，右手则紧握着一件名为"耒耜"的工具。耒耜是一种古老的农具。这不禁让人好奇，它是否与武王墩一号墓出土的木柄铁锸同属一个"家族"。

早先的耒耜和后来的铁锸，的确有相似之处。两者都具有翻土、挖土的功能，是古代社会人们进行农业生产和土木工程建设的重要工具。耒耜最初以木、石、骨、铜等材料制成，而随着冶金技术的发展，铁制工具逐渐普及。铁锸作为战国时期的工具，正是这一材质演变的体现。

关于中国什么时候进入铁器时代，长期以来学术界有种种推测。顾德融、朱顺龙介绍，1931年河南浚县出土的商末周初铁刃铜钺和铁援铜戈，现藏于美国华盛顿弗利尔美术馆。1972年河北藁城、1977年北京平谷商代中期遗址出土的铁刃铜钺，经鉴定为陨铁锻成。这表明商代后期，铁已用于社会生产和政治生活，人们已掌握锻铁技术。

然而，陨铁是自然界中的铁，而非人工制造的铁。真正标志着人类进入铁器时代的是人工冶铁技术的诞生。那么，中国的人工冶铁技术究竟

山东省嘉祥县武梁祠里的大禹治水画像石

起源于何时呢？这个问题直到目前，仍然是史学界和考古学界热议的重要课题。

> 20世纪60年代后，由于铁器的不断出土，对中国冶铁术的起源逐渐趋向明朗，不少学者认为至少在春秋时代晚期中原地区的人们已掌握了人工冶铁术。随着考古发掘中铁器的进一步出土，有的学者认为人工冶铁术的出现时间应推前到西周中晚期。
>
> （顾德融、朱顺龙《春秋史》）

在广袤的自然界中，铁矿资源的储量是极其丰富的，其数量远远超过铜矿。加之铁材料独特的属性，使它可以通过回火这一工艺手段来显著提升硬度，从而更适合大规模生产农业工具和作战武器。这样的材料属性与生产工艺的结合，加快了铁器时代的到来。

铁器的出现标志着冶炼技术的进一步提升，因为铁的冶炼相较于铜而言需要更高的技术含量，包括更高的冶炼温度和更复杂的工艺。尽管铁的冶炼过程较为复杂，但一旦掌握该技术，人们便认识到铁质材料在性能上优于青铜，因此铁器逐渐得到了广泛的应用。

> 冶铁技术是比铜更为复杂的技术，它需要至少 1537 ℃的熔化温度，因此冶炼铁矿需要更进步的炉窑和冶炼术。
>
> 当冶铁技术提高和普及，生产成本下降，真正的铁器时代才来临。这个时代可能开始于春秋晚期，这时铁不但用来制作兵器，还用于生产农具和日用器物的制作，如锛、镢、锸、铲、砍刀、削刀等。
>
> （陈淳《考古学研究入门》）

北京大学教授陈建立长期专注于冶金考古和科学技术史研究，在他看来，从铜锸到铁锸的材料转变，实际上体现了冶金技术和加工技术的显著进步。因为铜与铁在材质和机械性能上存在差异，铜的机械性能与

武王墩墓出土的铁锸头

铁相比较为薄弱,特别是在铲土、劈砍等作业中,显得强度不足。

陈建立指出,经过之前的检测分析,目前所见的铁锸,无论是东北地区、西南地区,还是中原地区,乃至邻近的湖北地区所发现的,其中很多都是由生铁铸造而成的。然而,在铸造成铁锸的基本器型之后,这些铁锸还经过了进一步的加工处理,包括退火工序。

在武王墩发掘现场,先前出土的铁锸仅保留了锸头部分,却呈现两种截然不同的状态,这令人难以理解。一部分铁锸锈蚀严重,难以辨认,似乎历经长久使用后因磨损程度较重而被废弃;而另一部分则崭新如初,丝毫不见使用痕迹,犹如刚刚出炉一般。

我们所观察到的文物腐蚀状态,实际上并不完全与它是否损坏存在直接关联。陈建立教授解释,物品的保存时长与所处的环境条件对腐蚀程度有着至关重要的影响。即使是相同材质的物品,在不同的保存环境下,其腐蚀程度也会有所差异。一些环境下产品可能会遭受严重的腐蚀,而另一些环境则有助于产品得到较好的保存。

在金属器物出土之后,文保人面临的首要任务是确保这些文物得到妥善保护。为实现这一目标,就需要深入探究文物的腐蚀状况,并分析其锈蚀成因，从而为后续的保护选择合适的基础材料。陈建立表示，自己的工作主要集中在两个方面：一是关注金属的腐蚀状况；二是探究金属腐蚀与环境之间的关系及其腐蚀机理，寻找金属文物的保护方案。

至于填土中为什么会有未使用过的金属锸头，一时众说纷纭。难道是当年在分发或保管过程中不慎遗失？或者是因为工匠的藏匿而保留下来？但是，为什么经历了2000多年，它们还是面貌如新呢？难道仅仅是因为它们所处的环境有利于保存吗？

在墓葬中发现未使用过的铁锸这一现象，并非罕见。在东周时期及汉代的一些墓葬中，均可观察到类似情况。陈建立认为，当时的工匠在修建墓葬时，会有意将一些经过修磨的工具放入填土中。尽管目前尚无法确定这种行为是否普遍，但在许多地区和时代都发现了此类现象，这是一个非常有趣的考古学发现。

再者，这一时期的铁器，虽是由生铁铸造的，但很多经过了退火工艺的改造。退火的时候，铁器里面的碳会脱掉一部分，中间还是原来的生铁，表层却变成一种钢，这是一种复合材料。如此一来，它就变得既有硬度，又有韧性，在使用的时候强度更好。如果保存的环境好，它就可能和新的一样。

> 春秋时期楚国已发现许多铁器，其材料有块炼铁、钢、生铁，战国时期楚国又发明了生铁柔化技术。
>
> 战国出现"生铁柔化"技术，使生铁的脆性变小而韧性增强，有延展性与可锻性。在楚国墓中发现战国中晚期的展性铸铁制品，如1974年在大冶铜绿山古矿井中出土4件铁斧，鉴定得知铁斧的刃部经过了柔化处理，即放在900 ℃以上高温中进行了"退火"处理。
>
> （王玉德《湖北科学技术史》）

在战国时期，楚国广泛采用铁制农具，这一发现得到了考古学的证实。楚地已发掘出土的多种铁制农具，包括用于掘土和锄草的锄、取土的锸、收割的镰，以及伐木垦田所需的斧等。其中，锄具分为两类，主要为凹形铁口锄和全铁制的六角形锄，而凹形铁口锄占多数。同样，锸也分为凹形铁口锸和长方形铁口锸两种。凹形铁口锸与凹形铁口锄在形态上极为相似，这一特征在江陵天星观 1 号楚墓盗洞内同时出土的这两类农具中得到了印证。

武王墩出土的铁口锸也是凹形的，无论其腐蚀程度怎样、新旧如何，在 2023 年 3 月中旬之前，它们展现的都只是金属锸头部分。谁能想到，一只新发现的铁锸，却以完整的双锸头造型和从容的卧姿，罕见地展现了战国铁锸的真容。

带有柄身的铁锸，不是第一次发现。湖南长沙马王堆三号墓填土中出土了一件装有"凹"字形弧刃铁锸头的带柄锸，整体似划船木桨，通长 139.5 厘米，铁口高 11 厘米，刃宽 13.1 厘米。显然，马王堆和武王墩的带柄锸有相似之处。但不同的是，它们一个属于汉代，一个生于战国；更为不同的是，武王墩的锸不是常见的一个锸头，而是拥有两个锸头——是难得一见的木柄双头锸。

陈建立指出，这件器物确实颇为独特，以往发现的同类器物相当稀少。据他回忆，在湖北曾出土一件与之相似的器物。以往更常见的是单个的锸头，而像这种两个锸头并排装置的，确实罕见。对于这件器物，还需要进行更深入的研究和探讨。

实际上，在武王墩主墓封土与填土发掘阶段所发现的铁器中，木柄双头锸并非顶级工具。更大的可能是，它与其他众多铁具一样，是楚国这一时期重大工程项目中不可或缺的代表性工具。在长时间的辛勤劳作中，工匠们根据这些工具的功能和特点，各取所需，从而成功完成了土方量巨大的墓葬建设任务。

只有通过对这些金属器物的制作工艺、产地、核心成分等进行检测分析，才能揭示古代金属冶炼技术的奥秘。一方面可以为金属文物的保护和修复提供科学依据，另一方面可以揭示古代金属文化的丰富内涵。

陈建立表示，一旦我们深入了解金属器的制作工艺，那么其起源、发展以及传播的过程，还有它对社会与文明的推动作用，就都能被清晰地阐释出来。实际上，考古学的核心就是探究资源、技术与文明之间的内在联系，例如冶金技术是如何推动社会发展的，又是如何促进文明起源以及国家形成的。

透过器物看时代，是考古学为人类提供的视野。考古学家的眼睛，不仅要聚焦文物本身，还要看到文物所处的时代。只有运用历史的思维，去复原一个个消失的场景，才能获得对真相的认知，更好地捕捉历史发展的路径与轨迹。

一只铁锸可以延展成一个铁器时代，而一个铁器时代则意味着一段风云激荡的历史。

> 春秋时代以前的诸侯国，是一个一个点，而不是一片一片的，点和点之间是荒野或少数民族生活的地方，所以叫"华夷杂处"。……春秋以前，中国大部分土地是没有开发的，开发了的只占一小部分。这种情况下，就没有出现统一国家的压力。
>
> 但是，铁器普及后，粮食产量增加了，人口也开始爆炸式增长，荒野陆续被开辟，各国的疆界才开始连接，国土的争夺越来越激烈，统一国家也必然要出现。因此春秋和战国的战争本质不同。
>
> （张宏杰《楚国兴亡史：华夏文明的开拓与融合》）

春秋战国之交，诸侯国之间的纷争愈演愈烈，最直接的根源便是由铁器普及带来的广泛且深远的影响。铁器在春秋至战国时期的普及，不仅是技术进步的标志，也是社会、经济和政治结构深刻变革的催化剂。它对于战争本质的改变，以及统一国家的出现，具有深远的意义。

在铁器普及和农业生产力提升的背景下，各国的实力对比开始发生显著变化。一些强大的诸侯国通过兼并战争不断扩张领土，实力日益增强。同时，随着疆界的连接和国土争夺的加剧，一个统一国家的出现成为历史的必然。因为只有实现统一，才能有效地管理广袤的土地和庞大的人口，维护社会的稳定和繁荣。

由此可见，铁器至关重要，它不仅推动了农业生产力的飞跃和人口的增长，还导致了战争形态的转变和统一国家的出现。这一系列的变革，深刻地影响了中国历史的进程。

21 级台阶

  战国晚期营建的武王墩主墓,其兴建的具体年月至今仍被历史的尘埃掩盖,成了一个尚未解开的谜团。这座墓葬不仅因未知的建造细节而显得神秘莫测,还因浩大的工程规模而引人遐想。人们不禁好奇,当年究竟动员了多少劳力,又耗费了多少年月,才得以在地下深处营建出这样一座壮观的陵墓。

  更令人惊叹的,是墓室台阶的数量。

  最初的勘探显示,这座墓葬似乎只有11级台阶,但随着发掘工作的不断深入,这个数字不断被刷新,最终定格在令人瞠目的21级!这在先秦时期的墓葬中,无疑是一个前所未有、闻所未闻的纪录,它挑战了人们对古代墓葬结构的传统认知,也为武王墩主墓增添了更多传奇色彩。

  回望武王墩墓的发掘过程,给博士生柴政良留下"深刻印象"并使他产生"显著激动"的,便是发掘填土时所呈现的一级级台阶。起初当台阶呈现在他的眼前时,他完全没有意识到,"这仅仅只是冰山一角"。而随后的不断揭示,让他觉得无比震撼。

  2020年3月下旬至11月中旬,武王墩墓在正式启动发掘之前,先后进行了两轮考古勘探,成功探明主墓结构为甲字形竖穴土坑墓。这一发现不仅揭开了这座宏伟大墓墓葬形式的神秘面纱,而且初步描绘出其

武王墩台阶一角

四大核心组成部分：墓圹、墓室、墓道、封土，以及它们各自承载的独特信息。

具体而言，墓圹呈正方形，边长测定为 46.8 米。墓室的设计独具匠心，自开口处至椁室，一共设置了 11 级台阶。椁室，作为墓葬的核心区域，规模宏大，东西长达 21.8 米，南北宽达 21 米，如此之大的椁室无疑彰显了墓主人崇高的身份与地位。

更令人叹为观止的是，从墓葬的开口至其底部，深度达到了 18 米，这一数据不仅展现了古代墓葬建筑的卓越技艺，而且反映了当时庞大的人力、物力投入。椁室的高度被精确测定为 4 米，其上覆盖着竹席，这一细节不仅揭示了椁室的独特构造，还让我们产生了对竹席之下神秘空间的无限遐想。

值得一提的是，前期勘探所获取的这些数据，在后续的考古发掘中大多得到了验证。令人费解的是，那 11 级台阶的勘测数据与实际发掘结果存在显著偏差，这一现象引发了广泛的关注与猜测。如此之大的偏差，到底出自何种原因？难道仅仅是因为勘探技术的局限？

勘测土坑墓葬中的土质台阶，在今天仍然是一大技术难题。在现有的技术条件下，除了依赖传统的洛阳铲，尚未有更为先进、准确的技术手段能够对台阶进行精准勘测。具体到武王墩墓，考古团队在迫切期望揭示墓体结构面貌的同时，还需恪守一条重要准则——最大限度地减少对墓葬本体的损伤。

在这样的严格标准下，那11级台阶的勘测结果，也谈不上是一起乌龙事件。事实上，在考古队内部，对于这个结果，不少人都持有一定的保留态度，既不完全肯定，也不轻易否定。设想一下，开口之下，椁室之上，一个深度达14米的墓坑内，其椁室之上如果只有11级台阶，那么这岂不是意味着每一级台阶的高度都超过了1米？这样的推论，确实让人难以置信。

尽管大家心中存疑，但谁也没有预料到，武王墩主墓的墓室台阶数量竟然会达到惊人的21级。这一前所未有的考古发现，完全刷新了人们此前对高等级楚墓的认知。

考古队领队宫希成解释，先前进行的勘探工作，除使用传统的洛阳铲勘探法外，还结合了一些现代技术手段，其目的主要是初步了解墓室的大致结构和布局情况，但这样的勘探结果并非十分精确。根据发掘所揭露的墓室情况来看，实际状况与当初的勘探结果存在一定的差异。

据《中华礼制变迁史》介绍，楚地墓葬制度涵盖墓地规划、封土处理、墓道设计、墓向选择、墓坑构造、棺椁规格、随葬安排、殉葬与车马坑配置，以及墓上建筑布局等多个方面。此制度在继承中原墓葬传统的同时，亦展现了独特的楚地风貌，体现了对周代墓葬制度的传承与地域特色的融合。

战国时期，楚地墓葬多采用竖穴土坑形式，罕见洞室墓，且墓葬方向具有明确的规律性。对于中层及以上贵族的墓葬，普遍设有封土，封土规模与墓主人的社会地位紧密相连。封土与填土均经过精心夯实，靠近棺椁的部分则填充青膏泥或白膏泥，以确保棺椁内部物品的密封性，从而达到保护效果。墓葬规模越大，封土与填土的选择标准越严格，青膏泥或白膏泥的填充层也相应增厚。在已发掘的 6000 余座楚墓中，均未发现积石、积炭现象，这一特点显著区别于中原地区的墓葬。

而台阶和长斜坡墓道，也是楚墓与中原地区大型墓葬的一大区别。

> 战国楚墓的墓圹，中上层贵族往往有多级台阶，台阶一级一级往下收缩，直至棺椁。这种台阶可能与防止崩塌有关。在一些地方，由于地下水位较高，不便向地下掘进较深，台阶除了向下挖掘数级，还从平地向高处一级一级夯筑出来。显然这是为了表现一种传统的制度，即为了显示身份。墓主身份越高，权势越大，墓坑越深，台阶越多，墓道越长。平民墓则一般无台阶。
>
> （汤勤福总主编《中华礼制变迁史》）

从工程学的角度看，楚国墓葬中采用台阶而非斜坡的设计，很可能出自技术原因，而这些原因，想必与防止墓体崩塌、应对高地下水位以及增加土体的抗剪强度密切相关。

楚国地处南方，地下水位较高，这是影响墓葬设计的重要因素之一。在挖掘深坑时，随着挖掘深度的增加，土体所承受的剪切应力也会相应增大。这种剪切应力主要来源于土体重力以及地下水对土体的压力。如果采用斜坡设计，斜坡的倾斜角度会直接影响土体的稳定性。倾斜角度越大，土体在重力作用下的下滑趋势就越明显，剪切应力也就越大，从而增加了墓体崩塌的风险。

为了应对这一挑战，聪明的设计者选择用台阶来增加抗剪强度。台阶的设计巧妙地减小了土体的倾斜角度，使每一级台阶都提供了一个相对平坦的接触面。这种设计有助于分散剪切应力，使应力不再集中于某一狭窄的斜面上，而是被分散到多个台阶的接触面上。这样一来，每个台阶所承受的剪切应力就大大减小了，从而增强了土体的整体稳定性。

此外，台阶的级数、高度差以及底面的处理方式也会影响其整体抗剪性能。合理的级数和高度差设计可以确保台阶之间平稳过渡，避免应力集中。而底面的处理，如加固、排水等措施，则可以进一步提高台阶的抗剪强度，确保墓葬的稳定性和安全性。

因此，可以合理推测，楚墓中的台阶，其主要功能是支撑结构和便于实际开挖。关于台阶是否也象征着墓主的身份和地位，体现古代社会的礼制等级制度，并据此得出"墓主身份越高，权势越大，墓坑越深，台阶越多"的结论，仍有待深入探讨。

总体而言，"台阶数量多，墓主身份高"可以成为楚国墓葬的"基本盘"。楚王、封君和上大夫的墓中，台阶数量相对较多；下大夫墓中的台阶数量则较少，甚至有的仅出现二层台；士墓中的台阶更为罕见，多为头龛，墓坑规模有时与庶民墓相近；庶民墓中，头龛和二层台所占的比例则相对较高。

从考古成果来看，楚墓台阶的数量与墓主身份的高低有一定关联，但这一判断并非绝对。

已发现的封君与上大夫墓中，台阶数量参差不齐，缺乏明显规律。例如，天星观 1 号墓有 15 级台阶，包山 2 号墓有 14 级台阶，而信阳长台关 1 号墓仅有 4 层台阶。枣阳九连墩 1 号墓和荆门沙县严仓 1 号墓均有 15 级台阶，湖南临澧九里 1 号墓则有 11 级台阶。这些实例表明，台阶数量与墓主身份并非完全成正比。

最明显的例子是，位于淮南的李三孤堆楚幽王墓，其墓圹台阶为 9 级；而 1987 年发掘的湖北荆州包山楚墓，墓主为左尹昭佗，是楚国最高司法官员，大夫级别，其墓圹却有 14 级台阶，比楚王还要多 5 级。这又如何解释呢？

有人提出，楚幽王墓的 9 级台阶符合《周礼》中天子用"九"数的礼制。然而，同样是王级且与李三孤堆相邻的武王墩主墓，为何会有 21 级台阶？河南淮阳的马鞍冢，作为楚王墓，其南冢为中字形墓，设 5 级台阶，北冢为甲字形墓，设 7 级台阶，这又是基于何种考虑？

在李三孤堆附近的原寿县杨公、朱家集一带，分布着一处战国晚期的楚国贵族墓地，其中墓圹出现了"台阶＋斜坡＋生土台"的结构。如

10 号墓，墓坑四壁有 2 级台阶，台阶以下为斜坡式，墓底四周留有生土二层台。而被称为"商鞅壕"的 11 号墓，其墓坑东壁有长斜坡式墓道，西壁有短阶梯式墓道，四周筑有 5 级台阶，台阶下为斜坡坑壁，墓底四周同样有生土二层台。

有研究者据此认为，从楚王墓到庶民墓，墓坑形制的演变呈现多样化趋势，由规整逐渐发展为多种式样并存；同时，墓坑规模也呈现由大到小的递减趋势，台阶的设置则从有至无，级数更是逐渐减少。值得注意的是，头龛和二层台在高等级墓葬中几乎难觅踪迹，它们更多地出现在低等级墓葬之中。

尽管台阶在一定程度上体现了等级差异，但并非绝对的衡量标准。

> 封君或上大夫墓墓坑规模整体上比楚王墓小，但也出现较大规模的墓，甚至与楚王墓不相上下，有的墓台阶级数甚至比楚王墓多一倍或两倍，而且在台阶上出现使用小木桩的独特葬俗。
>
> （王希伟《战国楚墓葬制研究》）

考古发现表明，楚墓中的台阶数量与贵族等级之间确实存在一定关联。然而，这种关联并非绝对，而是受到多种因素的影响，包括时代、地域、墓葬规模和形制等。因此，在解读楚墓中的台阶数量时，需要结合具体的考古发现、历史背景和文化习俗等多方面因素进行综合分析。

在武王墩主墓的发掘过程中，随着墓圹台阶的逐层深入，考古队迎来了意想不到的惊喜。原本根据前期勘测预估的 11 级台阶，不断被修正为 15 级、19 级，最终从墓口至椁室的台阶数量竟高达惊人的 21 级，远远超出了考古队的预想。

张闻捷在提及武王墩墓的独特发现时，首先强调的便是台阶。他指出，该墓葬的台阶数量显著，是迄今为止已知数量最多的，很可能也代表了最高规格。在发掘过程中，面对如此众多的台阶，团队成员们都感到十分惊讶。

武王墩墓（摄于2023年4月）

    21级台阶，不仅代表着规制和等级，也代表着规模和技术难度。武王墩墓的台阶，表面经过专门的抹面处理，有的台阶面层上还留有编织物痕迹，可见台阶的营建还包括盖席覆盖与保护的工序。考古队还发现，少量的台阶留有修复的痕迹。这足以说明，在墓室营建过程中，古人同样遇到了台阶开裂等工程难题。

    与21级台阶相呼应，墓室的发掘已接近开口以下15米。从局部区域出人意料地出现竹席、木板来推测，武王墩墓室的盖板可能不在同一水平面上。也就是说，有的椁室高一点，有的低一些。

    此时，椁室盖板已经触手可及。对于考古队来说，这是一个令人充满期待又忐忑不安的时刻。按照工作预案，椁室发掘工作的内容依次是提取盖板上的竹席、揭开盖板、清理分隔的空间、提取文物并进行妥善保护。

    在此之前，尽可能摸清椁室的结构布局，无疑将使后续工作事半功倍。为了不影响椁室及室内文物，考古队决定再进行一次无损探测。在诸种勘探方法中，领队宫希成最看重的是经济且方便的电阻率法。

2023 年 11 月中下旬，针对武王墩主墓椁室的最后一次考古探测正式展开。来自河南大学的探测组双管齐下，采用电阻率法和探地雷达结合的方式，试图更准确地破译盖板之下的秘密。

电阻率法在考古工作中的运用，主要是通过观测地下电场的分布规律，推断地下地质结构及可能存在的文物遗迹。探地雷达则是通过探测地下土壤中的电磁波反射特性，识别出墓葬的位置、规模、深度以及随葬品等信息。这两种方法在考古探测中各有优势，前者适用于深度大、抗干扰能力强的探测场景，而后者则以速度快、无损检测和高分辨率的特点而著称。

探测工作夜以继日地进行，持续了三天时间。

对于探测结果，大家满怀期待。

十字形布局

武王墩主墓椁室，这座边长约 22 米、占地面积达 480 平方米的楚王地下寝宫，究竟隐藏着怎样的空间布局？自 2020 年考古勘测之初，这个引人入胜的话题便如同迷雾一般，萦绕在武王墩的上空。为了揭开这层神秘的面纱，考古队经历了三年的漫长等待。

然而，当勘测结果揭晓时，所有人都大跌眼镜。

从探测结果的影像图可以直观看到，墓坑四个角显示是低阻，中间部分显示为高阻，颜色对比非常明显。高阻部分清晰地呈现五大块，也就是木椁室由中室、东室、南室、西室、北室五个大室组成，呈现令人惊讶的十字形布局。同时，中室竟然比四周的椁室高出约 45 厘米，其四边的梁木压在其他椁室的盖板上，彰显着众星捧月的尊贵。

更令人意想不到的是，这 480 平方米的椁室面积之下，并非全部由木椁构成。十字形部分之外，剩下的四个角块，也就是探测图显示的低阻部分，竟然都是土质的。这种布局与大家此前所期待的九宫格椁室布局大相径庭，引发无尽猜想。

为何会出现这样的用地空置情况？是古代礼制本身的特定需要，还是工程投入的不足所致？

路国权坦言，椁室展现了一个非常标准且古老的"亞"字形结构，即人们常说的类似红十字形的布局。从墓口至收缩的墓底，面积逐渐缩减至二层台，棺椁台面仍保有400多平方米。按照常理推测，应该会充分利用这些空间。出乎意料的是，椁室却呈现了一个十字形分布的五室布局。

李凤翔是路国权的弟子，在武王墩墓考古工地待了4个年头，其间完成了硕士论文。对于十字形的椁室布局，他的第一反应是这样的结构并非绝无仅有，在其他墓葬中也出现过。

李凤翔举例说，在楚系墓葬中，新蔡葛陵楚国封君平夜君成墓就采用了类似的十字形布局。不过在他的认知中，对于楚王级别的墓葬而言，仅设五个椁室，在数量上略显不足。

在已发现的古代土坑竖穴墓中，战国时期的墓葬占绝大多数。这种墓葬形制在战国时期的楚国广泛流行，无论是贵族墓葬还是平民墓葬，都普遍采用这种形制。级别较高的楚墓还有封土、台阶和长斜坡墓道，方向多向东和向南。棺椁周围填以青（白）膏泥，故一般保存较好。

关于战国楚墓的椁室情况，《中国考古学·两周卷》介绍，春秋楚墓中，椁内未见分室，多为悬底方棺但棺底悬空度不高。战国楚墓级别较高者，椁用隔墙、隔板分室，棺多为悬底弧棺，春秋战国时期均流行以竹席裹尸。

既然战国楚墓流行椁内分室，那么，椁室数量与墓主身份是否有直接的关系呢？对此，北京大学高崇文教授给出了肯定的答案。

> 战国楚墓的棺椁结构是独特的，椁内根据级别分为数个室，如江陵天星观1号墓是楚国封君墓，分为7室；荆门包山2号墓是楚国左尹墓，其身份相当于大夫，分为5室；江陵望山1号墓是楚王室贵族悼固墓，也相当于大夫，分为3室；分为一棺室一头箱的二室墓就比较多见了。学者推测，寿县楚幽王墓椁内分为9室。这样，战国时期楚墓椁内分室则分别反映了王、封君、上大夫、下大夫、士的身份等级。
>
> （高崇文《楚墓棺椁辨识》）

考古队员张闻捷教授是高崇文的弟子，多年从事先秦礼制研究。他曾专门提出楚墓椁箱分室的营墓观念，明确指出："椁箱分室制度指用隔板或门梁将椁箱内的空间区分成若干不同的室，这是战国楚墓的典型标志之一，亦是判断楚墓等级的重要标尺。"

从现有资料来看，楚墓分室的数量通常遵循奇数等差原则，即楚王墓9室、封君上卿墓7室、大夫墓5室、上士墓3室、上士以下至庶人等级2室或不分室，这在学界已逐渐成为共识。同时楚人还对椁内诸室进行了功能上的区分，作为不同的储藏空间使用。

（张闻捷《从墓葬考古看楚汉文化的传承》）

同处于战国晚期，同在一个地域，同为楚王级墓葬，如果说寿县李三孤堆的楚幽王墓椁内拥有9室，那么和它有千丝万缕联系的武王墩墓为什么只有5室？这种不合规制与情理的现象出现，是不是另有原因？

武王墩墓考古队中，不少人对楚国墓制都较为熟悉，他们不约而同地想到了战国楚墓椁室结构的一个特点——椁内分室，室中分箱。而作为考古队的领队，宫希成会怎么看？2023年11月底，作者就此作了采访。

问："椁室布局现在清楚了吗？"

宫希成："现在整个墓椁室结构布局基本上清楚了。它大致是十字形布局，也有叫亚字形的。中间一个，东西南北四个方位各一个，四个角上没有墓结构。每个椁室里面还有没有分格，现在还不是很清楚。"

问："这种情况跟原先的预判有多少差别？"

宫希成："我们原先预判有两种情况，一个比较集中的预判就是大方形的布局，然后里面分格，形成九宫格的布局。也有人想到了另一种情况，就是目前看到的这种，这符合第二种判断。"

问："这种形制跟之前的楚国高等级墓葬是不是不太一样？"

宫希成："这种情况过去也有。我们参考了过去的一些发掘资料作出了判断，像这种大致十字形的布局，每一个墓葬都有一些区别，它并不是完全固定的模式。就像我们这个，每个椁室的尺寸也有区别，而且它也不是完全对称的。"

问："最早的时候，我们是不是更多地倾向于这个椁室是正方形的？"

宫希成："对，第一种估计的方案就是木椁把下面都填满了，就是方形了。"

问："现在有点出人意料吗？"

宫希成："现在这个布局也是我们设想过的，也不算是意料之外。"

问："楚幽王墓也是这种中字形吗？"

宫希成："这不太清楚。有人曾经根据亲历者的回忆和留下来的一些遗址资料，对墓制作过一些图纸上的复原。大致也有两种方案，一种就是大方形填满的，一种则接近这种布局。"

问："那么椁室里面还会有分格吗？"

宫希成："现在还不太清楚，我个人猜测它应该还是有的。"

问："看来最终结果还是要等到打开之后？"

宫希成："对，要等到揭盖子的时候。"

南京大学刘兴林教授认为，南方楚国大墓"盛行发达的椁室分箱制"。他在《战国秦汉考古》中提出，长江中游和江淮地区主要为楚墓分布区，墓葬大都保存较好，除长方棺外，还使用悬底弧棺、悬底方棺。椁室流行分箱，棺椁上下、棺椁与墓壁之间填膏泥，有的也用木炭。

更有研究者进一步提出，楚墓通过战国时期的改造，"用隔梁和隔板来分椁设室，是楚墓区别于中原墓葬的特点之一"；"除棺室外，还有头箱、边箱等分室"；"一些贵族墓还在头箱或边箱内，分设上下两层木板放置随葬品"。

战国楚墓对传统木椁墓进行了结构上的改造，如椁内分箱制度（设头箱、足箱、左右边箱等）、头箱边箱分上下层、在棺椁板或隔板上绘制、雕刻门窗等，在椁室内形成了分室化、交流性、立体型的空间格局，使地下墓葬模拟地上建筑的造墓风俗逐渐确立。

（黄莹《楚墓棺椁门窗结构演变中的观念史》）

对于战国高等级楚墓的椁室布局与分箱情况，郭德维关注甚早。1979 年，他在《对寿县李三孤堆楚王墓的推测》一文中，就质疑了考古前辈李景聃所绘制的李三孤堆墓椁室草图。他继而推测，椁室内所谓"式同箱笼"者，应是箱笼格，即一个室一个室隔开，而不会是李景聃所想象的箱子。如果真是一个个的箱子，那么"平列并有口门"就不好解释了。

根据工人口述，每边两个箱，加上棺室，共应是 9 个室。已发掘的楚墓中，信阳长台关一号墓最大，木棺长 8.9 米，宽 7.58 米，天星观一号墓次之，木椁长 8.2 米，宽 7.5 米。它们都是 7 个室，现在复原楚王墓比它们大，为 9 个室，应是合理的。

（郭德维《对寿县李三孤堆楚王墓的推测》）

2023 年底到 2024 年初，围绕战国楚墓椁室的形制，无论是先前的考古发现、前人的研究成果，还是对最后结果的猜测，一直是武王墩考古队热议的话题。博士生李凤翔根据李三孤堆推测，武王墩墓室结构为"十字形 9 室分布"，将成为"国内考古独特案例"。博士生柴政良同样认为，武王墩和李三孤堆同为楚王级别墓葬，也应当椁分 9 室，与楚幽王墓相当。

柴政良表示，每揭开一层盖板时，他都怀着无比激动的心情，急切地期待着下一层的揭示。在等待的过程中，他会在心中对整体形制进行推测，并展开各种想象，直到真相完全展现在眼前。实际上，最终的结果都超出了原先的预料，因为椁室的形制和陪葬品的摆放方式都相当罕见。

武王墩墓发掘现场（摄于 2023 年 10 月）

在武王墩墓考古队，热切关注椁室最终答案的，不仅仅是年轻队员。作为柴政良的老师，张闻捷同样紧盯吊取盖板的进展，守候着谜底揭晓的那一刻。在目睹武王墩墓椁分 9 室之时，他非常激动，并把这一份激动带到了母校北京大学，和老师高崇文教授一起分享。

张闻捷说，当揭开椁盖板的时刻真正到来，特别是当他目睹了各个分室被中央隔板清晰划分，内部空间分为 9 室之际，他的内心无比激动。和高老师一起分享这一发现时，大家都感到异常振奋。原因在于，这是考古学界迄今为止所发现的唯一明确拥有 9 个分室的墓葬。

揭取"考古首席"

韩向娜:"这个椁板的下面也有一些席子,带着泥,您看是要把这上面的泥清一清再运,还是怎么办?"

吴顺清:"可以先给它固定一下,清一块固定一块,不让它垮。在粘连比较严重的地方,用一些表面活性剂喷一喷。"

宫希成:"这个土要是再干一点,席子肯定会垮。在这个明显能看出它有拐弯的地方,就一起取,像泥土粘连太多的地方就不要勉强了。"

吴顺清:"一些毁损比较严重的地方可以单独取来做标本。"

宫希成:"这个席子有顺着板子耷拉下来的,连接比较好的地方,试试取一取,尽量细致一点。实在是泥土粘连比较多的,就不用整体取了。"

这是 2023 年 12 月 4 日,在武王墩墓考古工地的对话实录。

当时,考古队领队宫希成作为东道主,来自湖北荆州文物保护中心的吴顺清作为驻场指导专家,正同匆匆赶来的北京科技大学副教授韩向娜一起,就如何安全、有效地揭除和运离椁盖板上的竹席,在现场展开深入探讨。

韩向娜的到场,意味着武王墩墓的竹席提取惊动了"黑科技"的顶尖力量。

据王玉德的《湖北科学技术史》介绍,"楚人对竹的利用相当广泛"。

铺在椁室盖板上的竹席及其细节展示

从楚墓、古矿冶遗址和水井中出土的竹编织物，包括丧葬用具、生活用具与生产用具等，多属于战国时期。

保存较好的高等级楚墓，在填土和椁顶之间一般都铺有竹席或芦席，席下为拼合严密的椁盖板。竹席和芦席作为天然的铺设材料，具有良好的透气性和一定的防潮性能，应用在墓葬中可以保持椁盖板与填土之间的干燥环境，达到保护椁室里墓主遗体和随葬品少受潮湿等自然因素侵害的效果。

早在这一年的夏季，武王墩墓坑青膏泥下的竹席就引起考古队的格外注意。在局部发掘提取过程中，已经"窒息"了2200多年的竹席，以本色的容颜进入考古的视野。然而，随着覆盖其上的土层被扒开，接触新鲜空气的竹席立即以肉眼可见的速度迅速氧化，从原来的偏土黄色变暗、变黑，像是从白天一下子闯入黑夜。

随着一小块竹席被揭开，意外的情况出现了。椁板上遗留的战国圭板，和武王墩盗墓案追缴回来的一模一样，可见它是盗墓分子几年前在盗墓时落下的物品。而在它的附近，完整的椁板上还惊现古代盗墓贼砍劈之后遗留下的碎木屑。种种迹象表明，唐代的盗墓贼还是打通了大家担心已久的盗洞。

2023年七八月间，考古队对在盖板盗洞口边提取的竹席和盖板样本进行实验分析评估，对出土竹席的保存状况及含水率、硫铁元素含量、抗弯强度、尺寸稳定性、吸湿性能等逐一分析后，制定了《盖板竹席提取保护方案》，决定对竹席进行实验性提取。

此时，武王墩墓坑挖掘的深度，在开口以下已接近15米。考古队按照领队要求，在棺椁上面还留有大概30厘米的土层。保留一定厚度的土层，主要是出于保护竹席原始环境的需要。

对竹席的提取与保护，不仅需要用巧劲，还需要遵从一整套的技术方法和操作流程——

一是进行现场发掘清理，将竹席表面覆盖的灰白土尽量清除干净，露出竹席。

二是进行现场保湿预加固，将竹席表面残留的泥土清理干净并对竹席做保湿，用薄荷醇和纱布等做预加固处理。

三是包装提取，剥离竹席将其放置在托板上，用保鲜膜将挤塑板连同竹席包裹住，防止水分散失，利用大棚上方行车起吊至地面。

四是妥善运输，自发掘现场运至临时库房，需要用平板机动车运输约400米。

五是规范保护，在工作室内做好临时性保护措施，控温、控湿、抑菌防霉，并随时监测。

现场对竹席上的淤泥进行处理，是工作流程的第一步，也是竹席基本养护前提。淤泥的膨胀系数和竹席不一样，两者的弯曲度也不同。如果不清理干净，残留在席子上的淤泥，就会把竹子的纤维破坏掉，导致无法将竹席顺利地卷曲揭起。

清理竹席上的淤泥并不轻松，是苦活也是细活，一块竹席清理四五天属于常态。因为竹席与淤泥亲密接触的时间太长了，竹席可能会因为土壤中的水分、微生物作用和地质运动等因素而逐渐分解，并与周围的泥土混合。这种现象在考古学中，被视为文物与周围环境的自然融合过程。

2200多年的时光挤压，早已让竹席与填土融为一体。为了保护好战国时代的遗存，考古队员不得不小心翼翼地剥离泥土，生怕一不小心就会对竹席造成损害。

提取竹席的难度，主要在于竹席上覆盖的土壤具有极强的黏性。宫希成说，青膏泥的黏性尤为显著。而竹席本身相对脆弱，在青膏泥下埋藏了漫长的岁月后，变得更加易损。因此，在清理土壤的过程中，稍有不慎便可能导致竹席破损。鉴于此，技术人员在揭取竹席时绞尽脑汁，想出了许多办法来应对这一挑战。

按照预案，提取竹席总体上采用薄荷醇临时加固的方法。这项技术被网友戏称为"文物领域的黑科技"，曾在2019年获得国家科技进步奖二等奖。

薄荷醇加固技术的发明，离不开文物保护的时代课题。在考古发掘过程中，许多文物因长期埋藏于地下，受到各种自然因素的影响，变得极其脆弱，如彩绘漆器的碎片、糟朽的木质遗迹、脆弱的墓葬壁画等。这些文物在出土瞬间面临环境剧变，极易发生破碎或损毁，因此如何安全、有效提取和保护这些脆弱文物，就成为考古工作中的一大难题。

薄荷醇是一种从薄荷茎叶中提取的有机物质，具有熔点低、易挥发、亲水性好、渗透性强等特点。这些特性使薄荷醇成为替代传统临时固型材料的理想选择，它不仅在价格上具有优势，而且在安全性和环保性方面也表现优异。

薄荷醇加固技术的核心原理，是利用薄荷醇的渗透性和挥发性。在操作过程中，首先将薄荷醇渗透到文物表面和内部，快速加固文物本体或支撑土体强度过低的脆弱部分。待薄荷醇凝固后，通过纱布包裹等方式将文物整体或分割提取，并安全转移到实验室进行后续处理。在实验

工作人员给竹席涂刷薄荷醇

室中,利用加热等方式使薄荷醇挥发,从而完全去除预加固材料,不会对文物本体造成任何影响。

按照操作流程,大家冲兑药水,仔细喷洒,清扫泥土,一步步地展开竹席揭除的模拟实验。专家一边讲解,一边示范操作竹席揭除过程。进入揭除时刻,大家都小心谨慎地操作着,一边讨论一边进行,遇到不明事项,在充分探讨后再进行操作。

然而,对竹席的实验性提取还是以失败告终。

2023年12月初,考古队请来了韩向娜和她的团队。韩向娜在读研期间攻克了薄荷醇加固这项技术,而此时她已经成为北京科技大学的一名老师。

用薄荷醇为文物加固,被形象地称作"打石膏",这是韩向娜的首创。事实上,作为一种食品药品添加剂,薄荷醇应用领域广泛,从医药到日化产品等均有涉及。在全球范围内,薄荷醇是使用量最大的香料之一,而中国则是其主要生产国和销售国。韩向娜认为,从某种程度上说,薄荷醇具备替代石膏的潜力,但又有自身的独特优势。

据韩向娜介绍，薄荷醇与石膏之间存在一个显著的不同点：石膏在后期处理时，需要人工进行切割作业，而薄荷醇则无须此步骤。薄荷醇具有自然挥发的特性，即便不进行任何干预，它也会在空气中逐渐消散，不会留下任何残留物，对文物更是毫无损害。

当温度达到 40 ℃时，薄荷醇会熔化为液态；而温度低于 40 ℃时，它又会重新固化成蜡块状，起到黏结的作用。在实验室的后期处理中，薄荷醇同样能够自行在空气中挥发殆尽，无须任何人为操作，整个过程既简便又完全可逆。

就脆弱文物保护而言，针对大面积呈平面状且伴有层状堆叠现象的情况，薄荷醇不仅展现了极高的适用性，而且因为自身具有的挥发性特点，更加突显了其在文物领域的应用优势。

有了顶尖团队的技术加持，考古队充满期待。一时间，韩向娜团队跃跃欲试，准备向一块近 50 平方米的竹席发起冲击。

按照最初的预想，团队成员期望能以原始的状态起撬那块 7 米 × 7 米的竹席。这块竹席不仅规模大，而且保存状态极佳。韩向娜表示，它完全有资格被誉为"中华第一席"。

作为一件珍贵的文物，同时也是楚墓中的代表性遗物，这块竹席被寄予厚望，团队希望能够完好无损地将其提取出来。它无疑将成为武王墩出土文物展览中引人注目的一大亮点。

然而，面积如此之大、保存如此之好的竹席，真的可以实现原始姿态的提取吗？理想很美好，现实很严酷，虽然现场集结了文保领域的各路高手，但想整块提取保存，根本无从下手。鉴于盖板因受压产生了变形并高低错开，覆盖其上的竹席基本已经沿板缝断裂，所以驻场指导的吴顺清研究馆员提出，可以采取以单个盖板为单位的方法来提取竹席。

吴顺清建议按榁盖板的宽度进行切割，而不是尝试整块提取。韩向娜认为，这对他们来说是一个重要的提醒。因为如果真的按照 7 米 × 7 米的面积来提取，不仅难度极大，而且耗材使用量也会非常惊人，同时工作面也显得不足。

即使采用切割提取的方案，也同样没有先例。因为之前使用薄荷醇提取的竹席，极限长度也就在 1 米左右。而此次却是一次性提取 7.5 米长的竹席，这是一个惊人的纪录。作为薄荷醇加固技术发明人，韩向娜不敢怠慢，一边和现场专家反复探讨、论证，一边指导团队进行提取操作，并根据出现的问题及时调整作业方式。

在对第一条竹席进行提取的过程中，韩向娜团队首先对竹席的空鼓处使用了纱布加薄荷醇的处理方法。然而，他们发现完整和压实的地方难以撬起，于是立即调整了方案。特别针对破洞空鼓处，采用高温薄荷醇进行渗透并铺设纱布进行固型。尽管有所改进，但撬起剥离时仍面临困难。

为了进一步优化，团队进行了全面的方法改进。他们决定不再区分空鼓与否，而是对所有需要加固的地方都进行统一处理。先使用高温薄荷醇熔体进行渗透，然后铺设纱布，最后用低温薄荷醇刷涂黏结。这样的改进使剥离效果堪称完美，大大提高了竹席提取的成功率和安全性。

通过三次探索和实践，韩向娜表示，他们已经能够较为自信地实现一条竹席的完整提取。考虑每条竹席的具体保存状况，尽管无法保证每次操作都能达到 100% 的成功率，但总体而言，他们已经能够顺利提取 95% 以上的竹席。

摸索到安全、适用的方法之后，韩向娜如释重负。根据她的预估，每条竹席的提取工作需耗时一个半小时。因此，在单一工作组运作的情况下，上午可完成 2 条，下午可再完成 2 条，即每天能完成 4 条。当然这样的速度还不够，她立即着手培训第二个工作组，以期进一步提升工作效率。

2023 年 12 月，武王墩考古工地，竹席提取工作突然加速。韩向娜的团队依据单元切割的提取方案，以单条椁盖板的面积为基准，先将竹席切割成长条状，再实施分别提取。现场利用薄荷醇把竹席加固成一个整体，裹上一层纱布后，再进行刷涂，然后实施起撬剥离。之后转移到钢架笼内，再起吊到文物运输车，运往临时库房。

与武王墩墓木椁室东、西、南、北、中相对应，这五大区域之上，分别铺设了五张竹席。它们平整而宽广，自椁室边缘自然垂落，进而延展至填充土壤之中。据初步测算，这些竹席的总面积超过了200平方米。这一数据，标志着它们是目前考古发现中面积最大的古代竹席。

按照椁盖板的顺序，考古队共提取竹席78条，每条宽度约45厘米，最长约7.5米。实验室里，一块块发黑的竹席经纬分明。这些从墓坑深处被成功揭取的竹席，必须经过临时加固、污染物清理、干燥定型等精细化处理，才有可能实现竹席后续的规模化保护乃至最终在博物馆展出。

国家文物局考古研究中心研究馆员张治国，作为武王墩墓考古项目的文物保护负责人，在观测、比对后指出，武王墩出土的竹席在编织工艺上与已知资料中记载的楚国竹席相似，均采用了人字纹的编织方式。竹席由四层构成，但这四层之间并未形成编织上的连接，而是各自分层地叠擩在一起。

经过对竹席进行碳-14测年，得出竹席年代为公元前400年至前232年。

可以想见，在不远的将来，武王墩出土的竹席将以大幅面、偏土黄色的"考古首席"之姿，展现在参观者面前。它的色泽源自2200多年前的青绿旷野，它的纹理让人想起楚人围坐编织的劳动场景。武王墩竹席，不仅是古代手工劳动的结晶，也是当下对文物进行保护的见证。

迎接"大考"

2023年12月12日,雨后的武王墩墓发掘现场,被一阵阵雾气笼罩,深深的墓室里弥漫着神秘的气息。随着竹席提取工作接近尾声,神秘木椁室的顶部轮廓,已经大部分展现在世人面前。古老椁盖板经历了千年的岁月深埋,以木质特有的深沉色泽,守护着椁室里的秘密。

武王墩墓发掘至此,一直没有离开过上级文物管理部门审视的目光。眼看文物即将出土,为确保接下来的发掘万无一失,国家文物局考古司特别组织了一支由焦南峰、张仲立、徐良高等资深专家组成的考察指导组,亲临武王墩墓考古工地,听取考古队汇报,并进行实地指导。

"这个椁板,边长在45至47厘米之间,而长度更是惊人,最长有7米多,接近8米。"平常寡言少语的宫希成领队,此时站到了椁室沿口,向专家详细地介绍椁室结构的特点,"特别值得注意的是,中间的室部分比四周高出整整一块椁板的高度。"

在场专家询问:"你们是否在不破坏墓室结构的前提下,探测过内部的情况?"

宫希成解释,考古队采用了电阻率法与探地雷达两种方法相结合的方式,进行了墓室探测。这种方法,在过去的实践中,被证明对墓室结构的探测效果最好。不过,他也坦言,受限于技术条件,考古队目前还无法清晰辨识出墓室内部的具体物品。

在木椁室周边，关于如何优化发掘方案的讨论就此展开。专家们围绕着从哪一块椁板开始发掘，如何搭建工作面以减少对古墓的损害，以及墓室高低倾斜对后续工作面操作可能带来的影响等关键问题，进行了深入而细致的探讨。

从现场考察到面对面质疑，在随后的日子里，专家围绕椁盖板提取与保护、椁室发掘、出土文物保护、多学科研究以及安全保卫、宣传规划、交通运输、后勤保障等事宜建言献策。

"现在竹席揭完了，马上就要到揭椁盖板了，从提取椁板到后边的每一步，现在必须捋出来一个很详细的流程，摄像、摄影、扫描、绘图记录、测绘，加上后续的文物提取、现场保护、转运运输，每一个环节里边具体干什么？"考古司相关领导指出，目前的考古方案存在不足和欠缺，不够细致，不够完备，需要下大气力去细化，并要求考古队对即将展开的发掘计划，一件件地查摆问题。

就在专家热烈讨论之际，竹席提取工作已全部结束。经过清理的十字形木椁室及榫卯结构的椁盖板，第一次干净、完整地展现在世人面前。

为了这一时刻，考古队努力了三年。

发掘并移除竹席后，所显露的木椁室布局与先前探测的结果基本一致。墓室中的土圹被明确划分为 9 个部分，且土圹的边壁表面均铺设有一层由竹篾与树皮混合编织而成的织物。木椁的盖板长度在 5.5 至 8 米之间，宽度与厚度则保持在 45 至 48 厘米之间。盖板大多保存状况良好，局部区域出现受压变形及断裂的现象。

作为有史以来第一座科学发掘的楚王级墓葬，毫无疑问，武王墩墓椁室的开启，是一个备受瞩目的时刻。

身为中国考古学会陵墓考古专业委员会主任，焦南峰当场表示，武王墩墓的发掘将会带来一项重大的考古发现。这一发现不仅为淮南市乃至安徽省的考古研究工作，以及淮南市未来的文物保护与展示，增添浓墨重彩的一笔，也会对中国考古学界产生深远影响。

木椁室的开启,很有可能带来楚文化价值的重塑。从学术研究的角度来看,椁室发掘无疑将为人们提供前所未有的楚国王室丧葬习俗的直接资料。通过这些珍贵的实物资料,人们能够更深入地了解楚国历史文化,乃至战国时期的社会结构、礼仪制度以及宗教信仰。

椁室内的随葬品及其摆放位置,同样令人充满期待。这些随葬品不仅包括精美的玉器、陶器、青铜器等,还可能隐藏着象征王权的礼器、乐器以及记录当时历史事件的珍贵文献,为楚国的历史画卷增添更多生动的色彩。通过对这些随葬品和空间布局的研究,人们可以直观地了解当时的工艺水平、审美观念、社会风貌和生活习俗。

楚文化之所以广受重视,一个很明显的原因是这种文化所表现的绚丽多彩的文化面貌。中国的种种古代文化,有的比楚文化年代更古远,有的比楚文化分布更广袤,但是它们的遗物每每不像楚文化这样保存良好。这是由于楚文化存在的地区,地下的环境更适于文物的保藏,特别是楚墓的埋葬方式,使大量易于损毁的文物得以存留。这样,我们就在楚墓里看

武王墩墓椁室

> 到无法于其他地区获见的种种遗物,窥见当时文明是怎样进步发展。
>
> （李学勤《中华古代文明的起源：李学勤说先秦》）

在武王墩墓考古发掘迎来临门一脚的关键时刻，考古队却面临复杂的椁室结构、紧迫的文物保护需求等多个难点和风险。而这些难点和风险将给考古队带来技术、团队协作和时间紧迫性等多方面的挑战。

最大的难点，在于如何应对椁盖板结构的复杂性和文物保护的紧迫性。椁盖板以榫卯结构层层叠加，结构复杂紧密，需要精细的操作才能逐一揭开。椁盖板下的文物可能长期处于湿润或封闭的环境中，一旦暴露在空气中，极易受到氧化、腐蚀等损害。因此，需要迅速而有效地进行文物保护处理。

考古队克服难点的过程，就是应对风险的过程。安全风险、物理性破坏风险、环境突变风险和人为因素风险，伴随椁室发掘的始终。

椁室发掘本身，以及椁盖板和青铜重器的吊取过程中，容易发生墓体坍塌等安全事故；在揭开椁盖板的过程中，如果操作不当，可能会对下层椁板、文物甚至整个椁室结构造成物理性破坏；椁室内环境一旦暴露于外界，温度、湿度等条件将发生剧烈变化，可能导致文物加速劣化或损毁；发掘过程中的人员操作失误、管理不善等人为因素，也可能对文物造成损害。

尽管焦南峰对武王墩墓的前期工作表示肯定，但他也提出了不少具体的建议和想法，以进一步完善发掘方案。他通过介绍自己参与法门寺发掘的经历，特别强调了安全的重要性，认为在椁墓清理阶段应该采取特殊的安全措施和工作方案，并建议在文物提取、移交和入库等环节要加强安全保障。

焦南峰还举例说，在吊运椁木时，对于木头的捆绑与固定，理论上是能够顺利完成的。但是，如果直接采用绳索进行捆绑的话，就可能会在椁木表面留下勒痕。为避免此类情况发生，建议增加一层外包装材料，在确保固定效果的同时，防止椁墓表面受损。

焦南峰为完善发掘方案建言献策

为有效管控和规避风险，考古队面临来自诸多方面的挑战。

如何通过前期评估与规划、现场管理与监督，明确发掘步骤，落实安全措施，消除安全隐患；如何采用先进的技术和设备，如红外成像技术、三维扫描技术等，精确记录和分析椁室结构、文物分布等信息；如何制定科学的文物保护方案，确保文物在发掘、运送、保管、研究的过程中得到妥善保护；如何动员多学科、多领域的专家，如考古学家、文物保护专家、科技人员等共同参与，协调各方力量，开展团队协作；如何充分考虑文物保护的紧迫性，在保证发掘质量的同时提高发掘效率。

徐良高提到资料占有的问题，强调在资料收集上的全面性和多学科性。他特别提出，除了日常发掘工作中所必需的相关资料，还应尽可能多地记录影像资料，包括录像和照片。如果不能及时、充分地记录，日后可能会面临资料缺失的困境。

机遇是挑战的另一面。武王墩墓椁室的发掘，对考古队来说，不仅是探索古代文明的难得机遇，也是对他们专业能力、动员与协作能力、科技应用能力以及实践文物保护理念的一次大考。

按照原先的计划，填土之后的发掘分四个阶段进行。

第一阶段是清理提取椁盖板上覆盖的竹席，在 12 月中旬完成。

第二阶段预计耗时 10 至 15 天，将着手提取椁盖板，然后运往临时存放地，采取保护措施。

第三阶段是清理发掘墓椁室。

第四阶段是发掘墓椁室之外的部分，包括边坡，以及墓道没有完成的部分，同时着手出土文物保护和发掘资料的整理研究工作。

针对上述时间规划，专家建议不必拘泥于具体的时间节点，可以采取更加灵活的策略，根据工作进度来灵活调整和执行计划。这种做法不仅能够更好地应对各种突发情况和变化，还能够最大限度地提高工作效率。专家同时强调，只有准备工作做得足够充分，才能从容不迫地应对各种挑战，从而让后续的发掘工作更加得心应手、游刃有余。

徐良高明确指出，从现实情况来看，日程安排似乎略显紧张。在他看来，12 月 10 日至 12 月 20 日完成提取椁盖板的任务，存在一定的难度。对于能否在 12 月 20 日之前顺利完成，他持保留态度，认为这是一个未知数。

至于 12 月 17 日至 1 月 20 日完成清理并发掘椁室的工作计划，徐良高认为难度更大。他推测墓葬内部的内容丰富，建议应适当放宽这一阶段的时间限制。虽然事前可以制定一个发掘计划，但他认为不必过于具体。毕竟，最终的目标是确保发掘工作的科学性和准确性，而这一过程本身也是一次探索之旅。

岁末年初，秉持精细化发掘理念，武王墩墓考古队和专家组一次次地展开深入交流。大家围绕文物保护与多学科研究同步开展的目标，在一步步预先推演的基础上，制定并完善发掘规划。

2024 年新年伊始，武王墩墓的考古发掘即将进入提取椁盖板阶段。

在充分论证和工地加固之后，施工队的 50 吨吊车正式进场。

椁盖板的提取，由考古队全权委托淮南市重点工程建设管理中心负责。为高效、专业地完成提取任务，管理中心进一步委托安徽建工集团旗下的专业单位，负责具体实施。施工方针对椁盖板的吊装与运输，设计制定了一套详细方案。该方案顺利通过了省文物局的专家团队的论证与审核。

经过细致考量与现场试吊，考古队确认将 50 吨吊车安置于墓道口位置，以确保施工安全。对于运输环节，计划采用配备汽车吊的运输车辆，每车次预计承载 4 根盖板。至于存放地点，已选定为距离考古工地约 20 千米的淮南市人防应急疏散指挥中心。

2024 年春节前后，本着增强科技意识、课题意识、保护意识，提高考古工作科学化、规范化、精细化水平的思路，以及体现发掘与保护工作同步的理念，经缜密规划、广泛研讨、持续完善及多次修订，超过 230 页的《武王墩一号墓椁室发掘保护工作方案》正式出台。

考古队承诺，在吸取以往发掘和保护经验的基础上，把考古发掘、文物保护、科技、安全保卫力量相融合，始终重视文物的现场安全和文

50 吨吊车进驻发掘工地

物信息的提取，重视展示利用与文物保护，注重多学科的介入，注重高科技手段的应用，发掘现场与文物保护井然有序，实验室考古及时细致、科学规范，努力做到理念先进、方法科学、计划周密、目标明确。

驻场指导专家中国社会科学院考古研究所研究员李存信提醒，如果墓葬保存较为完好，那么出土的遗存将会非常丰富，同时遗存的叠压状况也会比较复杂。因此，接下来的发掘将面临一个棘手的问题：如何采取一系列恰当的措施，确保既高效、简便地提取出上层遗存，又妥善保护下方遗存的完整无损？

根据工作需要，武王墩一号墓椁室发掘保护专项工作组分别成立5个专项工作专班，落实任务到人，并要求大家按各自承担的职责拿出具体执行方案。

其中考古组负责考古发掘和出土文物保护，下分5个小组——

总负责人：宫希成、张治国

考古发掘一组

组长：张闻捷

考古发掘二组

组长：路国权

出土文物保护组（负责出土脆弱文物提取包装保护、现场应急处置、检测样本提取等）

组长：张治国

出土文物管理组

组长：方玲

摄影摄像和测绘扫描组

组长：梁海

经过一个冬季的酝酿与谋划，2024年早春，武王墩墓考古发掘即将迎来揭提椁盖板、打开椁室的高光时刻。而对于参与发掘工作的所有人员来说，这无疑是一场考古生涯的大考。

> 所有的考古发掘都是一种破坏，这门学科的性质决定了它以摧毁研究对象来提炼信息。所以考古学不像历史学等社会科学，学者们可以重复查阅文献来研究过去，并运用相同的资料对历史结论进行重新检验；也不像物理学和化学等自然科学，可以反复进行实验，直到结果能够达到预先设定的要求。
>
> （陈淳《考古学研究入门》）

即将进入椁室发掘的每一个人都很清楚，考古发掘是一项不可逆的工作，无论成功与否，它只给人一次机会。这个无奈的现实，就像陈淳比喻的那样："考古发掘好像是在读一本书，读一页就撕掉一页。如果我们没有读懂的话，也没有任何复读或查证的机会。"

武王墩

第七章

木椁室的结构错综复杂，给开启椁盖板带来了重重挑战。武王墩一号墓木椁室的发掘，是一个检验多学科协同作战的决胜时刻——文物保护之光，能否照亮古墓深处的每一个角落？

从榫卯工艺木结构的艰难拆解，到盖板惊现墨书文字的意外之喜；从水落室出带来器物暴露的保护之困，到水下捕捉青铜大鼎的震撼瞬间……步步惊心的困难与发现，把考古人带入了一个前所未有的发掘领域——楚王的世界。

楚王的世界

起吊时刻

2024 年的春节，对武王墩墓考古队来说，非同寻常。

由领队宫希成领衔，考古队此时正全力动员并整合各方资源，致力于制定一号墓椁室发掘与文物保护的总体方案。同时，团队也在积极优化人员构成与配置，以确保发掘工作顺利进行。此外，针对发掘过程中可能遭遇的各类问题，考古队与合作方不断展开深入的专题研究，并力求制定详尽的应对预案。

抢在春节前，两个发掘小组基本完成了考古与文物保护人员的配备工作。每个小组除组长外，通常配置五名成员。其中，一名成员负责记录并兼顾器物编号，一名成员专注于摄影，一名成员负责摄像记录，一名成员承担绘图任务，最后一名成员则作为机动人员，随时准备应对突发情况。

宫希成还特别提醒，在发掘过程中，具体的人员配置将依据现场的实际状况进行灵活调整，以确保在有限的作业空间内，最大限度地实现人员的高效协作与作业。

与此同时，考古队的记录、扫描等工作都已进行了妥善规划与安排，椁盖板表面的全面扫描任务也圆满完成。揭开椁盖板的时刻，已经指日可待。然而，椁室上方无法遮掩的盗洞，不仅引发了人们的担忧，也为后续的考古发掘增添了难度和变数。

正式起吊前进行三维扫描

椁盖板上留下的破损痕迹清晰地显示，有 5 个盗洞侵入了木椁室，位置分别为北椁室西侧外室和中室中部、东室西侧北部和南侧、南室东南角。所幸，西室没有见到盗洞。

对盗洞格外关注的李凤翔，一直追踪着盗墓的痕迹。他认为南面椁室呈现的迹象，表明存在一个唐代的盗洞，该盗洞已从侧面侵入了墓室。在现场可以观察到，南一室四周墙壁上布满了盗墓贼所留下的孔洞，这表明他们在抵达椁顶之后，曾试图进一步侵入其他墓室进行盗掘活动。相比之下，西边的墓室未发现被破坏的迹象，从上至下检查，所有盖板都完好无损。

更为复杂的是，5 个椁室内均发现积水现象，而有盗洞的区域则呈现泥水混合的特殊状态，这无疑给传统的干墓室发掘方法带来了显著挑战。面对这一状况，考古队需要采取一系列应对措施。

首要任务是对水中的漂浮物进行清理，以确保后续工作顺利进行。

除此之外，还需审慎考虑排水方案的制定与实施。为避免对墓室内珍贵器物造成不必要的扰动或损害，考古队决定采用震动轻微、吸力适中的小型排水设施进行作业。同时，在排水过程中，必须严格控制排水的速度与整体进度，确保每一步操作都符合科学发掘的原则与要求。

2024年1月18日，腊月初八，国家文物局考古司再度组织专家团队来到武王墩，旨在深入了解椁室发掘的进展，并进行现场指导与评估。

在迎接重大考古挑战的前夜，考古队又一次获得了"沙盘演练"的宝贵机遇。他们与专家面对面地深入交流，围绕椁室开启的步骤设计和具体细节，展开了又一轮的务实讨论。

"我们考虑是不是能先把这个盖板全部揭开，然后根据各个室的情况来决定挖掘的先后顺序。暂时不挖的做好覆盖，做好临时的保护措施。"显然，发掘方案已经在宫希成的心中演练多次，借此机会，他希望能够得到专家有的放矢的指导。

有些问题已经考虑得相对成熟，比如对水的处理。虽说椁室有水，但不能一次把它抽干了，宫希成解释："根据之前一些地方的发掘经验，后面还要往里面补水。"有的问题虽然提前想到了，但是如何选择解决方案，一时还没有定论。

接下来的发掘，涉及困难重重的深坑作业。宫希成估算，深坑的净深至少有3.5米。由于坑内存在水和泥混合的复杂情况，直接入坑显然不适宜，因此有必要构建一个悬空的工作平台。怎么搭？尽管团队进行了初步商议，但还没有确定的实施方案。此外，部分椁室的内壁在打开后，需要临时支撑。怎么撑？也要找到合适的办法。

"磨刀不误砍柴工"，这一古训在武王墩墓考古队得到了生动的诠释。

整整一个月的时间里，他们并未急于发掘，而是选择了在提取椁盖板这一关键环节上按下暂停键，按兵不动，以更充分的准备迎接后续的挑战。与此同时，在另一个无形的战场上，他们紧锣密鼓地展开激烈的

武王墩墓起吊的第一根椁木

头脑风暴，围绕发掘方案，集思广益，反复推敲。

1月22日，进入大寒时节的第二天，武王墩墓考古队厉兵秣马之后，迎来了一场前所未有的挑战——首次实施椁盖板的实验性提取。这既是一次对珍贵文物的温柔接触，也是一场对团队安全操作能力的实战演练。

目标锁定，一根深色厚实的椁盖板成为所有人关注的焦点。施工队伍全员戒备，以确保每一步操作都万无一失。椁盖板四周被加装了防滑固定棉，宛如穿上了保护甲。领队宫希成与施工方不停商讨，从固定位置的选择到加固方法的推敲，每一个细节都力求完美，以确保安全无虞。

起吊时刻，空气仿佛凝固。滑轮的每一寸转动，都牵动着在场每一个人的心跳。现场所有人都屏息凝神，目光随着起吊机缓缓移动，直至和椁盖板一起悬吊在空中。

第一层椁盖板，每一根都堪称庞然大物，截面宽约为45厘米，板长从 5.5 到 8 米不等，为方形榉木板材，重量可达 2 吨。榉树是榆科榉属的落叶乔木树种，在中国分布广泛，具有寿命长、耐旱、抗风、病虫害少、材质坚硬等优点。

时间一分一秒过去，随着起吊机的方向调整，椁盖板即将落地到指定位置。这一刻，所有人都紧张到了极点，生怕出现任何差错。

终于，椁盖板顺利吊运到指定运输车辆上。载有椁盖板的车辆在警车的护卫下，前往存放地点。

抵达淮南市人防应急疏散指挥中心的那一刻，椁盖板仿佛穿越了时空隧道，来到了它的新家。工人们对椁盖板上残留的竹席碎片表现出强烈的好奇心，对古代的编织物赞叹不已。

古老的椁盖板，来自战国的建筑材料，即将开始它的新生——预计它们在度过一段清理清洗、胎体修复的保护时光之后，未来将以本色容颜向公众开放展出。

一次从实战出发的实验性提取，为椁盖板的规模化提取作业，在操作上提供了难得的经验。盖板从吊取到存放，整个流程下来，操作得当，安全可靠，和考古队预估的结果基本一致。椁盖板揭取面临的最大挑战是在起吊之前如何拆解盖板。

无论是从裸露的椁顶表面来看，还是透过盗洞观察，考古队都可以感觉到武王墩墓木椁室不仅体量巨大，而且结构精巧。多重盖板之间紧密扣合，榫卯相连。如此大量的木料和复杂的设计构造，不仅体现了墓主的雄厚实力，也显示了楚国王室营造机构在组织设计与施工上的高超水准。

在考古学家王巍看来，考古发掘是一个细致入微的过程，它不仅仅是要将器物从椁室里取出，更重要的是了解背后的丧葬习俗。所以说，墓葬的发掘过程，也是考古人试图追溯整个丧葬活动的过程。

"通过发掘，我们争取倒推出来古人的活动：他怎样选择墓地，如何修建墓室，又是怎样营造椁室，最后怎样安排下葬。"王巍指出，"哪些东西葬在哪，什么和什么摆放在一块，这里面都有很多说头。"这实际上是对古人生活方式的模拟与再现,因为古人有"事死如事生"的观念。

墓葬建筑作为楚人"人死复生"信仰的体现,其地下建筑涵盖了针对不同社会身份的人物的各类墓室设计。王玉德认为,从楚墓的建筑形式上,可知楚人的土木建筑状况。从墓地的精心挑选,到墓圹的构筑方式与施工技艺,再到墓室的布局规划及结构特征,乃至棺椁的形状、布局、内部设施及其制作工艺,均展现楚墓建筑作为一项复杂而系统的工程,"从不同的角度显示楚人在墓室建筑中的无形的意识潜存与智慧投入的深度和广度"。

> 楚建筑中的拱形构件十分精美。木构件的制作主要指与构造结合的榫卯技术,其本身不用一钉一卯,完全插接构成。它源于南方古老的干阑式建筑中的榫卯构造,为楚建筑所承袭发展。在承重结构过渡为装饰构件的过程中,无论是从技术角度,还是从审美角度,都将两种功能结合得天衣无缝。
>
> (王玉德《湖北科学技术史》)

武王墩墓榫卯连接的椁盖板

然而，正是因为木构件榫卯技术的"天衣无缝"，才会给2200多年后的拆解带来巨大的阻碍。眼看盖板像积木般精密组合，大家在赞叹古代工匠精巧布局的同时，也不得不感叹提取工作的复杂性，因为拆解盖板从来都没有现成的说明书。

面对一系列榫卯连接的椁盖板，怎样才能做到无损害安全拆解？对这么一个似乎不可能两全的难题，考古队反复进行实验和研究。领队宫希成更是慎之又慎，他表示一定要吸取填土发掘中台阶部分垮塌的教训，绝不能让类似的事件重演。宁可牺牲进度，也要确保拿出最优拆解方案。

"现在可以说，我们即将进入最后的攻坚阶段，实际上也是难度最大的阶段。我们吸取了前一阶段，也就是发掘填土时的教训。"宫希成表示，在揭取盖板之前，团队做了更加充分的准备。不仅开展了多样化的实验，还屡次邀请专家进行深入讨论，最终确定了一个更具体、更详尽的实施方案。

2024年3月7日，星期四，淮南地区迎来了多云转晴的天气，气温在1 ℃至13 ℃之间波动。武王墩墓发掘现场，寂静已久的考古工地迎来了施工前特有的声响与韵律，木椁室盖板提取的重头戏正式拉开大幕。

"大臂稍微摆一点，好！"

"小钩准备往上起一点，慢一点。"

"大臂再往回收一些，不到中心。"

现场气氛紧张而有序，指挥员与吊机操作员的对话在空中回响，每一步操作都经过精心演练，以确保准确无误。他们细致讨论吊机起吊扣的量级选择，以保障吊装的安全与稳定。

领队宫希成与驻场专家张仲立、徐良高形影不离，深入观察盖板结构，共同商讨提取顺序。他们深知，文物提取的顺序至关重要，错误的操作可能造成不可挽回的损失。面对复杂的榫卯结构，专家们否定了硬撬盖板的提议，转而寻找最为合适的提取起点。

经过反复研讨与观察，宫希成提出了一项创新方案：先取三块连接紧密的木板，以此为突破口展开提取工作。这一建议得到了徐良高的认同，并最终被采纳为实施方案。

随着方案的确定，施工工作迅速开展。吊装队工人在盖板上精准打孔，为吊装作业打下坚实基础。同时，施工人员细心清理周边泥土，确保吊装过程的稳定性与安全性。考古队员则详细记录着每一个关键数据，为精准操作提供有力支持。

为确保吊装过程万无一失，施工队负责人精心组织，采取了一系列防范措施。他们准备了充足的海绵垫，以防意外碰撞对盖板造成损害；同时，要求工人在钻孔时保持耐心与专注，避免急躁情绪影响作业质量。此外，他们还特意取来更大、更厚的台阶木以增强承重能力与稳定性，并统筹安排接应人员与车辆，为起吊作业做好全面准备。

在吊装过程中，工人们敲震椁盖板使其松动，随后将钢筋插入钻孔并准确挂好吊绳。他们小心翼翼地将吊绳从底部穿过并套上盖板，同时在底部及周边位置加垫海绵以防碰撞。整个过程中，所有人都保持着高度的谨慎与专注，每一个步骤都经过精心设计并得到严格执行。

随着盖板缓缓升起并成功落入运输车辆，现场的紧张气氛逐渐消散。包括考古队和施工方，所有在场人员都长舒了一口气。对已经跨越5个年头的武王墩墓考古发掘而言，这是一个重要的时间节点——武王墩墓发掘进入揭示谜底的高光时刻。

武王墩墓椁室盖板共有三层，推测体积超过100立方米，与三个标准集装箱的容积大致相当。从2024年3月7日开始，它们不断被拆解，吊起，放入专门车辆，源源不断地从楚王的地下寝宫转移到人防工事。

一场跨越时空的搬运，让三月的武王墩一片繁忙。

惊现墨书文字

当现代起吊设备缓缓揭开第一层椁盖板之后,在场的所有考古队员似乎尚未完全回过神来,仍然沉浸在严丝合缝的古代木结构带来的震撼之中。然而,更令人瞠目的奇观,已悄然呈现在他们的眼前。

木椁室的第二层中室边框,呈现了一种"井"字形椁木结构,令人惊叹不已。这些椁木虽然历经漫长的岁月,但依旧保持着它们最初的姿态:每一根都精准地嵌合在一起,构成了一个既稳固又精巧的框架。显然,椁木之间的连接还是采用了古老的榫卯技术,仅凭木材本身的巧妙构造便实现了天衣无缝的结合。这种对工艺的极致追求,即便在今天看来也让人赞叹不已。

试想,如果这个战国时期的木结构框架能够被整体提取,并在博物馆的灯光下重新展现在世人面前,那将是何等震撼的一幕!

然而,正是这样一件充满魅力的文物,却给考古发掘工作带来了极大的挑战。由于木结构本身的复杂性和脆弱性,如何在不破坏其原有结构的前提下成功发掘,成为考古人员必须面对的两难问题。

武王墩一号墓椁室考古发掘一组组长张闻捷指出,中室第二层采用了井字形特殊框架结构,其中一侧以暗榫套接方式构建,增加了整体提取难度。他考虑了两种方案:一是撬取中间框架木,但因其为锁扣结构,锤击效果不佳;二是从盗洞缺口入手,先掀盖板,再细致调整框架,以

中室"井"字形椁木结构

期更方便提取。总原则为保护总体形状，避免使用电锯造成破坏。

锁榫的方式并非武王墩墓所独有。据《湖北科学技术史》介绍："在已经发掘的楚墓中可以看到棺椁各部分的结合方法，可分为扣接、套榫、锁榫、栓榫、平列。"以江陵天星观 1 号楚墓为例，它的墓主为楚国的一位封君，其椁室主要运用方木进行纵横交错的平垫与垒砌，确保结构的稳固；而在椁板与隔板的交接之处，则运用了榫接技术，实现了分板与墙板之间的搭肩榫和半槽套合的结合。

武王墩出土的井字形框架，与其他楚墓中的木构体相比，无论是规模、体量还是保存的完整度，都属于难得一见的文物。据估算，这个框架的重量在 8 吨左右，需要使用 12 个千斤顶才能将其顶起。即使能够从盖板中顺利分离，在吊运过程中也难免因受力不均而产生变形。

为此，团队决定实施边框拆解作业。吴顺清在现场提出了自己的建议，并与大家共同探讨了中室榫卯的具体提取方法。

为安全稳妥起见，连续两天，在场专家与施工队就如何破局深入商讨，最终决定使用千斤顶在四个角上同时发力，将边框从榫卯上剥离出去。而具体的拆解作业，由获得 2023 年"大国工匠年度人物"称号的吴顺清指导。

时年 75 周岁的吴顺清，是共和国的同龄人，也是活跃在武王墩墓发掘第一线年纪最大的驻场专家。他在专业上的主要贡献为木漆器脱水保护技术。该项技术在全国多个重大考古发掘现场的文物保护中得到广泛应用。

"做好文物保护，靠眼、靠手，更靠一颗热爱之心。"这是吴顺清的口头禅。他先后参与或主持了山东定陶汉墓、南昌海昏侯墓、三星堆遗址等重大考古发掘现场的文物保护工作，以及长沙马王堆汉墓、北京老山汉墓等竹木漆器类文物的保护修复项目。

从"大国工匠年度人物"的颁奖现场回到武王墩后，他一直在考古现场，以专业的技术和丰富的经验为木椁室发掘保驾护航。

在他的指导下，中室边框拆解作业顺利启动，并初见成效。三个角迅速松动并部分退出，对整体拆解工作影响已不大。然而，东边形变情

2023 年"大国工匠年度人物"吴顺清

况严重，对整体作业构成挑战。

吴顺清强调要尽量保存榫卯结构，因其非常难得且珍贵。他希望大家共同努力，尽量不破坏其原有结构，为后期能将其完整复原做好准备。

由于结构仍与卯相连，吴顺清与施工队商量后，决定使用钢管顶撑，并同时用四个千斤顶对四个角施力。因底部部分被卡住，且青膏泥未被清理干净，边框在胀开过程中并未立即分离。任何一点阻力都可能影响整体结构，因此作业需在边框胀开的同时，边观察边施力。

根据边框四周阻力情况，施工队改用大锤慢慢卸力。经过两三天的努力，榫卯逐渐退出，中室边框拆解终获成功。

在吴顺清指挥拆解边框之际，椁盖板吊取作业同步进行。突然，现场响起了一声惊呼——"有字"！原来，工地上最年轻的考古队员李凤翔，在盖板之上有了惊人的发现。

作为考古队的一员，李凤翔在现场注意到每两根盖板接缝处都留有刻刀痕迹，这些痕迹呈放射线形状，刻痕间距一头宽一头窄，按顺序排

武王墩墓椁盖板上的墨书文字

列，疑似与当年的施工行为有关。李凤翔的主要任务是寻找每根盖板上的刻痕符号，并顺便清理上一层吊取后遗落的木屑垃圾。而在清理过程中，他意外地发现，中室盖板上竟然有墨书文字！

博士生柴政良表示，墨书文字的发现应当归功于队友李凤翔。在吊取中室第四层盖板后，第五层盖板显露，通常每层盖板吊取后都会简单清扫。不同于之前污染严重的黑色椁板，第五层椁板表面较为干净。清扫时，李凤翔发现了墨书并展示给众人。"我们当时一片震惊，所有人都非常激动！"

李凤翔介绍，墨书的发现位置位于中室，具体是在中室的第五层盖板上。由于中室相较于周边四个室高出一部分，因此中室第五层盖板的水平高度与东西南北四个室的第三层盖板基本处于同一平面。

既然中室最底层的盖板上已显露出墨书的痕迹，那么，其他椁室是否也同样隐藏着珍贵的文字？然而，与中室盖板上的墨书清晰可见不同，周围四个室的盖板上，仅凭肉眼几乎难以捕捉到文字的痕迹。但幸运的是，当考古队借助红外摄影设备进行细致观察时，大家惊喜地发现，所有椁室的底层盖板上，都默默地保留着墓葬营建时的墨书文字！

事不宜迟，考古队迅速行动，立即展开了大规模的采集与记录工作。

武王墩一号墓椁盖板上发现墨书，可以说是意外之喜，但也没有超出考古队先前的预估。在以往发掘的大型墓葬中，尤其是在战国时期及其之前的墓葬里，棺椁盖板上并未明确发现此类文字。但是，在汉墓中，如马王堆墓葬中，部分棺椁盖板上存在零星的墨书文字，有的还附有编号。因此，对盖板上可能出现墨书，考古队也有心理准备。

宫希成认为，墨书的发现"不能算是意外"，因为事先的预案对此已有考虑。从开始揭盖板起，队里就反复强调，在现场发掘的初步阶段，要格外注意观察是否存在文字。由于文字是用墨书写在木头上的，加上木头表面长期受腐蚀影响，既可能有污染物覆盖，又可能因颜色变暗而难以辨认，因此发现难度较大。"现在肉眼和红外设备都发现了，大家都很高兴，我也很高兴。"

完成墨书的采集任务后，回到驻地，李凤翔兴奋地做起了古文字的功课。他参照楚系简帛文字的书籍和李三孤堆墓出土的文字资料，加上本身的古汉字研究功底，竟然成功辨识出了墨书中百分之七八十的文字，并形成了对墨书的初步认识。

李凤翔认为，墨书每行的第一个字，如"南"或"北"，并非用来指示不同的墓室，而是单纯用来标明盖板的方位。具体来说，如果盖板位于南端，上面就会写"南"；如果位于北端，则写"北"。以南室为例，南一室的墨书被书写在南端，因此开头是"南"，而南二室的墨书则被书写在北端，因此开头为"北"。再比如"东极补割一"这样的墨书，第一个字同样与墓室无关，推测应属于西二室；而后两个字则是盖板的编号，同样与具体的墓室没有直接联系。

3月22日，古文字专家黄德宽教授应邀来到武王墩，在走访发掘现场和实验室之后，与大家一起围坐在会议室，对椁盖板的墨书文字进行现场解密。黄德宽从事文字研究多年，近年来接替已故的李学勤，主持清华简的整理工作。

黄德宽教授对出土文字与文献倾注了大量的精力，充满着特殊的感情。当盖板墨书图片通过电脑投向大屏的时候，他立即全神贯注，"两眼放光"。

作为清华大学出土文献研究与保护中心主任及中国文字学会会长，黄德宽表示，这次发现确实出乎他的意料。之前虽然接触了武王墩出土的文字资料，但像这样在椁板上出现大量文字的情况，他还是第一次见到。最初，他收到了两张照片，以为只有一两条记录，但到现场后才发现数量如此之大。而且，根据椁室的不同，所记录的内容也各不相同。

目睹出土的大量椁板文字，黄德宽深感振奋。这些文字属于战国楚文字风格，内容各异，部分文字与文献记载相互印证。此外，他还观察到不同椁板上的文字内容与椁室功能相对应，初步判断这些椁室可能模拟了楚王在世时的附属机构。继而他认为，这些墨书不仅提供了关于椁室内部存放物品的线索，还有助于检验古文字学家对文字的解读。

在观察到"乐府"字样后，黄德宽显得颇为兴奋。他说，这一发现提供了一条重要的线索。在椁室被揭开之前，有关专家会对存放的物品有所猜测；同时，他们也会尝试通过陪葬的器具，来逆向推测盖板文字的具体含义。而写有"乐府"文字的盖板下方，盗墓者之前已将内部的器物盗出，且都是乐器。这一事实恰好证明，椁室内埋藏的物品与盖板上"乐府"的命名是相关的。

黄德宽在古文字领域深耕多年，在他看来，秦始皇统一六国后，推行"书同文"政策，旨在统一文字，加强治理，之后汉字的发展脉络清晰，从隶书到楷书，一脉相承。

然而，六国古文的原始面貌因历史变迁而难以呈现，只能通过零星材料窥其一斑。汉代人虽收集了一些六国古文，但保留有限。后世的发现，如孔子壁中书、晋武帝时的大墓古书等，虽保留了一部分六国古文，但具体归属六国中的哪一国并不清晰。

相较而言，楚地文字发现相对较多，但楚文字的辨识难度极大。直至20世纪90年代，郭店楚简的发现，成为认识楚文字的历史性突破口。此后，随着上博简、清华简等大批古书的出现，学界对楚文字的认知水平得到了显著提升，现在已基本能够解读楚文字了。而对楚文字的辨识与读解，则带来了对楚国文明的新认识。

黄德宽指出，以往有人认为楚地主要流行的是道家文化，然而郭店简中的相当一部分内容属于儒家学说。此外，在安大简、上博简以及王家嘴简中，都发现了《论语》的相关内容。这表明，儒家经典在楚地同样有着广泛的流传。因此，通过这些文字资料，可以窥见文化的传播与传承情况。

对于武王墩一号墓椁室盖板上的墨书文字，考古队发现和采集了100多句，近千字。结合文字内容和考古情境判断，内容大体为椁室指引，有中椁盖板放置方位和排序、椁室功能分区等。另外，文字中的"南集府""北乐府"与李三孤堆大墓出土的铜器铭文中的"六室""少府""太府"等呼应，应该是指为楚国宫廷服务的专门机构。

黄德宽(左一)和李凤翔(左二)等一起辨识墨书文字

这些对研究楚国墓葬营建过程、职官制度、名物称谓等具有重大价值。

随着墨书文字的顺利采集,木椁室盖板的提取也进入最后的攻坚阶段。在盖板的拆解与提取工作接近尾声之际,领队宫希成认为提取工作之所以"进展顺利,成效显著",主要得益于前期进行了周密的准备,制定了详尽且具体的操作方案。正是因为有了这些努力,才取得了如此出色的成果。

宫希成评价说:"就我个人而言,仅从椁盖板提取工作的角度来看,我认为我们的工作质量和效果都是很好的。"这具体表现在揭取效率的持续提高,以及对盖板本身的精心保护上。在整个提取流程中,几乎未对木材造成任何损伤,充分体现了团队工作的专业性和细致入微的态度。

从2024年3月7日开始拆解椁盖板,到3月27日,四层椁盖板全部完成了提取,共计443根,总重约153吨。墓室里竟然出土了如此规模的椁木,超出了考古队原先的估计。一时间,位于淮南人防应急指挥中心的临时存放地,迁移至此处的战国建筑木材几乎挤占了所有空间。

从保湿和防霉入手,持续性的保护就此展开。

出土文物保护负责人张治国介绍,最初采取的保护措施主要是保湿与防霉两个方面。保湿措施是通过调控局部环境,并运用保湿材料来实现的。而防霉处理则是利用抑菌剂,对所有木板的表面进行仔细擦洗后,再喷洒适量的抑菌材料,以达到有效防霉的效果。"后续要进行全面的排查,根据出现的问题逐一进行应对。"

水落室出

　　许多人对高等级古墓葬的发掘抱有理想化的憧憬,大家想象着一旦揭开椁盖,就能目睹一个保存完好的地下宫殿:椁室井然有序,随葬品排放整齐,棺椁保持着下葬时的初始状态,神秘而威严。这些憧憬往往是源于公众通过影视和文学作品所获得的观赏体验。

　　而考古工地的真实场景,却与公众想象大相径庭。

　　现实中的古墓发掘现场,往往会因为地质条件、盗墓活动等多种因素干扰而充满不确定性。因此,墓葬椁室所呈现的状态,大多会出乎人们的意料:古墓可能遭受过严重的破坏,椁盖兴许早已坍塌,随葬品难免会散落一地,棺椁也极有可能腐朽不堪。

　　当盖板揭开之时,武王墩一号墓的椁室,它的真实状态又会是怎样的呢?

　　随着木椁室的发掘逐渐深入,在场的所有人都被一种莫名的期待所牵引。连绵的雨天带着早春的寒意,从考古大棚下方穿过地表一片空旷的发掘现场。在台阶合围而成的墓室深处,施工人员小心翼翼地做好了准备,即将揭取最后一层木椁盖板。

　　驻场指导专家徐良高表示,大家对于椁室肯定存在诸多预想。他本人首先关注的是:"这个墓规模很大,但它又被盗了,那下面到底破坏到什么程度了?"其次,随着发掘工作的不断深入,大家发现,许多情

武王墩一号墓椁室

况与原先的设想相吻合，但也有些发现超出了预期。至少就已经揭露的层面而言，盗墓造成的破坏情况比想象中的要轻一些。"进到墓室下面会怎么样？当然希望给我们带来更多的惊喜。"

其实，在最后一层椁盖板揭取之初，武王墩一号墓椁室的结构布局就已经清晰显露出来——墓坑底部接近正方形，边长约22米，中间区域是用巨大枋木搭建起"亞"字形、多重棺椁结构的木椁室；东、南、西、北四室都用隔板一分为二，整个椁室被分隔为九室。

"八室一厅"的椁室布局，成就了武王墩一号墓独一无二的显赫地位——迄今为止，它是国内第一次见到的、结构清晰明确的九室楚墓，也是分室最多的楚国高等级墓葬。这样的空间格局，从实用层面生动而具体地诠释了楚人"事死如事生"的生命观。

楚建筑以"间"为单位构成单体建筑，再由单体建筑围合构成院落。而院落组群分布就是以院落为基本单位，依照一定的轴线关系、平衡分布原则和具体需要构成整个组群。主要方式是平面上的层层铺开，注重移步换景和空间层次，体现时间进程中的空间意识，注重含蓄的美的表达和体验。

（王玉德《湖北科学技术史》）

2024年3月下旬，随着椁盖板提取工作接近尾声，椁室的真容即将呈现于世。然而，当施工队揭开盖板后，映入眼帘的并非墓室内部的器物，而是灌满了深色液体的椁室，液体表面漂浮着残破的木质碎屑和不明物体。这些复杂的混合物既包含着墓葬的原始信息，也裹挟着古今盗墓者遗留下的各种残余信息，给发掘工作带来了极大的困扰。

3月23日至3月30日，考古队在多个椁室中展开了紧张的发掘工作。他们首先在南侧墓室上方发现了漆木碎片，这暗示椁室内可能藏有重要文物。随着南侧墓室厚板的吊起，更多的残破漆器逐渐露出，考古队员们谨慎地收集并保存这些楚系文物碎片。

揭开椁盖板的西一室和西二室

与此同时，考古队开始提取南室水面上的漂浮物，并清理了北侧墓室的薄板，同时采集了部分水样以供后续研究。在南室，工人们搭建了板桥，准备清理水面上的浮木。专家们聚在一起讨论提取细节，考古队员们各司其职，拍摄水面漂浮的器物，保存珍贵资料，并开始提取水面的漆木器物。

在未发现任何盗洞、被考古队寄予厚望的西室，盖板之下同样是浑浊的液体。深褐色的水面上漂浮着各种不明物体，仿佛在诉说着古老的往事。考古队迅速行动，在提取水样的同时，使用特制的钢丝滤水笼打捞漂浮物样本，准备带回实验室进行深入研究。

"在现场我们充满想象，尤其是对未经盗扰的椁室。"柴政良说，"我们会想，里面到底有哪些东西，这些东西所在的位置有没有发生过移动。这两个问题其实一直萦绕在我们心中，大家都希望得到一个满意的答案。我们设想的最好情况，就是这些东西还在原先的位置，也就是按照古人摆放时的顺序排列，我们对这个都很期待。"

3月30日，西室的发掘迎来了一个关键的转折点。考古队开始了首次抽水工作，众人屏息以待，期待珍贵文物浮现水面。然而，出人意料的情况发生了：随着西室水位的下降，其他椁室的水位也同步下降。这一发现表明各个墓室之间是相通的，这与先前的判断截然不同。

在水位下降、椁室显现之际，大家首先注意到的是，西室水面上不断有漆木器物出现。为何会出现这种情况？有人解释，是因为木头的密度小于水。吴顺清补充道，水压变化后，由于木头不饱水，无法达到沉没的条件，因此它们会逐渐漂浮上来。

因为椁室的水位都在下降，因此文物的浮现不仅仅局限于西室。围绕中室的四面椁室，一件件隐匿于水中的文物，在轻微的波动中缓缓地露出了水面。

其中，东一室的情况最令人震撼。随着水位的下降，大家的目光被一只巨大的青铜器所吸引。路国权教授与博士生柴政良兴奋地举起手机，记录下它隆重出水的瞬间。有人注意到它的沿口有些倾斜，另有人在一旁推测说："可能是因为它是由多个鼎叠放在一起的，像套娃一样，所以沿口看起来有些不整齐。"也有人对这个庞然大物发出惊叹："哎呀，好大个鼎，这能煮头小牛！"

"看清楚了，它不是鼎，而是一只青铜鉴。"一声冷静的提醒，让周围变得安静起来，大家纷纷凑近去观察，果然是鉴。鉴和鼎都是青铜器，且鉴和圆鼎在外形上也比较接近，但它们在功能和用途上存在显著的差异。鉴主要用于盛水照容、沐浴和冰镇食物；而鼎则主要用于烹煮食物，也是礼器和权力的象征。可以说，这两种青铜器各自承载着不同的文化内涵和历史价值。

随着水位的下降，椁室被盗扰的情况开始显现。椁顶的盗洞分布与"八室一厅"椁室的状况相吻合，除了西一室、西二室和东一室三个椁室相对完好，其余椁室均遭受了不同程度的盗掘。椁室之间的连通性使原先以室为单位先抽水再提取的计划变得复杂，所有椁室均有文物露出水面，这给进一步的发掘工作带来了两大挑战。

首先，关于抽水的问题：是抽还是不抽？抽多少为宜？不抽水，则无法提取隐藏在水下的目标文物；但若抽水过多，又可能对其他文物造成挤压损坏，增加腐烂或长霉的风险。

其次，关于提取步骤：如何平衡轻重缓急？若过分专注于清理露出水面的文物，可能会延误对保存较好的三个椁室的处理进度，得不偿失；若集中精力提取这三个椁室的文物，又该如何处理其他椁室中露出的脆弱文物？

因水位下降而引发的一系列问题迫在眉睫，领队宫希成迅速召开了专题会议，讨论应对策略和下一步的提取计划。

宫希成说："我这两天就在琢磨那没动的室和中室。东一室加上西边两个室，基本上是没动过的室，我们要尽最大的可能，把它原始状态的完整资料采集下来。遇到这种没动过的室非常难得，你就是再挖一个大墓也不见得会碰到这样的机会。如果有三个室真的没有被动过的话，那我觉得已经非常非常幸运了。当务之急，就是南面两个室的遗漏，特别是南二边上那个，怎么个处理法？"

张治国说："我的想法就是先选两个室发掘，其他6个室现在已经没水了。你不管选哪个室，其他6个室都没水了，可以保持暂时先不发掘的状态。面对这种现状，想办法去减缓其他6个室的腐败进程，就是这样一个思路。"

宫希成问："就是说先把水全部抽完，是这样吗？"

张闻捷答："我是这样考虑的，盗墓贼在盗掘南一室、南二室的过程中，把砍下来的碎木都堆在了南一室，还有一些丢弃的漆木器夹杂在中间，相对来说扰动比较厉害，但总的来看，基本是以漆木器为主。那么在现有条件下，如果保护措施跟上，这个是可以放得相对久一些。因为一旦开始清这个室，这个时间会耗费非常久。两个组同时上，保守估计，起码要15天。这样的话，你其实会耽误或者是相对降低其他室的处理效率。如果三个室相对保存比较好，我们是不是可以先集中精力考虑这个。"

宫希成："我有一个担心，你一下子把水都降完了，其他室都露出来了，你可能就放不了手了。"

路国权说："我觉得这就像一个系统工程，现在看那个西一、西二、东一是三块肥肉，我们先把这三块肥肉吃到嘴里。其他的一些像外围的，让张治国老师和吴顺清老师他们想办法，尽量地拖延，给我们腾出时间。万一有其他特殊情况，不行就上预备队。所以先上三个保存好的室，因为天气越来越热了。"

宫希成："是啊，像今天这个温度，我就感觉有点受不了了。"

张治国："把水抽干了可能有两个弊端。第一个就是没浮力了，然后上面的文物堆压，可能会把下面的脆弱容器压坏。这些都是潜在的，现在无法预估。第二个就是大家提到的腐烂问题，随着温度上升可能会长霉。现在是前一个风险无法控制，就只能尽量去想办法降低第二种风险。"

宫希成问："吴老师，你觉得呢？"

吴顺清说："第一，现在的水不应该再抽了。为什么不抽了？因为现在这水下的环境都是缺氧的，你如果再抽的话可能对文物的损害会更大。第二，如果南室的水一抽，肯定会压到器物上，压到最后就找不到一个好的了。再一个就是淤泥，如果不弄的话，干了以后更不好搞。就目前的情况来看，第一是在文物保护上要快，遇到脆弱文物就直接运到室内饱水，之后有时间再清理。第二就是我对北室抱有很大的希望，它肯定会出现一些惊喜，所以这块也不能盲目去做。"

宫希成："如果有这个可能的话，那水更不能轻易抽。"

张闻捷赞同："对，先把暴露出来的清理掉。"

针对不同的意见和方案，宫希成一边和大家进行深入交流，一边到现场反复查看。最终，大家达成了基本共识：先对保存状况较好的椁室进行集中发掘；同时想办法延缓文物的腐败过程，为后续的发掘与保护争取时间；对已经暴露出来的脆弱文物进行提取，并通过临时性措施进行保护。

3月30日傍晚，张治国表示："昨天是对表面漂浮物进行了一些提取，今天应该是整个发掘工作一个非常重要的节点，开始要一层层地发掘。当前抽了8个小时的水，降了大概50厘米的水位。下午的时候，宫领队和我们一起开了个会，包括驻场专家也参加了，来决定后面的发掘顺序。首先，就是暂时停止抽水，然后开始提取已经暴露出来的文物。"

2024年3月31日，对武王墩墓考古发掘来说，这是一个充满光泽和历史厚重感的日子。考古队借助水下摄影机，缓缓探入保存完好的东一室水下。用一次跨越了2200多年时光的深长凝视，把人类的探索活动深入与世隔绝的水下。

随着镜头缓缓推进，一抹青铜亮色在沉渣和浮游物出没的水域开始显现，一口圆口、方耳的青铜鼎赫然出现在众人眼前！它体形巨大，鼎身上的纹饰清晰可辨，繁复而精美，在场的所有人都被这突如其来的发现深深吸引。这不仅是一口鼎，也是对一座楚王大墓水落石出的权威证明。

水中拍摄的青铜大鼎

"这就是考古的魅力所在,它不是人们想象的就一个辉煌瞬间,它可以是无数个瞬间。"徐良高充满激情地感慨道,"所以它每一步都可能有发现,每一步都充满着期待,它的精彩是由无数个瞬间构成的。"

与王共眠

　　随着春季的到来,安徽淮南的气候逐渐回暖,然而,连绵不断的春雨也随之而来。2024年4月上半月,除了偶尔出现的多云天气,大部分时间都被阴雨所笼罩。尽管武王墩墓的考古大棚能够阻挡雨水从天而降,但难以阻挡湿气弥漫给考古发掘带来的不利影响。

　　除了多雨天气引起的湿度问题,武王墩一号墓椁室发掘面临的最大挑战,还是文物保护。由于椁室内的文物长期浸泡在水中,一旦出土,便需要立即进行紧急保护,以防止因环境变化而遭受损害。

抽水前的武王墩一号墓全景

围绕一号墓木椁室发掘，考古队集结了主持方安徽省文物考古研究所和合作方国家文物局考古研究中心、山东大学考古学院、厦门大学历史与文化遗产学院、淮南市文物考古研究所等机构的精兵强将，还邀请了中国社会科学院考古研究所、武汉大学遥感信息工程学院、荆州文物保护中心等权威机构的专家提供外援，为发掘工作提供了专业的指导和支持。

对于充满挑战的考古工作而言，即便做了充分的准备，也谈不上万事俱备。唯有等到"东风"吹来，墓葬发掘才会迎来既艰巨又浪漫的时刻。

> 墓葬，特别是出土大量精美文物的墓葬，往往是考古发掘最为浪漫的对象，它们会引起公众和媒体的极大关注。实际上，墓葬的发掘是困难而又艰巨的工作，需要非常仔细和有耐心，因为人骨和许多随葬品都非常脆弱。记录人骨的位置和随葬品分布位置也非常重要，因为它们反映了古代的葬俗。
>
> （陈淳《考古学研究入门》）

武王墩一号墓虽然几经盗掘，但终究没有让人失望。这座王级大墓基本为正南正北走向，东、南、西、北共8个侧室，分别藏有铜礼器、生活用器、木俑、乐器等文物。其中，东室以青铜器为主，保存相对完好；南室以生活用具为主，盗扰严重；西室以漆木俑为主，保存相对完好；北室以乐器为主，盗扰严重。

张闻捷认为通过考古发掘可以发现，椁室的整体埋藏特征较为清晰。东室主要用于埋藏各类青铜礼器，其中包括鼎、簋等重要器物。北侧的侧室，象征着乐府，主要陪葬品为乐器。南室的主要陪葬品为各类生活用具，涵盖了一些漆木器，或许还包含部分兵马器。而在西室，则构建了一个乐舞与车马出行的场景。

古代墓葬习惯将器物依据不同的类别进行摆放，通常将功能相近的器物集中放置。路国权介绍，以 1978 年发掘的战国早期曾侯乙墓为例，该墓葬展现了明确的功能分区特征。曾侯乙墓中特设了一间椁室，专门用于摆放编钟。至于秦汉时期的墓葬，焦南峰在主持发掘陕西汉景帝王陵时，也发现了类似的功能分区。

在战国时期的楚国墓葬中，已显现明确的空间规划与功能区域划分。路国权指出，尤其是那些大中型墓葬，明显就是模仿活人居住的房屋，仿建出的大型宫殿，体现了古人"事死如事生"的观念。各个椁室被赋予了不同的功能，意味着在不同的椁室内安放了具有特定用途的器物。

在开展椁室发掘工作之前，首要任务是全面和系统地了解器物及其摆放位置的情况，以便做好考古记录，优化提取方案。这一原则适用于所有不同功能和材质的器物，旨在通过完整的记录和合适的清理与保护，最大限度地掌握椁室的原始状态，减少器物的损坏风险，确保它们得到安全保存和展示。

例如，针对水下大鼎这一复杂情况，考古队运用了物探方法和水下摄影技术，详细测量并描绘了大鼎的位置和形态，为后续提取工作奠定了坚实基础。同时，他们还利用地理信息系统和三维扫描技术，进行考古资料的数字化记录和管理。

武王墩一号墓木椁室的结构尤为复杂，发掘过程中不断面临新挑战。在东室，考古队发现了大量青铜器，无论是大鼎还是小鼎，都需要在精心谋划的基础上，制定详细的提取步骤，并搭建便利的工作平台，以确保每件文物都能在损害最小的情况下被成功提取。

对于青铜器的提取，考古队按照预案采取分类处理措施：容器类碎片在剔除泥土后，使用"套箱法"提取至室内进行清理，并记录其尺寸和碎片位置；破损的兵器、工具类青铜器则整体提取至室内；带有金箔的青铜器在记录并包裹金箔后运至室内；有锈层的青铜器则用柔软材料包裹，并避免与尖锐物接触。

在没有受到盗掘干扰的西室，发掘工作同样充满了挑战。在这里，

发掘现场图

考古队发现了大量木俑和疑似丝绸的文物。这些木俑的形态各异,有男性,也有女性。它们身上的丝织品虽然已经残破,但仍然可以看出其精美的工艺和独特的历史价值。

西室是漆木俑的主要出土区域,这些漆木俑形态各异、栩栩如生,其数量之多、种类之丰富,前所未有。除了漆木俑,西室还出土了乐器和木车等遗物,为研究楚国社会生活提供了重要的实物证据。

张治国指出,西二室中出土的人形墓俑,其形态主要可分为两大类:第一类是立俑,第二类为坐俑。这些俑通常与表演活动尤其是与歌舞表演相关,因此推测西室可能与墓主人的乐队有关。西室发现了大量的此类木俑,考古队员逐层进行提取。

数量众多的漆木器为什么会千年不朽?现场专家表示,这应该和武王墩地处气候湿润的淮南有关。考古圈里有句俗语,叫作"干千年,湿千年,不干不湿就半年",形象地揭示了文物保存环境与文物耐久性之间的关系。

所谓干千年,是指在极端干燥的环境下,文物能够保存长久。这是因为干燥抑制了微生物生长,减缓了化学反应,从而保证了文物的稳定性。湿千年指文物可以在水中长期保存,因为水隔绝了氧气,减少了氧化,而且水中的物质可以防腐。

南方地下水位高,古代墓葬多浸泡在水中,像武王墩的漆木器就长期处于"饱水"环境中。饱水状态通常指的是文物实体材料所有孔隙充满水,且表面有水膜的状态,这种状态在科学分类上更接近"湿润状态"。对于处于饱水状态的竹木漆器,应尽量保持其所含水分的稳定,以避免变形和断裂。

北室出土的浮雕漆木构件,据推测应为编钟或其他乐器的两侧立柱。纹饰分为两个部分,各自特色鲜明:一为漆绘,以黑为底,以红漆为饰,保存状况较好;二是居中的两部分,虽多有脱落,但描金之处依旧可辨。

"以前也有类似的漆绘,但这件非常漂亮,精美而复杂,周围还有一些蓝色的颜料,这都是在其他墓葬里比较少见的。"张治国表示,它

考古队员在西室提取马车部件

们是在北二室出土的一些构件，应该是编钟或者编磬的立柱。但具体是编钟还是编磬，还需要等待更多的考古发现，并需要通过组装与组合，来研究这些构件的具体位置和功能。

"用漆作装饰的工艺，叫髹漆。"从出土的漆器残片上看，髹漆包括打底、上漆和彩绘三个步骤。王玉德在《湖北科学技术史》中介绍，制作漆器的关键，在于胎体制作。"楚国漆器的胎体品种齐全，主要有木胎、竹胎、夹纻胎、皮胎、金属胎、陶瓷胎和骨胎等。"楚国漆器的木胎主要通过斫木、卷木、旋木成型，并使用雕刻和拼接技术制成，通常结合多种方法共同完成。

> （胎体）制作方法是先用不同大小的坯料，分别雕成各种器型，然后再将它们用黏接、榫接等方法互相拼接在一起，组成一个完整的器物，如楚墓中出土的虎座飞鸟、彩绘木雕座屏等，均采用了拼接法，它们的胎体就是用这种方法加工成型的，是最富于艺术特色的制胎技术。
>
> （王玉德《湖北科学技术史》）

在发掘过程中，考古队特别注重科学技术的应用。在椁室抽水之后，为避免室内器物直接暴露在空气中，他们选择用薄膜封闭椁室并注入氮气的方法防止文物受损。氮气注入后可排出氧气，减缓氧化反应。薄膜封闭可隔绝空气，防止水分和其他有害物质进入，为文物创造一个稳定的保存环境。

经过连续半个月的努力，武王墩一号墓椁室考古发掘取得了令人瞩目的成果。考古队成功提取了大量珍贵的文物，包括青铜器、木俑、丝织品等。这些文物不仅数量众多，而且保存完好，为研究古代文明提供了宝贵的实物资料。同时，他们还通过科学记录与分析，对墓葬的年代、主人的身份以及当时的社会背景有了更加深入的了解。

张闻捷认为，历史上的楚王陵墓大多遭受了破坏的厄运，因此，关于陵墓的制度、文化、生活细节以及与国家相关的重要信息也就难以留

国家文物局在淮南召开"考古中国"重大项目进展工作会

存。此次武王墩墓的发掘，有望填补众多学术领域的空白。这正是考古工作的魅力所在，它能够帮助人们不断揭开历史上遗留下来的学术谜团。

2024年4月16日，武王墩墓考古发掘迎来了一个历史性的时刻。国家文物局在淮南召开了"考古中国"重大项目进展工作会，向媒体和公众首次披露了武王墩墓考古的重大发现及保护工作的最新进展。初步判断，武王墩墓系迄今发现的规模最大、等级最高、结构最复杂的大型楚国王级墓葬。

权威人士披露，位于安徽省淮南市三和镇的武王墩墓，是战国晚期楚国的高等级大型墓地。历史上，这座墓葬多次遭遇盗掘，其中2015年至2016年更是连续被盗，导致大量珍贵文物流失，墓葬埋藏环境也遭到严重破坏。为了保护这一珍贵的历史文化遗产，国家文物局经过慎重研究，于2020年批准安徽省对武王墩墓进行抢救性考古发掘。

经考古调查勘探确认，武王墩墓现保存有主墓、陪葬墓、祭祀坑以及长度达148米的车马坑等重要遗迹，整个墓园占地2100余亩。

从 2020 年开始，考古队重点对主墓进行了考古发掘，确认了该墓葬是一座大型甲字形竖穴土坑墓，墓坑近正方形，边长约 50 米，墓坑东侧有长约 42 米的斜坡墓道。墓坑中央建有亚字形椁室，四周分列 8 个侧室，椁室中部设有棺室。

考古队在椁盖板上发现和采集墨书文字 100 多句，近千字，它们用以标示盖板的位置与各侧室的功能；东、南、西、北各个侧室出土的文物分别以铜礼器、生活用器、木俑、乐器为主，300 多件木俑、成组的青铜礼器以及数量和种类空前的精美漆木器，为研究战国晚期的楚国历史文化提供了丰富的实物资料。

在考古发掘过程中，科技手段的应用发挥了重要作用。考古团队建设了武王墩考古综合管理平台，实现了考古资料的数字化记录和管理。同时，还广泛采用了地理信息系统、三维扫描等技术。高密度电阻率法探明了武王墩一号墓的椁室布局，红外成像技术则成功提取了椁盖板上的近千个墨书文字，揭示了重要的墓葬营造信息。此外，低氧考古实验室为大量有机质文物提供了安全稳定的临时保存场所。

尽管考古发掘工作取得了显著成果，但武王墩墓的墓主身份仍然是一个悬而未决的问题。面对记者关于墓主人身份的提问，武王墩墓考古发掘负责人宫希成谨慎地表示，虽然可以通过墓葬规模、形制以及出土文物等方面推断出这是一座迄今为止考古发掘的最高等级的楚国墓葬，但要确定具体是哪位楚王的墓葬，还需要有明确的指向性证据。

同样在 4 月 16 日，雪藏了四年、一直秘不示人的武王墩墓考古现场，第一次举行了媒体开放日。各路记者得以深入戒备森严的发掘工地，现场感受器物出土的考古时光。随后，他们小心翼翼地走进文保实验室，近距离观察出土文物的保护情况，并分享了文保专家的研究成果。

随着进展工作会的直播和媒体开放日的举行，武王墩墓考古现场所释放的视频、图片、文字等信息，通过各大媒体平台迅速吸引了公众的广泛关注。

2024年4月16日，无疑将被铭记为武王墩墓考古发掘的重要成果日。

武王墩，也由此成为这个春天最热门的考古话题。

5月1日，"淮南地区出土楚文物特展——武王墩发掘进展图片及部分实物临展"在淮南市博物馆举办。展品包括"阜平君"铭铜虎座、"阳文君"铭铜构件、鎏金虎首铜钩、鎏金虎首衔环、编钟、编磬、石圭、云形石板等部分出土文物，这是公众第一次得以感受武王墩的楚器风韵。

此时，武王墩墓椁室的发掘处于内部清理阶段，不少人心怀好奇，慕名来访，渴望踏入那院墙之内的神秘发掘现场一探究竟。然而，根据国家文物局《考古发掘管理办法》等相关规定，发掘现场不宜对外开放。因此，众人只能驻足墙外，遥望考古大棚的钢铁雄姿。

锁定楚考烈王

2024年5月18日，星期六，淮南天气由晴转阴，气温异常，最高达34℃，最低20℃，远超往年同期，但风力仅3级，对文物吊取工作无碍。

当日下午，武王墩墓椁室内的重大发现——青铜大鼎，在东一室经过封箱、吊运后成功提取。经测量，该鼎口径88.9厘米，通高111.5厘米，鼎耳间距111.7厘米，是目前发现的口径最大的楚国大鼎，超越了安徽博物院的镇馆之宝——铸客铜鼎。

大鼎起吊的同时，媒体发布了关于武王墩墓考古和文物保护的新一轮消息。据国家文物局透露，武王墩墓椁室考古发掘有序推进，北、西部4个侧室发掘完毕，东一室、南二室发掘工作正在进行，提取各类文物3000多件（组），以及大量动植物遗存。

北室虽然被盗扰严重，但仍提取出600余件（组）器物，多数为琴瑟等弦乐器。其中，出土的编钟架横梁保存完整，上有悬孔14处，与追缴的青铜编钟数量吻合，这进一步证实了墓室内曾随葬有完整的编钟组合。

在同样遭受严重盗扰的南一、二室，出土了漆盒、耳杯、盘、豆等生活用具。这些器物总体制作精美，体现了楚国高超的漆器工艺。此外，出土的玉璧、璜、佩等玉器，不仅装饰华美，也有一定的实用

器物提取前的东一室

价值。

西一、二室遗物以漆木俑为主,还发现了木车、乐器和少量遣策类竹简。木俑有200多个个体,分立姿、坐姿等不同姿态,部分木俑佩木剑。作为人殉的替代品,木俑在墓葬中广泛使用,体现了社会的进步和人道主义精神的发展。木俑随葬在战国中期已普遍流行,包括武士俑、女俑、乐舞俑等,形态各异。

方玲介绍,这些木俑中,有的唇部被涂上了红色彩绘,站立时两腿分开,并配有小木鞋;有的则为连裆俑。值得注意的是,这些木俑在出土时,身体与头部是分离的,原先它们是通过竹钉来连接固定的。

东室共提取青铜器150余件(组),种类丰富,涵盖鼎、簠、簋、敦、钫、壶、瓿、豆、鉴、釜、盘、尊缶等。这些青铜器出土后,随即按规划送入实验室,接受文物保护人员的初步清理与保护。那口尚未命名的大鼎因鼎腿有裂缝,暂被独立存放,文保人员用绷带包裹鼎

铜钫

腿，并以木架托底，以分散承重。尽管深埋地下2000余年，但鼎上的吉金色依稀可见。

"这个迄今为止形体最大的圆鼎，是武王墩的一个标志。"王巍指出，东室存放着主要的青铜容器，"我不仅注意到数量多，还非常关注它们的组合。"因为在周礼中，用鼎的制度有着严格的规范，如天子九鼎八簋、诸侯七鼎六簋、卿大夫五鼎四簋等。然而，因为春秋中晚期以后的礼制僭越，诸侯自称为王，到了武王墩墓葬这个时期，诸侯普遍采用了天子的用鼎制度，九鼎八簋的组合也变得常见了。

除了青铜器，东室还出土了大量的"日用食器"，部分食器内还盛放着动物骨骼和其他物品。考古研究人员在不少漆木器案上发现了栗子、橡子、红枣核、甜瓜子等瓜果的"遗骸"。根据"事死如事生"的理念推测，鼎里的肉和案上的瓜果可能是墓主生前爱吃的食物。而甜瓜等随葬物品也透露出，墓主下葬之时可能正是甜瓜上市的夏季。

超过3000件（组）的文物大规模出土，各具特色，足以吸引众人的目光。2200多年前的王室用具再次引起媒体热议之时，敏锐的媒体观察者发现，在发布的武王墩一号墓的考古发掘成果中，官方仅提及了8个侧室，而对中室的情况却未透露任何信息。

这种做法激起了外界极大的好奇，人们开始猜测中室可能隐藏的珍贵发现。公众好奇是否出土了珍贵的黄金和玉器随葬品，是否发现了记录楚国历史或重要文献的竹简。此外，关于墓主的安葬方式，即棺椁的层数，以及墓主身份是否已经得到确认，外界同样充满疑问。

像武王墩这样的王级大墓，随着椁室发掘的深入，主室自然成为众人关注的焦点，这完全在意料之中。如果说墓葬，尤其是出土大量精美文物的墓葬，是"考古发掘最为浪漫的对象"，那么位于墓葬椁室中央的中室，无疑是这份浪漫的顶峰，它自然会引发公众和媒体的极大关注。

四年的考古发掘，武王墩一号墓因其规模和潜在的历史价值，已经成为考古界乃至公众关注的热点。当发掘深入椁室时，其重要性更是不言而喻。作为墓葬的核心部分，中室宛如一个时间胶囊，封存在千百年前的特定时刻，往往隐藏着墓主人生前的诸多秘密，以及那个时代的丰富信息。

对于中室何时进行发掘的普遍追问，考古队终于作出了正面回应。

"武王墩墓共9个室，截至5月中旬，北室、西室以及东一室的发掘工作已经完成，东二室和南一、二室的发掘工作也即将结束。"宫希成介绍，自4月16日以来，在专家的悉心指导下，按照既定的发掘计划，椁室内的文物清理与发掘工作一直在稳步推进。对于中室的发掘，计划安排在6月，届时将会把主棺整体提取到"考古方舱"内，"以便能够更加科学、精细地同时进行发掘、保护工作"。

随着夏季的酷热逼近，中室的考古发掘按部就班地向前推进。在被高墙和大院环绕的考古现场，具体的发掘细节仍然保密。一些富有想象力的自媒体已经开始对中室的考古成果进行乐观而大胆的预测。

有人推测，中室内可能藏有墓主人的遗骸，那是一具承载着战国风云的遗体。每一个细节都可能揭示墓主人的性别、年龄、健康状况，甚至可能揭开其生前的秘密。与之相伴的，是华丽非凡的葬具，多重棺木雕刻精美，图案奇异，它们不仅是墓主人身份的标志，也是那个时代丧葬习俗的生动体现。

还有人确信，中室内一定藏有大量精美的随葬品。其中，黄金制品将为研究楚国的金器工艺提供宝贵的实物资料。此外，出土的精美玉器，如玉璧、玉璜、玉佩等，也反映了楚国玉器制作的精湛技艺。

更有人对文字资料的发现充满期待，认为最令人兴奋的考古成果，应该是陪伴在墓主身边的竹简。这些竹简上可能会记载着楚国的历史事件、政治制度以及与周边国家的关系等。这些文献资料一旦出土，对于研究楚国乃至整个先秦时期的历史将具有极其重要的价值。

"当然我们还是希望通过这个墓，多了解一些楚国的特点。"王巍对武王墩墓寄予厚望，他说，"所谓战国七雄，在我的感觉中，楚国的文化艺术水准是最高的。包括已经发现的漆案上所表现的龙凤形象，包括屈原的许多作品，都包含着宏大宇宙的这种信仰。楚国之所以如此浪

漆案局部图

漫，是因为她有久远的传统。"

所有的猜测与预想，带着不同群体对武王墩一号墓中室发掘的期待，汇聚在 2024 年这个漫长的夏季。就像投向湖面的石块，即将激起历史的涟漪。

8 月底，一条由安徽当地媒体披露的消息迅速在网络上流传开来，消息证实了一个热门话题：武王墩一号墓的墓主不是别人，正是外界长期猜测的楚考烈王熊完——

> 记者近日从武王墩考古项目组获悉，武王墩一号墓出土的青铜器中，除了一对青铜簠的口沿上刻有 12 字铭文"楚王酓前作铸金簠以供岁尝"，至少还有 10 件青铜器的表面镌刻着铭文"楚王酓前"。经过古文字专家研究后得出结论，"酓前"正是楚考烈王的名字，也就是"熊完"。这些直接证据表明，武王墩一号墓墓主人身份正式确认——楚考烈王。

在许多人眼中，这似乎是一个姗姗来迟的答案。在此之前，坊间与众多媒体早已断言，武王墩一号墓的主人就是楚考烈王。面对这一推测，负责武王墩考古项目的团队仿佛成了局外人。然而，最早将武王墩与熊完联系起来的，恰恰是考古与文博领域的专家们。

外行看热闹，内行看门道。确定古代墓葬主人身份的过程专业而严谨，它涉及考古学、历史学、人类学等多个学科的知识与方法。在找到确凿证据之前，考古学家宁愿保持沉默，也不愿为了追求传播效果和轰动效应，而抢先发布未经证实的信息。

武王墩一号墓墓主楚考烈王的身份，从推测到最终确定，经历了至少五年的严格检验。这一论证过程，始于警方追回的被盗文物进入文物保护的视野，随后贯穿整个一号墓的考古发掘过程。

最初的推断基于两个方面：一是通过勘测发现武王墩墓规模宏大、结构复杂，这表明墓主人的身份尊贵；二是追回的包括青铜器、漆木器在内的珍贵文物，进一步证实了墓主人的显赫地位。考古研究人员通过排除法，大致推测出这座王级大墓的主人是楚考烈王。

随着椁室的发掘不断深入，专家们经过深入研究和讨论，认为武王墩墓出土文物的形制、纹饰、组合等，都具有战国晚期楚文化的典型特征。结合墓葬的规模、结构、出土文字材料与文献史料等综合分析，基本上确定了武王墩一号墓的墓主为楚考烈王。

更直接的证据出现在一对看似普通的青铜簠上。这对历经沧桑的出土器皿口沿上，刻有"楚王酓前作铸金簠以供岁尝"的铭文，直译即为"楚王酓前铸造了这个金簠"。考虑当时的历史文化背景，可以理解为楚国的国王酓前下令铸造了一个用于特定祭祀或庆典活动的尊贵金属簠器。

除此之外，至少还有十件青铜器的表面镌刻着"楚王酓前"的铭文。经过古文字专家的研究证实，"酓前"就是楚考烈王的名字。这一发现为墓主人身份的确定提供了直接且确凿的证据。

锁定墓主身份，还需要文献史料、地理位置与历史背景的佐证。楚考烈王二十二年（公元前241年），楚国都城东迁至寿春，这为武王墩墓的位置提供了合理的解释。而这座墓葬的规模、结构、出土文物等，都与楚考烈王的身份

武王墩青铜鼎上的铭文

相吻合；墓中出土的"九鼎八簋"等青铜器，也符合战国时期王级墓葬的礼制规格。

相较于墓主身份的轰动性破译，对出土人骨的挖掘工作则在悄然进行。

这本应是一个出乎意料的发现。考古团队在对南室进行发掘和清理时，意外地在南二室发现了大量的人体骨骼。根据现场的状况分析，这些骨骼连同散落的精美玉器，很可能源自中室。所有考古队员都痛苦地意识到，唐代的盗墓者在对南室进行疯狂掠夺的同时，还打通了通往中室的通道。

换言之，盗墓者的黑手从南二室伸向了中室，并进行了盗掘。很可能，盗墓者粗暴地从内棺中移出了遗骸，在搬运过程中掠夺了所有值钱的珍宝和饰品，然后将遗骸随意丢弃。

果不其然，在主棺室开棺后，考古队又发现了少量的支骨。相关专业人员根据这些骨骼的形态特征，初步判断它们属于同一个体，并确认为人类骨骼。随后，通过对保存下来的骨盆、颅骨以及支骨的研究，初步判断这是一个男性个体。再依据牙齿磨耗、骨盆和支骨上的病理特征，进一步推断出这个男性的死亡年龄可能在中老年，大约在50岁之后。

此外，骨骼上的病理特征还揭示了他患有多种口腔疾病，包括龋齿、牙周炎、根尖周脓肿，生前还存在牙齿脱落和齿槽萎缩等情况。同时，他还患有较严重的关节疾病，特别是在膝关节部位。然而，骨骼上没有发现暴力创伤痕迹或恶性传染病的迹象，这与先秦时期贵族的特征相符，即饮食条件较好，平时劳作较少，受到暴力威胁的风险也较小。

对于这具人骨的保存状况，李楠博士认为在先秦时期王侯级别的墓葬中是极为罕见的。尽管一些椎骨和肋骨因缩软而未能保存下来，但颅骨和骨盆等关键部位都得以保留，这使其研究价值非常高。

作为武王墩墓出土文物保护组成员，李楠表示，先秦王侯这个等级的人骨普遍保存状况不佳，尤其是南方地区的酸性土壤对人骨保存构成了极大的挑战。然而，"这一具人骨相对来说还是比较完整的，从这个骨架看，一些小的手指骨头都有，所以还是非常难得的"。

为了深入探究这具人骨的奥秘，考古团队计划对不同部位进行采样，并运用碳-14测年技术来验证其年代是否与预期相符。此外，他们还将对不同部位的DNA进行分析，以确认这些骨骼是否属于同一人。这些年代测定和遗传分析不仅有助于确定墓葬的等级，还将揭示墓主基因结构和亲缘关系。

面对这具保存基本完好的人骨，李楠感到既兴奋又紧张。她深知这是一次对她的研究能力的考验，因此她需要寻求合作团队和专家的协助。通过颅面复原、微量元素分析、CT扫描和三维激光扫描等多种技术手段，她希望能够更全面地了解这个个体的详细情况。这项研究需要跨学科合作，包括法医学家、生物学家以及刑侦技术专家的共同努力。

李楠预计整个研究过程将耗时漫长。在完成了清理、肉眼鉴定以及初步研究之后，接下来他们还需进行采样，并利用先进的科学仪器进行更深入的分析。待数据收集完毕，他们将着手进行后续的保护工作以及向公众展示。整个流程可能需要五年时间，而对人骨的保护可能是一项长期的工作。李楠和她的团队致力于利用现有技术尽可能地保存人骨，并为未来的研究留下宝贵的资料。

对武王墩主墓人骨的身份归属，尽管众人都心知肚明，但在找到确凿证据之前，考古队不会轻易下结论——他，就是楚考烈王。

曾几何时，唐代盗墓贼由南室潜入中室；而千年之后，当代盗墓分子又从北室打通了通往中室的通道。武王墩盗墓团伙的核心成员，如眼镜徐等人，曾向警方谎称他们所开凿的通往主室的洞口狭小无比，"头也无法伸入，仅能勉强伸进胳膊"。然而，考古人员在南室进行发掘清理时，却意外发现了一个仅需弯腰即可轻松通往中室的坑道。这一发现，无疑揭示了盗墓分子对其罪行有所隐瞒的真相。

经过警方的再次审讯，根据盗墓分子的供述，又一批被盗文物得以成功追缴。但有5件编钟仍然流落在外，远离它们的组合，不知身处何地，不知是否会偶尔发出孤独的鸣响。

尽管有着诸多缺憾，但谁也无法否认，武王墩墓是迄今为止经过科学发掘的规模最大、等级最高、结构最复杂的大型楚国高等级墓葬，填补了楚系顶级墓葬科学发掘的空白，完善了楚墓等级序列资料。

武王墩一号墓具有独特的九室结构，是楚国最高等级的丧葬礼制，为研究战国晚期楚国墓葬形制、丧葬习俗提供了宝贵实例。出土的上万件文物，包括迄今所见最大的楚国大鼎，反映了楚国的政治、经济、文化、技术和社会图景。

显而易见，武王墩墓的科学考古发掘以及后续工作，对研究周、秦、楚、汉历史演变和秦汉中央集权大一统国家及其文化的形成具有重要意义。

> 在东周时代的历史上，楚国有十分显著的作用。通过考古研究，也可以看到楚文化在空间上与时间上均有巨大影响。周初封楚，楚人本在中原文化影响之下，然而楚与中原长期抗衡，在文化上的特性始终突出。东周的楚文化，沿江而上，影响深入巴蜀；顺江而下，又及于江南，并与越文化接触交错。其影响范围所至，几乎有国家之半。到了汉代，由于汉朝君臣多出于楚，楚文化的影响更为深远。汉代很多文物溯其来源，常能在楚文化中找到，实在是理所当然的。
>
> （李学勤《中华古代文明的起源：李学勤说先秦》）

今天的武王墩，墓里墓外，楚王的世界早已远去。但它以历史和文化之名，在淮之南留下了一处令人惊叹的遗址。武王墩墓，通过复杂的土木工程，不同功能、材质、姿态和色彩的器物，让今天的人们得以窥见遥远而辉煌的楚国一角——那是一个由先人筚路蓝缕开创的传奇故事，一份弥漫南方风情诗意的珍贵遗产。

附录 武王墩文物集锦

武王墩 亲历2020—2024楚王墓发掘

武王墩 亲历2020—2024楚王墓发掘

附录　武王墩文物集锦

※ 青铜大鼎

※ 升鼎（共9件）

※ 铜簋（共8件）

※ 尺钮铜鼎

※ 卧牛钮铜鼎

附录　武王墩文物集锦

※　卧羊钮铜鼎

※　环钮盖鼎

※　铜敦

附录　武王墩文物集锦　　　　　　　　　　　　　　　　　　　　　　　　　　　　319

※　立鸟盖铜圆壶

※ 铜钫

附录　武王墩文物集锦

※ 铜甗

附录　武王墩文物集锦

※　鈢镂

※　三足球形铜瓮

附录　武王墩文物集锦

※ 三足铜鉴

※ 铜提链鉴

※ 铜斗

※ 铜浴缶

※ 错金银铜豆

附录 武王墩文物集锦　　　　　　　　　　　　　　　　　　　　　　　329

※　双耳铜豆

※ 铜盘

※ 铜灯

附录 武王墩文物集锦

※ 铜匜

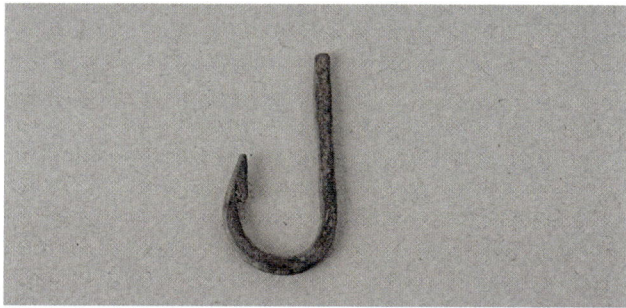

※ 鱼钩

※ 双耳匜

※ 铜俎

※ 铜削刀

※ 漆案

※ 漆木屏风构件

※ 漆木器

※ 漆木双耳杯

※ 跪俑

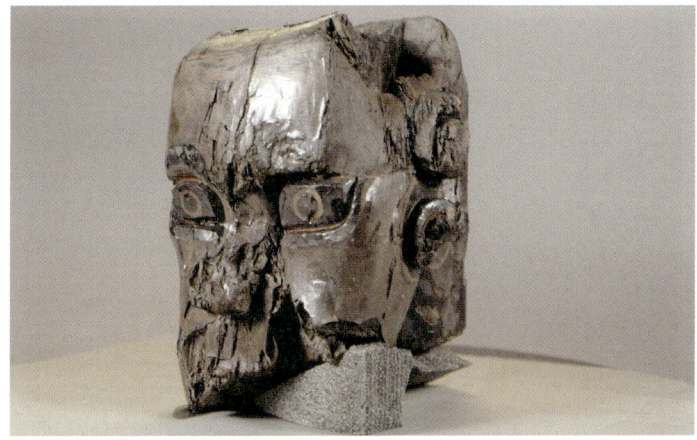

※ 南室木俑人头

※ 玉龙

※ 玉带钩

附录　武王墩文物集锦

※　兽形佩

※　龙纹玉璜

※ 玉片

※ 玉环

附录　武王墩文物集锦

※　镂孔玉璧

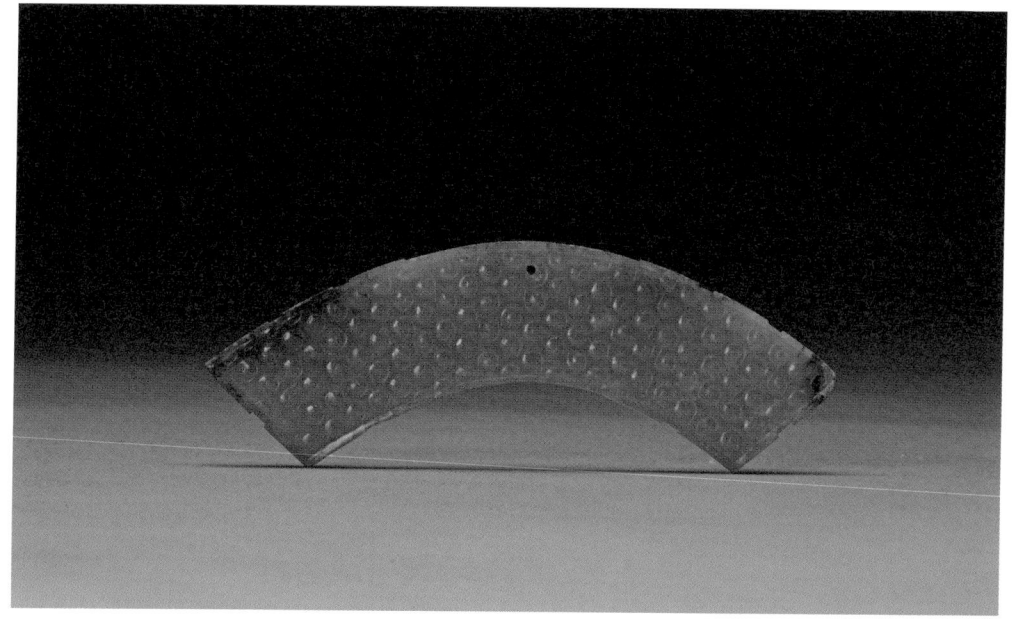

※　玉璜

※ 扉棱石杯

※ 石樽

附录 武王墩文物集锦

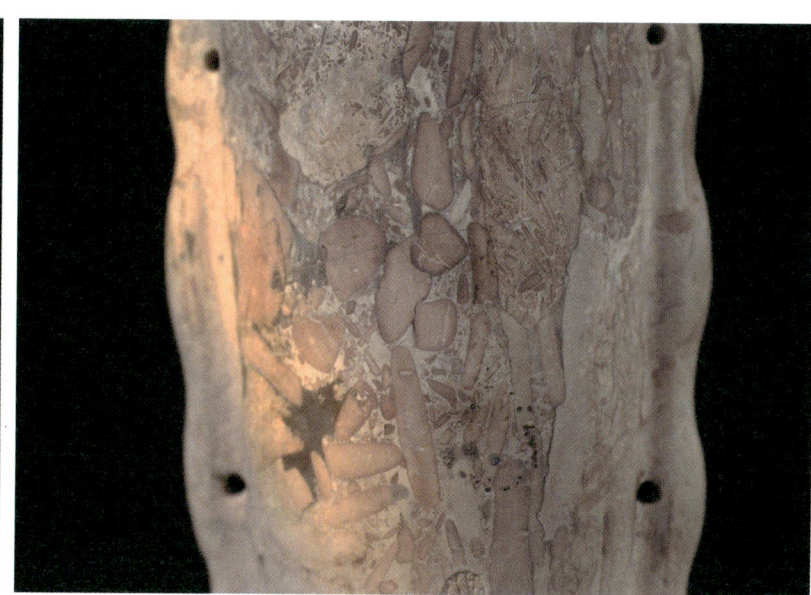

※ 石耳杯

附录　武王墩文物集锦

※　石圭板

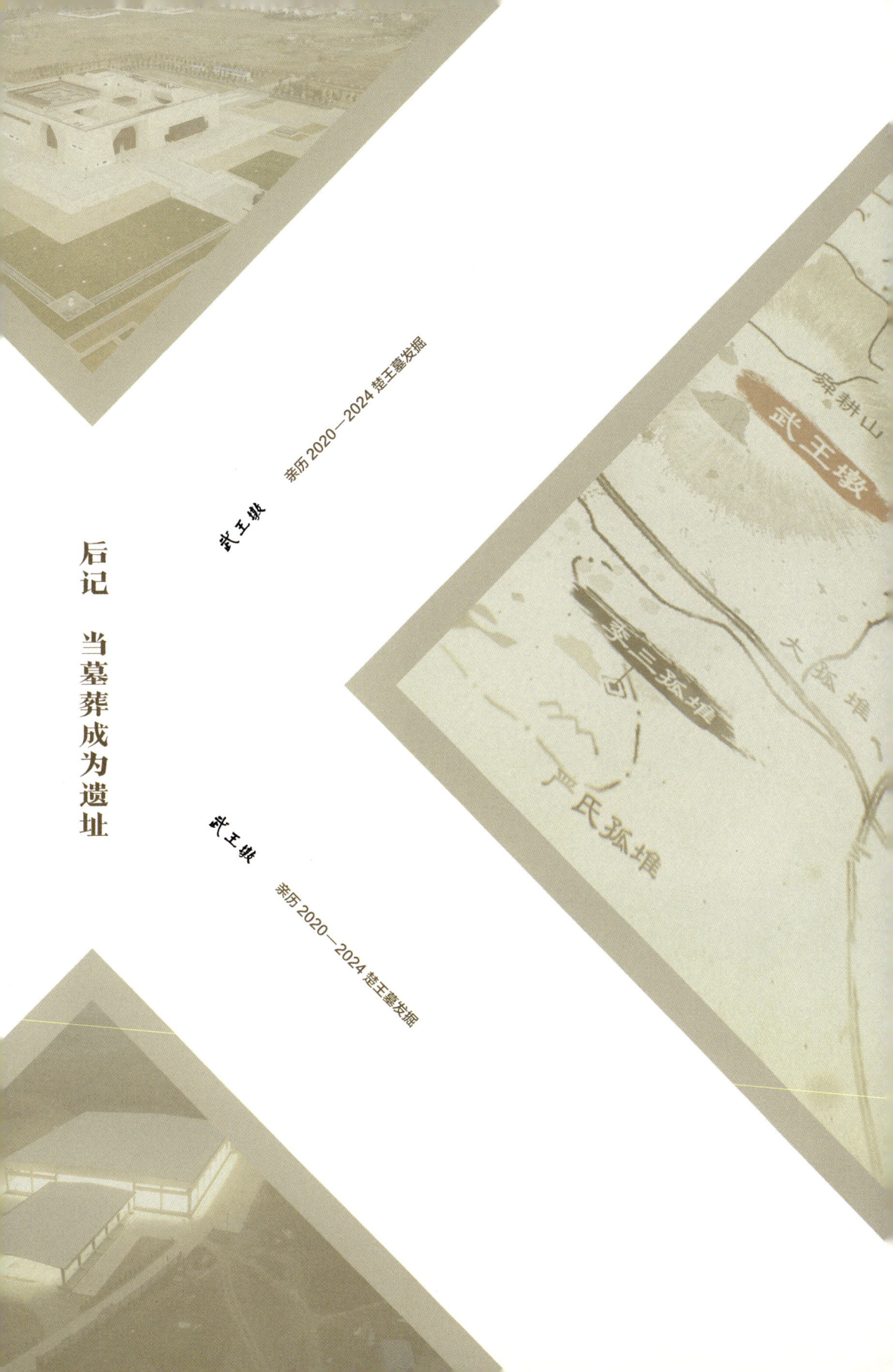

后记　当墓葬成为遗址

亲历 2020—2024 楚王墓发掘

武王墩

武王墩

亲历 2020—2024 楚王墓发掘

后记 当墓葬成为遗址

跟踪武王墩墓考古发掘去做一部纪录片,这样的机缘在 2020 年早春和我们相遇。当然,我们难以免俗,首先关心的是墓主是谁。墓主应该是楚考烈王,当地的文博人员用神秘的低语,过早地向我们泄露了"天机"。如果真的就是楚王级别的大墓,这一点就足以让我们无法矜持。

考古活动形式丰富多样,墓葬发掘无疑最能吸引媒体和公众目光。这种外行人的热闹围观,我们并不打算放弃。更何况与发掘同步,采用蹲守式的跟踪拍摄方式,去完成对一座大墓完整的考古记录,似乎还没有先例。无论是从墓葬的规模还是从记录的价值来看,这部考古纪录片都值得一试。

只是我们未曾料到,这个项目会持续四年多的时间。若非亲身经历,外人难以想象,如此漫长的时间跨度,对记录者意味着什么。当海量的素材填满了无数硬盘,作为拍摄对象的田野考古也发掘到我们内心。尽管身份还是记录人,但我们的思想与情感时常被置换成考古人。

从高耸的土墩到封土从大地上消失,从裸露的墓口到拥有 21 级台阶深度的墓坑,在武王墩一号墓发掘的时间轴上,我们经历了三个重要的时间节点:2020 年 9 月,封土正式发掘;2023 年底,封土和填土发掘完成;2024 年 3 月,进入椁室发掘阶段。

这三个阶段,带来了三种不同的体验。

对于封土发掘,总体印象是"慢"。它需要细致入微的工作,在探方中一层层地刮面,用持久的耐心应对枯燥的考古生活。

至于填土发掘,最深的感受是"险"。因为南方的土遗址大多面临水环境的问题,包括地表水和地下水对墓葬的影响。如果这个问题处理不当,土体就会发生坍塌。在封土发掘时,预留的横梁就出现了坍塌问题。到了填土发掘阶段，土体情况更加严峻，稍有不慎，台阶就会塌陷。

而在文物提取阶段，最大的压力是"悬"。一是，随着发掘深入，盗洞的存在引发了一波又一波对墓室被洗劫一空的担忧。二是，随着木椁室的临近，会产生一种生怕文物保护不力的紧迫感。三是，提取作业千头万绪，面临的环境错综复杂，让人有一种深深的无力感。

例如，一个400多平方米的墓坑，怎样加固才能承载50吨的吊车？这样的专业评估与测试，早已超出了考古学科的范畴。当戴着安全帽的考古队领队和施工方一起探讨起吊方案时，我们瞬间产生了错觉，仿佛考古队长变成了施工队长。

再如，每一类文物的提取都不轻松，需要专业人士和专业设备的助力。揭开椁室上的竹席，使用了一种名为薄荷醇的"黑科技"；椁室盖板采用的榫卯工艺，从研究预案到完全拆解提取，历时四个多月。不同类型的文物在提取之前，必须"一案

作者侯卫东（左）和领队宫希成在发掘现场

一策",制定切实可行的文物保护方案。

以前远离考古工地,没有亲身体验这些细节,所以我们很容易将墓葬发掘尤其是椁室阶段的文物提取,看作是在养鱼塘进行的收网庆典——成百上千条鱼被一网打尽,时不时有更大的鱼跃出水面,带来满满的惊喜。

武王墩一号墓的发掘,共出土了包括青铜礼器、生活用器、漆木器、乐器、俑等在内的上万件珍贵文物,成果令人振奋。其中,改写楚大鼎纪录的武王墩青铜大鼎,因其尺寸足以位列迄今为止发现的青铜圆鼎之首,被视作这座楚王墓葬考古发现的"大鱼"。

与大圆鼎相比,我们一度渴望能有类似楚国史书"楚记"的发现。因为楚墓的地理位置和内部环境,是保存竹简的天然储存室。如果有一本未经后人篡改的楚国国史出现,无疑将为研究先秦社会乃至重新认识古代文明,提供珍贵的资料来源。

武王墩墓并没有给我们这种完美的结果。然而,幸运的是,考古队采集了椁盖板上的近千个墨书文字,并提取了一些残缺的竹简和有铭文的青铜器上的文字,这在一定程度上也算是一种慰藉。

考古活动和纪录片拍摄类似,都属于遗憾的艺术。无论是提取古代的器物,还是捕捉正在发生的行为,它只给你一次机会,一旦出错便不可挽回。跟踪武王墩项目四年多时间,如履薄冰,步步惊心,是发掘现场留给我们的深刻警示,最终也成为提炼本书主题的认识起点。

从文化发生学的角度来看,对古代墓葬的考古发掘,是一个将墓葬转变为遗址、将器物转变为文物的过程。

包括拥有高大封土的武王墩墓和不同规格的楚墓在内,一旦进入科学发掘的特定秩序,这些墓葬就不再是简单的埋葬地,而是转变为具有历史和文化价值的遗址。墓葬中被发掘出来的器物,也不再是当年的随葬品,而是具有重要样本意义的楚系文物。

对古代墓地的考古发掘,实际上是一个探寻文化源流的过程。通过发掘和研究墓葬遗址与文物,我们可以追溯文化的起源和发展,进而更

作者梁海（右一）在发掘现场

清晰地认识文化延绵、发展到后世所呈现的"当然"之"所以然"。

而在这一转换过程中，考古发掘在发挥不可替代作用的同时，也不可避免地面临技术难题和伦理之困。这里面既有发掘技术、保护技术、鉴定技术带来的现实挑战，也有文化归属权、尊重死者与学术研究之间的平衡、文化遗产的保护与利用等不同理念带来的复杂冲突。

以武王墩一号墓发掘为例，即使田野考古发掘有了过去难以想象的科技支持，包括现代物探勘测、地质水文工程、文物保护等技术手段，也不能保证遗址和文物本身不受损害；即使现代考古事业有了过去难以想象的资源支持，包括人力、财力的保障甚至全民文物保护意识的提升，也不能保证考古发掘总与现实能力相得益彰。

敬畏之心，是墓葬成为遗址的基石，也是本书存在的理由。基于对大量原始资料的持续追踪和记录，我们竭尽所能，依照时间顺序和行动推进的线索，努力复原一个真实的发掘过程——这也是这支考古队，特别是其核心成员和专家团队，对武王墩墓的认识与理解不断加深的进程。

本书在展开叙述的同时，穿插了大量的"在场谈话"。这些言谈并非事后回顾或总结，而是发掘者与考古专家在发掘的关键时刻和重要节点上，即时且真实的表达。它们主要聚焦于解决难题与迎接挑战的策略，以及规划后续工作的方向，同时也蕴含了对墓葬的预见以及对考古成果的期待。从中可以真切地感受到，一座大墓的发掘工地就像是一个大课堂，每个人都可以在这里学习和成长。

历史长河缓缓流淌，考古探索如同探灯，穿透了时间的迷雾，让尘封已久的历史片段得以重见天日。在记录现实考古故事之余，我们希望可以复原一场发生在2200多年前的楚王葬礼。同时，我们内心充满渴望，想一点点地发掘出关于武王墩过往的一个个未解之谜。

楚考烈王，这位在位长达25年的楚国君主，其葬礼的筹备无疑是一场浩大的工程。他生前或许已对身后事有了周密规划，梦想着将自己的王权带入另一个世界。这场葬礼不仅是楚考烈王个人意志的体现，也是楚国国力与文化的集中展示。那么，从选址到设计，从材料的选择到工匠的招募，各个环节都做了哪些精心准备？

为了完成这场盛大的葬礼，楚国想必汇聚了精英营造力量。他们不仅是技艺高超的工匠，也是充满创造力的艺术家。在楚王的陵墓中，我们见到了许多精美的器物，它们是楚国工匠汗水与心血的结晶。然而，为了建造这座陵墓，楚国当年究竟动员了多少人力和物力？

在楚王墓中，椁室所使用的木材尤为引人注目。其中，大量珍贵的榉木更是人们关注的焦点。这些榉木来自何方？又是如何被运送到楚国的？我们怎样才能复原当年的场景？

营造楚王陵墓，面临如何确保土木工程的稳定与安全的重大难题。显然，楚国的能工巧匠各司其职，凭借丰富的经验和过硬的技术很好地应对了这一挑战。很难想象，他们是怎样通过挖掘排水沟、设置支撑结构等方式，来防止土体崩塌的。难道，他们还利用了当地的地质条件和水文环境，来增强墓室的稳定性？

武王墩墓的营建和楚王的葬礼，不仅是一个浩大的工程和一场盛大的仪式，也是楚国工匠智慧和创造力的结晶。只是我们渴望深长回眸的目力，无法穿透时间的隔阂，去复原这些已经发生的古老往事。在此，不妨把疑问和课题，留给武王墩后续的发掘与考古研究。

让我们共同期待。

2024 年 9 月